普通高等学校应急管理系列教材

突发事件舆情管理与应对

主　　编　王　莉
副 主 编　张少元　高瑞霞　李　磊
编写人员　丁　洋　李　华　李广利
　　　　　肖泽元　申　敏　税永波
　　　　　李国瑞

应急管理出版社

·北　京·

内 容 提 要

本书围绕新媒体时代突发事件应急管理过程中舆情管理的理论与实践，介绍了突发事件舆情传播的特点和规律，分析了新媒体时代网络舆情的基本特征与形成机制，解析了舆情管理中的议程设置与舆情引导机制，阐述了舆情研判、管理与应对的基本规律。进一步通过舆情评论报告写作，突发事件的新闻发布、媒体访谈等实践应用，训练学员舆情应对的实践能力。

本书适合于应急管理、安全工程、消防工程等相关专业的本科及研究生教学，也可供党政机关、企事业单位领导干部、新闻发言人、宣传网信部门工作人员参考使用。

出版说明

2003年"非典"疫情以后，党和国家高度重视应急管理工作，应急管理事业快速发展，我国部分高校也在行政管理、公共管理、公共事业管理等专业中开展应急管理的高等教育。2018年应急管理部组建后，坚持以习近平新时代中国特色社会主义思想为指导，深入贯彻落实习近平总书记关于应急管理重要论述和党中央国务院决策部署，我国应急管理事业取得令人瞩目的成效，全社会对应急管理高度关注。在高等教育领域，全国数十家高校陆续建立应急管理学院或特设应急管理、应急技术与管理等专业，致力于教育和培养适应社会需求的应急管理人才，为推进应急管理体系和能力现代化提供人才保障。

当前，对大多数高校来说，开展应急管理教育仍是一个新课题、新任务、新挑战，暂时还没有权威的教学标准可执行，也没有太多成熟的经验可参考。各高校对应急管理学科建设、专业设置、培养目标、课程体系、教授内容等的认识也存在一些分歧，特别是在课程设置和教材使用上各有侧重、差别较大。为适应新时代应急管理事业发展，服务应急管理部中心工作和高校应急管理教育工作，发挥部属出版社应急科技文化传播作用，满足应急管理教育教学、人才培养对教材的迫切需求，针对市场上应急管理教材比较稀缺、内容相对陈旧的状况，我们同中共中央党校（国家行政学院）、中国矿业大学（北京）、华北科技学院、防灾科技学院、河南理工大学、太原理工大学、西安科技大学、中国人民警察大学等高校充分沟通交流，决定共同编写出版一套适应新形势新要求的普通高等学校应急管理教材，为教学提供支撑。

为保证教材编写质量，力争将教材打造为"适合本科教学、体现时代特色、内容科学共通、兼顾社会需求"的引领性精品教材，我们成立了教材编审工作组，确定了"汇聚众智，取长补短，联编共用"的原则，筛选和确定了教材目录和主编学校，遴选了主编和编写人员，审定了编写提纲，拟定了编写要求、编写出版进度安排等。在教材编审过程中，我们严格贯彻落实教育部相关文件精神，实行主编负责制，由具有副高及以上职称的教师担任教材主编；按照"逢编必审"的要求，邀请业内专家对教材提纲和初稿进行评审；按照出版规范，认真对书稿进行编辑把关。

这套教材正陆续出版发行。总的来说，教材的内容科学严谨、成熟可靠，框架结构完整全面、层次清晰，编排符合认知规律，深度广度适中，理论与实践（案例）相结合，文字精炼流畅、通俗易懂，适合普通高等学校应急管理、应急技术与管理等专业的本科教学，亦可供高职高专学校应急管理专业学生、企事业单位从事应急管理等的人员参考使用。

应急管理是一门新兴交叉学科，其内涵十分丰富。当前，在业界对其认识尚未完全达成一致的情况下，编写出版一套反映新时代应急管理理论研究和实践成果的教材是一件不容易的事。尽管如此，我们和编者仍然知难而上，以"摸着石头过河"的态度先行先试，积累经验。希望越来越多的高校和教师加入到我们的队伍中来，为编写出版工作献计献策、提出建议。我们也将根据应急管理事业的发展和人们对应急管理认识的深化，与时俱进地对教材进行补充、调整和完善。

应急管理出版社
2022 年 1 月

前　言

2019年11月29日，习近平总书记在中央政治局第十九次集体学习时强调，应急管理是国家治理体系和治理能力的重要组成部分，承担防范化解重大安全风险、及时应对处置各类灾害事故的重要职责，担负着保护人民群众生命财产和维护社会稳定的重要使命。近年来我国各类突发事件层出不穷，从"5·12"汶川地震到"7·20"郑州特大暴雨，从"7·23"甬温线特别重大铁路交通事故到"8·12"天津港爆炸事故，从"12·31"上海外滩踩踏事故到"新冠肺炎疫情"，每一个突发事件都引发着公众的强烈关注，人们纷纷通过网络媒体发表态度和观点。突发事件本就具有难以预测、时间紧迫、变化多端、风险性高等特点，新媒体环境使得突发事件的传播速度加快、传播范围变广、传播形态变得更加多媒体化、治理难度增大。

在互联网迅猛发展的背景下，第47次《中国互联网络发展状况统计报告》指出，截止到2020年12月，我国互联网社会普及率已达到70.4%，网民规模达9.89亿，其中手机网民的比例占到99.7%，我国网络新闻用户规模达7.43亿，手机网络新闻用户规模达7.41亿。随着新媒体、自媒体的快速兴起，网络逐渐成为政治、经济、社会等各类媒介信息的交汇中心，促使社会公众获得了更多的话语权，使其能够第一时间参与到突发事件的讨论中去。但与此同时，网络也成了热点问题、社会矛盾、群体冲突的聚集地，进一步放大了社会舆论和圈层问题。舆情的传播不仅可能加大其前导突发事件的应急管理难度，还可能诱发新的社会安全事件。综上所述，如何面对突发事件舆情开展议题设置、舆情引导和社会治理，提升各应急管理主体应对舆情的能力，已成为新时期政府和企事业单位应急管理面临的新问题。

2016年2月，中共中央办公厅、国务院办公厅印发了《关于全面推进政务公开工作的意见》，要求建立健全政务舆情收集、研判、处置和回应机制，按程序及时发布权威信息，讲清事实真相、政策措施及处置结果等，回应社会关切，确保在应对重大突发事件及社会热点事件时不失声、不缺位。这是党中央层面第一次明确提出政务舆情的回应要求，宗旨是保障人民群众的知情权、参与权、表达权、监督权，用政府更加公开透明的工作原则赢得人民群众的更多理解、信任和支持。随后国务院办公厅陆续印发了《关于在政务公开工作中进一步做好政务舆情回应的通知》《〈关于全面推进政务公开工作的意见〉实施细则》等文件，对于政务舆情回应的程序和机制提出了具体要求。

尽管各级政府部门、领导干部越来越重视舆情，但是现实案例却表现出种种舆情应对不当的错误做法。迄今，从突发事件应急管理的角度介绍突发事件舆情管理与应对的教材寥寥无几，缺乏从认知到理论、再到实操层面的系统阐述。因此，我们组织编写了本书。

本书包含3个层面的内容，共分为9章。一是认知层，介绍突发事件舆情管理与应对的基础知识，包括1章和2章。二是理论层，介绍新媒体时代网络舆情基本特征与形成机制，议程设置、舆论引导、研判和应对等舆情管理环节，包括3章、4章和5章。三是实务层，包括6章、7章、8章和9章。全书遵循理论分析与实践案例相结合的思路，系统介绍突发事件舆情管理与应对的关键问题。各章节均涵括案例实务，章节结尾总结有重点知识和习题，对于突发事件舆情危机的事前预警、事中控制、事后处置等应急管理各环节的舆情决策制定具有一定的学术价值和实践指导意义。

本书由王莉任主编，共分9章。具体分工如下：王莉编写1章；李磊编写2章；张少元编写3章；丁洋编写4章；张少元、王莉编写5章；李华、申敏编写6章；高瑞霞、税永波编写7章；李广利、肖泽元编写8章；张少元、王莉、李国瑞编写9章。西安科技大学的杨帅、支梅、张世浩、刘致君、秦舒婷、霍颖楠、张诚刚、李睿涵等硕士研究生参与了书稿的修改和校对。在此向为本书出版做出贡献的参与者、支持者表示由衷的感谢！

本书受到国家自然科学基金面上基金（煤矿工人群体中非正式组织形成演化规律及对不安全行为作用机理研究，立项号52074214）、陕西省社科基金项目（重大突发公共卫生事件背景下网络舆情传播规律及干预研究，立项号2020M010；政府应对突发事件次生舆情的媒体合作模式研究，立项号2020M001）支持。在编写过程中参阅了大量文献，对文献作者表示衷心感谢！

由于编者水平有限，书中疏漏和错误在所难免，敬请读者不吝赐教。

编　者

2022年1月

目 录

1 绪论 1
- 1.1 突发事件应急管理新挑战 1
  - 1.1.1 突发事件——警惕"黑天鹅"事件、"灰犀牛"事件 1
  - 1.1.2 舆情管理——信息时代应急管理新挑战 3
- 1.2 新媒体时代舆情管理及其重大意义 5
  - 1.2.1 舆论与舆情 5
  - 1.2.2 舆情管理 6
  - 1.2.3 加强舆情管理的重大意义 7
- 【本章重点】 8
- 【本章习题】 9

2 突发事件与危机传播 10
- 2.1 突发事件的类型、内涵及特点 10
  - 2.1.1 突发事件的类型 10
  - 2.1.2 突发事件的内涵和特点 12
  - 2.1.3 媒体在舆情传播中的角色定位 14
  - 2.1.4 网络舆情与突发事件的关系 16
- 2.2 危机的内涵、特征及类型 16
  - 2.2.1 危机的内涵 17
  - 2.2.2 危机的特征 17
  - 2.2.3 危机的类型 18
- 2.3 突发事件情境下的危机传播 19
  - 2.3.1 危机传播中的要素 19
  - 2.3.2 危机传播模式 22

  2.3.3 群体传播行为 ………………………………………………………… 25
 2.4 舆情中的谣言传播 ………………………………………………………… 26
  2.4.1 谣言的本质 …………………………………………………………… 26
  2.4.2 谣言产生的条件 ……………………………………………………… 27
  2.4.3 谣言的传播公式 ……………………………………………………… 29
 【本章重点】……………………………………………………………………… 34
 【本章习题】……………………………………………………………………… 35

3 新媒体时代网络舆情基本特征与形成机制 …………………………………… 36

 3.1 网络舆情的特征与类型 …………………………………………………… 36
  3.1.1 网络舆情的特征 ……………………………………………………… 36
  3.1.2 网络舆情的类型 ……………………………………………………… 38
 3.2 网络舆情生成的社会动因与认知特点 …………………………………… 38
  3.2.1 网络舆情生成的社会动因 …………………………………………… 38
  3.2.2 网络舆情的认知特点 ………………………………………………… 40
 3.3 网络舆情的传播渠道与社会效应 ………………………………………… 41
  3.3.1 网络舆情的传播渠道 ………………………………………………… 41
  3.3.2 网络舆情的社会效应 ………………………………………………… 41
 3.4 突发事件网络舆情的形成及其演化规律 ………………………………… 42
  3.4.1 突发事件网络舆情的主体和客体 …………………………………… 42
  3.4.2 突发事件网络舆情的影响因素分析 ………………………………… 45
  3.4.3 突发事件网络舆情的演化过程 ……………………………………… 46
 【本章重点】……………………………………………………………………… 48
 【本章习题】……………………………………………………………………… 49

4 议程设置与舆论引导 …………………………………………………………… 50

 4.1 议程设置与意见领袖 ……………………………………………………… 50
  4.1.1 什么是议程设置 ……………………………………………………… 50
  4.1.2 什么是意见领袖 ……………………………………………………… 54
  4.1.3 如何进行议程设置 …………………………………………………… 57
 4.2 突发事件报道的舆论引导 ………………………………………………… 63
  4.2.1 传统媒体在突发事件中的舆论引导策略 …………………………… 63
  4.2.2 新媒体在突发事件中的舆论引导策略 ……………………………… 64
 4.3 谣言的破解与治理 ………………………………………………………… 66
  4.3.1 谣言的破解 …………………………………………………………… 66
  4.3.2 谣言的治理 …………………………………………………………… 68
 【本章重点】……………………………………………………………………… 71

【本章习题】 ……………………………………………………………………… 72

5　舆情监测、研判与应对 …………………………………………… 73

5.1　大数据时代下的网络舆情监测 ……………………………………… 73
5.1.1　舆情数据监测平台 …………………………………………… 75
5.1.2　舆情监测要点 ………………………………………………… 76

5.2　舆情研判工作机制 …………………………………………………… 78
5.2.1　舆情工作机构 ………………………………………………… 78
5.2.2　突发事件危机应对机制 ……………………………………… 79
5.2.3　新闻发布机制 ………………………………………………… 82
5.2.4　舆情引导机制 ………………………………………………… 83

5.3　网络舆情应对的原则与要求 ………………………………………… 90
5.3.1　网络舆情应对的基本原则 …………………………………… 90
5.3.2　网络舆情应对的具体要求 …………………………………… 91
5.3.3　网络舆情应对的误区与问题 ………………………………… 96

【本章重点】 ……………………………………………………………… 101
【本章习题】 ……………………………………………………………… 102

6　舆情评论报告写作 …………………………………………………… 103

6.1　舆情评论的体裁特征 ………………………………………………… 103
6.1.1　舆情评论的定义与范围 ……………………………………… 103
6.1.2　舆情评论的体裁 ……………………………………………… 104
6.1.3　舆情评论常用模式 …………………………………………… 105

6.2　舆情分析报告格式 …………………………………………………… 106
6.2.1　舆情分析报告的基本规范 …………………………………… 106
6.2.2　舆情分析报告撰写注意事项 ………………………………… 106
6.2.3　舆情分析报告的定义与构成 ………………………………… 109

【本章重点】 ……………………………………………………………… 119
【本章习题】 ……………………………………………………………… 119

7　突发事件的新闻发布 ………………………………………………… 120

7.1　新闻发布的种类与主要形式 ………………………………………… 120
7.1.1　新闻发布的分类 ……………………………………………… 120
7.1.2　新闻发布的主要形式 ………………………………………… 121
7.1.3　新闻发布前的准备 …………………………………………… 123

7.2　新闻发布会的组织 …………………………………………………… 124

7.2.1　新闻发布会的策划与筹备 ·············· 124
7.2.2　新闻发布会的模拟演练 ·············· 127
7.2.3　新闻发布会的正式召开 ·············· 128
7.2.4　新闻发布会后的总结评估 ·············· 130
7.3　新闻发布的原则与技巧 ·············· 130
7.3.1　新闻发布的原则 ·············· 130
7.3.2　新闻通稿的写作技巧 ·············· 131
7.3.3　与媒体之间的互动技巧 ·············· 132
7.3.4　新闻发言人基本素养 ·············· 134
【本章重点】·············· 141
【本章习题】·············· 142

8　突发事件的媒体访谈 ·············· 143

8.1　媒体访谈的基本要素 ·············· 143
8.1.1　媒体访谈的定义 ·············· 143
8.1.2　媒体访谈的基本要素 ·············· 144
8.2　媒体访谈的形式、特点及角色定位 ·············· 145
8.2.1　媒体访谈的形式 ·············· 145
8.2.2　媒体访谈的特点 ·············· 145
8.2.3　媒体访谈的角色定位 ·············· 146
8.3　媒体访谈的访问、应答技巧 ·············· 147
8.3.1　访问者（主持人）的访问技巧 ·············· 147
8.3.2　受访者（嘉宾）的应答技巧 ·············· 148
8.3.3　突发事件访谈中的注意事项 ·············· 149
【本章重点】·············· 160
【本章习题】·············· 160

9　突发事件舆情管理综合案例分析 ·············· 161

9.1　自然灾害类突发事件舆情管理案例 ·············· 161
9.2　事故灾难类突发事件舆情管理案例 ·············· 172
9.3　公共卫生类突发事件舆情管理案例 ·············· 179
9.4　社会安全类突发事件舆情管理案例 ·············· 181
【本章重点】·············· 185
【本章习题】·············· 185

参考文献 ·············· 186

1 绪 论

应急管理是国家治理体系和治理能力的重要组成部分,承担防范化解重大安全风险、及时应对处置各类灾害事故的重要职责,担负着保护人民群众生命财产和维护社会稳定的重要使命。当前,我国正面临社会转型期,各种社会矛盾长期积累,各种突发事件一旦发生就会迅速传播并被公众关注。随着新媒体的不断发展和普及,公民在网络上发言更为自由,事件传播的范围、速度、影响力远远超过传统媒体。突发事件往往引发连锁反应,而舆情传播就是一种衍生事件。政府及相关涉事主体在面对突发事件是否能够准确、有效地回应和处置,不仅关系到公众的切身利益,也影响到政府的形象和公信力,一旦处理不当可能形成新的社会治理风险。因此,突发事件舆情管理作为应急管理的重要组成部分,日益成为政府、学者研究的热点。

本章通过介绍突发事件应急管理在新时代面临的新挑战,分析舆情管理的重要意义和特征,进而阐述突发事件舆情管理在应急管理人才培养中的作用和意义,为提高应急管理研究人员的舆情管理水平和素养提供参考。

1.1 突发事件应急管理新挑战

1.1.1 突发事件——警惕"黑天鹅"事件、"灰犀牛"事件

1. "黑天鹅"事件

在发现澳大利亚的黑天鹅之前,17世纪之前的欧洲人认为天鹅都是白色的。但随着第一只黑天鹅被人发现,这个不可动摇的观念崩溃了。黑天鹅的存在寓意着不可预测的重大稀有事件,它在意料之外,却又改变着一切。人类总是过度相信经验,而不知道一只黑天鹅的出现就足以颠覆一切。

"黑天鹅"事件指预测难度极高,且不寻常的事件,通常会引起连锁负面反应甚至颠覆整体环境。一般来说,"黑天鹅"事件满足以下3个特点:①它具有意外性;②它会产生重大的影响;③它是可解释和可预测的。

"黑天鹅"事件的逻辑是:我们不知道的事比知道的事更有意义。在人类社会发展的

进程中，对我们的历史和社会产生重大影响的，通常都不是我们已知或可以预见的东西。股市会突然崩盘，美国地产泡沫会引发谁都没有预料到的次贷危机，一场突如其来的大雪会使得大半个中国陷入瘫痪状态，带来上千亿的损失……我们其实每一天都被"黑天鹅"事件环绕着，它存在于各个领域，无论金融市场、商业、经济还是个人生活，都逃不过它的控制，即使我们足不出户，认识到"黑天鹅"事件的影响力也并不难。

历史上有许多著名的"黑天鹅"事件：泰坦尼克号当时被称为"永不沉没的梦幻客轮"，谁都没有想到它会沉没，这一"黑天鹅"事件导致1500人葬身海底，成为迄今为止最著名的一次海难；2001年9月11日上午，恐怖分子劫持4架飞机撞向纽约世贸中心与华盛顿五角大楼，2900多人在这次"黑天鹅"事件中丧生，出乎意料且影响巨大，其损失无法用数字来统计；2008年春节期间，我国自西向东连续出现大范围雨雪天气，涉及浙江、江苏、安徽、江西等14个省区，这只冬季里的"黑天鹅"造成农作物受灾、房屋倒塌，因灾直接经济损失达220.9亿元。2020年，毁灭性的疫情出乎意料地爆发了，面对新冠病毒的全球蔓延，各类大小企业面临重创，个体经营户难以维持，运输、餐饮、教育、娱乐等各行业都面临停业，医疗卫生行业又面临巨大的压力，新冠病毒的传播性较强且难以治愈，它在当下和未来一段时间内对全球的影响都是巨大的。

2."灰犀牛"事件

"灰犀牛"是与"黑天鹅"相互补足的概念，"黑天鹅"事件是极其罕见、出乎人们意料的风险，而"灰犀牛"事件是人们习以为常的风险，比喻大概率且影响巨大的潜在危机。

2017年7月17日，金融工作会议召开后的首个工作日，人民日报在头版刊发评论员文章《有效防范金融风险》，文中提到：防范化解金融风险，需要增强忧患意识。既防"黑天鹅"，也防"灰犀牛"，对各类风险苗头既不能掉以轻心，也不能置若罔闻。这是人民日报首次提到"灰犀牛"概念，那么"灰犀牛"一词从何而来？

古根海姆学者奖获得者米歇尔·沃克撰写的《灰犀牛：如何应对大概率危机》一书让"灰犀牛"事件为世界所知。灰犀牛体型笨重、反应迟缓，你能看见它在远处，却毫不在意，一旦它向你狂奔而来，定会让你猝不及防，直接被扑倒在地。它并不神秘，却更危险。可以说，"灰犀牛"事件是一种大概率危机，在社会各个领域不断上演。很多危机事件，与其说是"黑天鹅"，其实更像是"灰犀牛"，在爆发前已有迹象显现，但却被忽视，"灰犀牛"比"黑天鹅"更可怕，更值得关注。

全球当下面临的"灰犀牛"事件很多，动荡不安的地缘政治格局、逐渐加剧的经济发展波动、全球范围的极端气候，都是我们不得不面对的现实。"灰犀牛"事件在生活中也随处可见，突遇意外、家庭变故、养老无备、金融风险等，我们不知不觉都处于危机当中，但无法发现明显的危机，为了应对危机，我们需要：①承认"灰犀牛"式危机的存在；②学会正确定义我们遇到的"灰犀牛"事件的性质；③避免静立不动，应持续采取各种防范措施，即使不能确认危机是否能够到来；④不可浪费危机，应真正做到从灾难中吸取教训；⑤站在顺风处，眼睛紧紧盯住远方，准确预测远处看似遥远的风险，摒除犹疑心态，优化决策和行动过程。有时候，灾难总是不可避免的，但是灾难的到来也常常伴随着意想不到的机遇，在灾难中把握机遇，才能更好地应对"灰犀牛"事件，成为发现

"灰犀牛"风险的人，就能成为控制"灰犀牛"风险的人，让自己取得成功。

3. 突发事件

在人类历史上，突发事件始终伴随着人类社会的发展。原始社会中，主要是自然环境因素导致的突发事件，如山洪、火灾、地震、陨石、海啸、瘟疫、蝗灾等，也有部落之间的矛盾冲突引发的暴力冲突、外族袭扰等。奴隶社会和封建社会时期，除了各种自然因素引发的突发事件之外，还有大量的阶级压迫、政治斗争导致的被压迫人民、个体或群体的反抗事件，政变、治安事件和民族冲突、宗教冲突、边境袭扰或冲突。工业革命之后，又出现了由罢工、政治集团之间的矛盾引发的暴力冲突、工业及环境破坏引发的工业灾害和人为环境破坏事件。当代社会，由于政治、民族、宗教等因素引发的突发事件日益增多，特别是美国"9·11"事件之后，恐怖事件急剧增多，社会危害日益增大并跨越国家的范围，日益成为严重危害世界范围社会安全的突发事件。

2007年11月1日，《中华人民共和国突发事件应对法》施行，把突发事件定义为"突然发生，造成或可能造成严重社会危害，需要采取应急处置措施予以应对的自然灾害、事故灾害、公共卫生事件和社会安全事件"。

由于世界各国社会政治、经济制度不同，自然地理条件与民族、宗教习俗的差异，社会生产力和人民生活水平的不平衡等原因，对突发事件的分类多种多样。根据突发事件的性质，分为政治性事件、经济性事件、涉外性事件；根据事件发生的场所、地区，分为单位内部事件、公共场所事件、重要地区事件、跨地区或全国性事件；根据事件的表现形态，分为非暴力性事件、暴力性事件；根据事件有无准备，分为预谋性事件、激情性事件；根据事件规模，分为小规模事件、中等规模事件、大规模事件。

我国从公共管理的角度，将突发事件称为"突发公共事件"，其主要特征为：①事发突然，事件发生的时间、地点和方式具有不确定性，事件的性质具有很大的变异性；②情况复杂，有的由政治、文化、民族、宗教等各种社会矛盾引发，有的由多种自然和环境因素变化造成，有的由技术、设备、人为等因素造成，还有的由多种因素综合造成，或由一般事件转化而成；③影响广泛，突发事件一旦发生，会在一定范围内影响正常的社会秩序和稳定，危害公共安全；④危害严重，许多突发事件任其发展，会造成严重的危害，带来人员伤亡和社会财富的重大损失，妨害人民团结，危害社会安定，甚至还会影响到国家政权的稳固。

1.1.2 舆情管理——信息时代应急管理新挑战

十八大以来，安全生产重特大事故、自然灾害等突发事件时有发生，威胁着我国公共安全。党中央、国务院提出目标"遏制重特大事故"，同时关注重特大事故的应急处置能力提升，从而进行了应急管理改革，成立了应急管理部。凡涉及安全生产、自然灾害等各类事故，应急管理部都具有相应职责对其进行处理，此举得到人民群众的支持、顺应了党和国家的需要，应急管理体制机制法制的不断健全完善，成为破解当下安全生产、应急管理难题的抓手。

当前，新媒体持续冲击大众传媒，以手机、电脑、平板电脑为三大终端的新媒体在新闻传播方面拥有三大传统媒体——报纸、广播、电视无法企及的优势：海量、即时、互动及全媒体表达。在互联网信息时代，任何人可以在任何时间、任何地点接收、发送任何信息（包括新闻、言论），这给事故的应急管理工作带来了以下4点问题：

1. 事故处理与信息发布同步化，信息压力陡增

在传统的社会主义新闻体制格局下，事故处理的同时伴有逐级信息汇报。经层层把关后，才决定对社会"说不说？说什么？怎么说"。1976年7月28日凌晨，河北唐山发生7级大地震，24万人丧生。第二天《人民日报》报道了此次地震，采用的是新华社通稿，标题冗长：《河北省唐山、丰县一带发生强烈地震，灾区人民在毛主席革命路线指引下发扬人定胜天的革命精神抗震救灾》。整篇报道几乎都在叙述灾区人民如何不畏艰险，如何在毛主席、党中央的领导下抗震救灾，而关于新闻的要素，即地震的破坏情况、伤亡人数、波及范围、造成的后果、人民的生活情况基本忽略不提。直到3年之后，地震的具体死亡人数才被首次披露。

而当前，事故一经发生，即被网民报料并通过各种信息媒体迅速传播，吸引公众关注，要求通报事件详情、原因，追查责任。舆情热度的形成往往与事故的发生几乎同步，而当事方甚至连事故真相的全面、深入情况还未掌握，更谈不上准确发布事故信息、原因等信息。他们一面彻查事件，调集资源进行应急处理；一面向上级汇报，确定舆情应对方案并对外发布信息，这样的效率往往不被网民所认可。这表明，事故处理与信息发布近乎同步，再也没有信息缓冲的余地。

2. 事故处理全程暴露在舆论聚光灯下

由于互联网汇聚的强大舆论力量与信息压力，安全事故的应急管理早已不是本行业以及政府部门的内部行为，而是成为被新旧媒体全程直播的一场"现场秀"。无数双眼睛在关注，应急管理工作分分钟受到审视，处处都可能引发质疑和批评。稍有不慎，企业或者政府部门就可能面临"舆论审判"。

3. 领导干部被推向前台，媒介形象引人注目

当突发事件发生时，领导干部往往第一时间出现在现场，协调各方力量，部署抢险救援，努力化解危机。同时，各路媒体、网络公众高度关注，几乎对事件及其处理全程作"现场直播"，各种图文信息同步传播，影响深远。作为政府和企业的人格化代表，现场出现的领导干部往往成为公众注目的焦点，其持何种态度、采取何种措施，一举一动都被网民检视。此外，由于社会中存在对政府和官员的不满情绪，部分网民对领导干部往往存在"有罪推定"的成见，处处搜索、放大负面信息，在涉官舆情中先入为主地对官员持怀疑批评态度，这一切都对应急管理领导者的决策有很大的影响。

4. 舆情管理不当，极易引发次生灾害，政治风险增大

舆情管理面对的不仅是突发事件本身，一旦事件发生，社会团体和人员的态度、行动、话语等也会影响事件的发展，成为公众心目中的事件全貌。尤其是在网络舆论监督已成为常态化的今天，舆情演化的焦点往往不仅仅是突发事件，而且还来自舆情应对本身。尤其是后者，极易引发次生灾害，激化民众负面情绪，导致民众对政府处置的消极态度和负面评价，加大政治风险。其主要表现为：如果政府舆情管理应对不及时或不当，公众就会不信任政府，并采取一种间接的方式进行"话语狂欢"，即大量创作并传播戏谑式的标签话语，如"躲猫猫"，讽刺并抵制政府的权威。这将进一步增加舆情管理的难度，使政

府的形象受到严重损害。

在这个复杂的信息时代，应急管理的水平已不再仅仅体现于对灾害、事故的处理能力，做好舆情管理才是当下提高应急管理水平的新挑战。互联网已成为思想文化信息的集散地和社会舆论的放大器，我们要充分认识以互联网为代表的新兴媒体的社会影响力。做好网络舆情管理对于全面提高应急管理能力、保持社会稳定是必然的，并且是必要的。应加强主流媒体建设和新兴媒体建设，形成舆论引导新格局，遵循预防为主、分级处理、准确把握、联动处置的舆情应对工作原则，因势而谋、应势而动、顺势而为，掌握舆情管理的时、度、效，在事故的潜伏期和爆发期都建立完备的应对策略。只有机智化解舆情管理这个难题，我们总体的应急管理水平才会稳步提高。

1.2 新媒体时代舆情管理及其重大意义

1.2.1 舆论与舆情

1. 概念辨析

"舆论"一词在中国有着较深的文字渊源，古时的"舆"字指车厢或轿，"舆人"则是推车或抬轿的人，在随后的语意演化中，"舆人"逐渐取得了"众人"的含义。但在现代社会，从新闻传播学的角度出发，舆论是指社会或社会群体中对近期发生的、为人们普遍关心的某一争议的社会问题的共同意见。比较于"舆论"的词源，"舆情"一般是指广泛大众关于社会民情、民意的事情的态度及舆论，总之舆情就是社会民情及对其舆论的总和。即指在一定的社会范围内，围绕着社会上发生的事件，事件的过程及事件的结果，作为主体的社会民众对事件以及当前发生事件的背景一个关注性的情绪和意见。

在西方，"舆论"被称为公众意见，它连同"舆情""民意"会溯源到同一个英文单词，即"Public Opinion"。一般情况下，会将舆论视为某种共同性的社会心理和社会思潮的公开表露，是实现社会调控的制约力量，而将舆情看作是民意的一种综合反映。但实际上，二者的定义范围要远远超过对民意本身或其形成规律的概括。从新闻传播学的角度出发，结合数字技术丰富媒体形态、改变社会公众媒介习惯，媒介环境和社会语境持续变化的现状可以看出，舆论和舆情正在逐步打破以往界线模糊的问题，在全媒体背景下产生新的特点和研究意义。

无论是舆论还是舆情都处于社会公众情感与态度不断变化的流动状态中，但是二者的出现形式和群体性质稍有差异。舆论通常来自于发出某种意见并导致在社会形成广泛议论的社会组织或舆论人群体，这些社会活动的主体出于适应环境、实现目的和维持生存价值的需要，不断制造舆论，从而成为社会的舆论源。而舆情的出现点比较灵活，既可以是在一定团体中工作、学习、活动的人，通过自由地、长期地集合在一起讨论自己的观点，最终形成一致的意见；也可以是因为由突发事件引起的，让之前不认识的人无预期地相聚在一起持有相同观点。根据话题的凝聚力和群体的集合力可以看出，舆论群一般会以固定形态为主，其成员形成一定的友谊关系，具有强大的聚合力。因舆情而聚集的群体存在的时间非常短暂，群体成员作为当事人自愿发表完见解后又随即各自走开的"围观"现象比较常见。

舆情的涉及范围比舆论更为广泛和全面,而舆情的爆发力和冲击性却不及舆论的影响力强势;虽然舆论和舆情之间的界限因媒介环境和社会语境的改变而逐渐模糊,但是仍存在着更深层次、更为复杂的影响因素以待观察。

2. 发展走向

舆情的整体包容性强过舆论,在信息传播过程中的渗透度和兼容性较强,但这也使得舆情在公众进行意见、情感交流时更容易被吸收。在多元化的媒体平台中,舆论让一种意见在极短的时间内向周围更大的范围迅速而大量地传播。移动媒体多向、快速的传播模式可以迅速扩大信息的流动空间,让社会公众在同一时间内就能接受同一种意见,逐步将它发展成有影响力甚至是破坏力的意见融合。最初的舆论因为种类少、流量小、信息零散,在相对安定的社会环境中呈现出平稳状态;后期伴随着舆论流量的增多,不同的意见、情感和态度充斥着社会公众所接触的流动空间。简单来说,某一信息在媒介平台中产生,在社会空间里成长运动,然后通过社会公众之间的意义交往和情感交流,最终实现"让意识流以舆论的形态在社会中流动"。

印象、情感、信念、态度、见解等因素既是影响舆论形成的重要因素,也是影响舆情发展的基本因素。在媒介平台中这些因素贯穿于整个信息传播的过程。虽然个人是发表社会意见的行为主体,却不是发表个人意见的主体。蕴含不同的社会背景和文化价值的个人意见,通过社会群体的信息交流构成社会共同体反映社会的一致意见。在数字媒体平台中,舆论和舆情的产生和流动过程,从最初传统媒体的线性传播到网络媒体点对点的爆发式网状联结,再到当下数字媒体的多元传播路径,二者相互吸收和相互转化的态势愈加明显。

1.2.2 舆情管理

"舆情管理就是建立起网络舆情监测、发现、应对的一套制度体系和应急体系",只有进一步优化和改进网络舆情管理与应对工作流程,对舆情实行全流程化管理,才能建立更加高效、顺畅的舆情管理应对机制。具体来说,新媒体时代网络舆情管理与应对应当包括4个基本流程,即监测发现、分析研判、舆情预警、综合应对。以上阶段并非孤立存在,而是彼此关联,构成一个有机整体。

1. 监测发现

及时发现舆情是舆情管理和应对的第一个环节,只有第一时间发现舆情苗头,才能为应对舆情赢得宝贵时间。

(1) 明确关键词。关键词的准确度决定舆情信息的精准性。首先,确定基础词,包括人物、行政区域等,如张三、上海。其次,明确定性词,包括舆情事件性质、类型等,如拆迁、刑事案件。最后,根据舆情事件的褒贬、语境等,确定倾向词,如暴力、违法等。

(2) 开展舆情监测。使用关键词组,通过大数据分析和人工比对,第一时间发现舆情。首先,制定监测方案。其次,对包括新闻媒体、"两微一端"等互联网平台进行巡检。最后,人工筛查、剔除不符合条件的搜索结果。

(3) 信息溯源。源信息是引发舆情事件的导火索。首先,确定网络媒体、自媒体、社交媒体的首发信息。其次,确定是否存在意见领袖推波助澜。最后,记录信息源头的原始数据。

2. 分析研判

在发现舆情后,专业技术人员科学地开展分析研判,判断舆情动态、趋势,提出防范和应对建议。

(1) 了解传播脉络。掌握舆情从出现到爆发,再到回落的整个发展过程,包括网络新闻、"两微一端"等环节,以及重要时间节点发生的重大情况。

(2) 提取网民观点。通过不同网络平台、互动环节不同网民观点的甄别、判断,对其中具有代表性、倾向性、原创性的网民观点进行归纳。

(3) 判断发展趋势。根据舆情脉络、网民观点等情况,从舆情属性、影响范围、紧急程度、发展趋势等方面对舆情进行初步预测、判断。

(4) 提出应对建议。顺应互联网发展规律,结合网民意见和观点,提出切合实际,具有操作性的应对建议。

3. 舆情预警

当舆情出现苗头时,应当及时发出舆情预警,引起有关部门的重视和警惕,做到事前管理,将舆情消灭在萌芽状态。

(1) 相关政府部门关注。首先,加强政府相关职能部门之间的协调联动。其次,第一时间向涉事政府主管部门发出舆情预警。最后,政府部门之间进行意见征求、措施互动等。

(2) 核实网上信息。首先,建立谣言信息案例库,进行分析比对。其次,由政府相关职能部门对舆情信息的真实性进行核查。最后,针对网络谣言发布辟谣信息。

4. 综合应对

如发生重大热点舆情事件,舆情应对要综合施策,注重线下解决,才能从根本上解决舆情事件。

(1) 开展正面舆论引导,解决网上信息不对称这个引发舆情的最大问题。首先,政府有关部门迅速通过主流媒体、新媒体平台,回应网民关切。其次,撰写评论文章,阐释国家政策,引导网民理性看待现实问题。最后,听取善意的批评、意见、建议,围绕网上争论焦点解疑释惑。

(2) 推动解决现实问题,只有解决现实问题才能根治网络舆情。首先,梳理舆情发展脉络,寻找根源和症结所在。其次,督促有关职能部门,有效解决工作中、现实中存在的问题。最后,及时向社会公布工作情况,赢得舆论支持。

(3) 加强网络行政执法,依法打击网络违法违规行为。首先,加强对违规网络媒体的管理,依法依规进行处罚。其次,打击网上造谣传谣、恶意攻击的违法行为。最后,及时公布执法案例,形成对网络违法犯罪的有效震慑。

1.2.3 加强舆情管理的重大意义

1. 有助于降低网络舆情政务风险

网络舆情牵涉社会公众利益,很可能产生观点极化、舆论裹挟、网络暴力、社会动员等风险，因此，只有加强对舆情每个工作流程的分析，发现其中存在的矛盾和问题，才能进一步推动解决线下问题消除隐患和矛盾，提高政府治理能力和治理水平预防网络舆情的发生，为最大限度降低政务舆情风险创造条件。

2. 有助于维护社会和谐稳定

网络上某一热点事件的出现，往往会非常迅速地形成一种情绪化的意见，而一些民众受各种因素的影响，言论常缺乏理性的思考，只是把互联网作为自己宣泄不满情绪的场所，公开谩骂、侮辱、攻击他人或职能部门，甚至一些无良媒体不顾职业操守散播错误的、不经核实的信息，他们的不良言论和行为极易被一些别有用心的人加以利用，发展成为有害的舆论。因此，加强网络舆情的管理，及时准确地对各类信息甄别、研判和核实，把握苗头性、倾向性的问题进行舆论疏导，对无良媒体进行查处、整改甚至关闭，是维护网络社会和谐的重要手段，同时也是保障现实社会和谐稳定的重要方法。

3. 有助于传递民情、体察民意

网络具有互动性，常常有许多网民愿意参与到对某一问题或事件的讨论中来，进行实时交流，这一现象加速了我国民主政治的进步。充分利用互联网收集社情民意，了解民众关心什么、议论什么、建议什么，时时处处做到听取民声、体察民意、汇聚民智，体现了广大人民群众的根本利益与诉求，是密切党同人民群众血肉联系的创新方式，也是党和政府密切联系人民群众的重要渠道。目前，"网络问政"已经成为各级党和政府体察民意的重要平台。

4. 有助于推动我国民主法治建设

我国正处于社会转型时期，也是矛盾凸显期，一些改革措施越来越深刻地触及人民群众的现实利益，不同地区、不同行业、不同阶层的网民通过网络表达自己的意见，绝大部分真实地反映了广大人民群众的共同要求和愿望，体现了人民群众的共同利益和意志。有效地掌握这些网络舆情，妥善处理各种利益矛盾，是促进我国民主建设的重要环节；广大网民"星火燎原"般的监督力量，影响大、力度强、参与面广，已经成为我国权力监督、腐败监督的一记重拳，对提升政府活力，提高政府公信力意义重大。

5. 有助于加快我国精神文明建设

参与网络热评、传播舆情的主要是年轻人，他们比中老年人更容易、更习惯地使用网络来表达自己的看法、态度和情绪。虽然他们中的大部分人接受过高等教育，有较为强烈的社会主人翁精神，乐于参与社会管理，但他们对共产主义的信仰并不坚定，是最容易受到西方不良思潮影响的人。因此，宣传部门和网络舆情监管部门要及时掌握网络舆情，准确分析发帖人的思想动态，制定行之有效的宣传计划，选取喜闻乐见的宣传内容，采用贴近年轻人生活习惯的宣传方法，引导他们的思想向着正确的方向变化，丰富他们的精神世界，坚定他们的理想信念，形成虚拟网络中积极的网络文化，也有助于在现实世界中促进我国的精神文明建设又好又快发展。

【本章重点】

1. 舆论的概念：舆论是指社会或社会群体中对近期发生的、为人们普遍关心的某一颇具争议的社会问题的共同意见。

2. 舆情的概念：舆情一般是指广泛大众关于社会民情、民意的事情的态度及舆论，是社会民情及对其舆论的总和。即指在一定的社会范围内，围绕着社会上发生的事件，事件的过程及事件的结果，作为主体的社会民众对事件以及当前发生事件的背景一个关注性的情绪和意见。

3. 舆情管理的主要内容：包括 4 个基本流程，即监测发现、分析研判、舆情预警、综合应对。监测发现是及时发现舆情是舆情管理和应对的第一个环节，只有第一时间发现舆情苗头，才能为应对舆情赢得宝贵时间；分析研判，指发现舆情后，专业技术人员科学地开展分析研判，判断舆情动态、趋势，提出防范和应对建议；舆情预警。舆情出现苗头时，应当及时发出舆情预警，引起有关部门重视和警惕，做到事前管理，将舆情消灭在萌芽状态；综合应对，指舆情应对要综合施策，注重线下解决，才能从根本上解决舆情事件。

4. 新媒体时代舆情管理的特征：事故处理与信息发布同步化，信息压力陡增；事故处理全程暴露在舆论聚光灯下；领导干部被推向前台，媒介形象引人注目；舆情管理不当，极易引发次生灾害，政治风险增大。

【本章习题】

1. 举例说明新媒体时代舆情管理的特点。

2. 举例解释什么是"黑天鹅"事件，什么是"灰犀牛"事件，以及如何应对这种类型的危机。

3. 举例说明加强舆情管理对应急管理的重大意义。

2 突发事件与危机传播

在我国互联网行业持续增长的现阶段，其在带来便利与高效的同时，由于发展中客观存在的问题与矛盾的推动，使得突发事件将其作为平台发展成网络舆情，更甚者造成舆论危机，这一现象在社会生活中已司空见惯。网络舆情反映了民众对突发事件以及诱发突发事件的深层次原因的态度及观点，当这些态度或观点得到共鸣后形成较高的舆论共识度，其影响范围不断扩大就会造成危机。本章概括了突发事件及危机的类型、内涵、特点，并对危机传播的模式与谣言传播等的基本理论知识进行简单概述。

2.1 突发事件的类型、内涵及特点

突发事件（Emergency）处于一个存在大量不稳定因素的网络空间内，在其所处自身范围内与涉及民众利益因素中，如若对其处置不当将酿成危机。网络空间内的媒体对于突发事件而言是一把双刃剑，它既有助于事件的正面引导，也加快了事件信息的传播速度，进而扩大事件的影响范围。

2.1.1 突发事件的类型

为了对突发事件进行科学的研究，探究其与网络舆情、危机传播间的作用关系和发展规律，就需要对突发事件进行分类分析，我们可以按照突发事件发展过程、性质和机理进行分类。

在 2007 年颁布的《中华人民共和国突发事件应对法》中将突发事件分为以下四类。

1. 自然灾害（Natural disasters）

在《全国科学技术名词审定委员会公布名词》的规范用词中，生态学学科将自然灾害定义为：对自然生态环境、人居环境和人类及其生命财产造成破坏和危害的自然现象。地理学学科将自然灾害定义为：自然环境对人类生命安全和财产构成危害的自然变异和极端事件。简单来讲，自然灾害就是指那些由自然原因导致的突发事件。

国家科学技术委员会、原国家计划委员会、原国家经济贸易委员会自然灾害综合研究组将自然灾害分为 8 个大类：气象灾害、海洋灾害、洪水灾害、地质灾害、地震灾害、农

作物生物灾害、森林生物灾害和森林火灾。其中，气象灾害的主要表现形式有高温、严寒、台风、雷电、冰雹、大雾、高温、大风等；海洋灾害的主要表现形式有风暴、海啸、赤潮等；洪水灾害的主要表现形式有暴雨、风暴潮等；地质灾害的主要表现形式有山体滑坡、崩塌、泥石流等；农作物生物灾害的主要表现形式有农作物病虫、蝗灾、鼠害等；森林生物火灾主要由微生物、昆虫、鼠类等造成。我国是世界上自然灾害频发的国家之一，具体表现为灾害种类多、地域分布广、发生频率高、造成损失大等特点。自2008年以来，我国就发生过"5·12"汶川地震、四川茂县"6·24"特大山体滑坡、"8·8"甘肃舟曲泥石流、"8·8"台风"苏迪罗"福建登陆等多起自然灾害。

2. 事故灾难（Disaster）

事故是人们在实现其目的的行动过程中，突然发生的、迫使其行动暂时或永远终止的一种意外事件。我们口中的灾难往往指代的是与人类息息相关，对人类造成严重损害的自然现象。从这个角度看，事故灾难是指具有灾难性后果的事故，是在人们生产生活过程中发生的，直接由人的生产生活活动引发的，违反人们意志，并且造成大量人员伤亡、经济损失或环境污染的意外事件。主要包括环境污染、火灾事故、交通事故、生产事故、爆炸事故等。

（1）环境污染（Environmental pollution）是指由人为原因引起的环境中某物质的含量或浓度达到有害程度，危害人体健康或者迫害生态与环境的现象。环境污染包括空气污染、水污染、固体废弃物污染、噪声污染等。常见的环境污染有严重雾霾、工厂排污、生产废弃物等；不常见但是危害严重的环境污染有危险化学品、有毒物质、放射性物质引起的环境污染。2010年发生的紫金矿业污染事件造成长江部分水域严重污染。

（2）火灾事故（Fire accident）是指失去控制的燃烧所造成的灾害。据统计，在我国每年发生火灾20万起以上，造成直接经济损失达十几亿元，人员伤亡数千人。2015年发生的"8·12"天津滨海新区爆炸事故造成的直接经济损失高达68.66亿元。

（3）根据发生地点与交通工具的不同，交通事故（Traffic accident）可分为道路交通事故、铁路事故、内河航运事故、空难、海难。其中道路交通事故为人们所熟知，几乎每天都会发生。随着经济的发展、人均收入的不断提高，汽车已经成为当代绝对主流的交通工具。然而，当前公路设置存在一定的缺陷，人们的驾驶知识不够丰富，技术不够熟练，这就给道路交通秩序埋下了隐患。目前，道路交通事故成为所有事故中伤亡人数最多的一类事故。资料显示，我国每年道路交通事故的死亡人数超过国内各种生产事故的非正常死亡人数的总和。2020年6月13日，浙江温岭市大溪镇良山村附近高速公路上槽罐车发生爆炸，事故造成20人死亡、172人受伤，其中重伤24人，同时周边部分民房及厂房倒塌。

（4）生产事故（Production accident）是指生产经营单位在生产活动过程中，由人为的过错或者失误所造成的损失严重的突发事件。其主要包括建筑安全事故、矿山事故以及其他特殊物质生产事故。2016年3月23日，大同煤矿集团同生安平煤业有限公司8117综采工作面发生一起顶板大面积垮落导致瓦斯爆炸重大事故，造成20人死亡，1人受伤，直接经济损失2804.37万元。

（5）爆炸事故主要包括物理爆炸事故、化学爆炸事故或物理化学爆炸事故。我们所关注的主要是民用爆炸物品和易燃易爆化学品引起的爆炸事故。爆炸事故往往会带来巨大的危害和损失，在给人民带来生命财产损失的同时也给社会增加大量的不安定因素。由于相关的管理制度落实不到位、相关政府部门以及企业负责人员安全意识淡薄以及爆炸物品在生产、运输、使用、储存、销售等任何一个环节都易出现问题，因而各种爆炸事故层出不穷。2013年吉林宝源丰禽业液氨爆炸、2019年"3·21"江苏盐城化工厂爆炸事故等，这些事故的发生对环境、人民无疑带来了不容忽视的伤害。

3. 公共卫生事件（Public health emergencies）

公共卫生事件又称突发公共卫生事件，是指突然发生，造成或者可能造成社会公共健康严重损失的重大传染病疫情、群体性不明原因疾病、重大食物和职业中毒以及其他严重影响公众健康的群体性事件。

根据事件自身的性质与特点，公共卫生事件可以分为以下几大类：自然灾害、环境污染引起的公共卫生事件；法定甲、乙、丙类传染病以及群体性不明原因疾病；食品、药品质量原因引发的安全事件；群体性食物中毒及职业中毒事件；食品、药品质量原因引发的安全事件；群体性食物中毒及职业中毒事件；医疗事故、预防接种或药物引起的不良反应事件；核事故、放射性事件造成的突发公共卫生事件。2008年山丹县三鹿牌婴幼儿奶粉事件、2020年新型冠状病毒肺炎疫情等对国家安全、社会稳定、人民健康都造成了极其恶劣的影响。

4. 社会安全事件（Social security emergencies）

社会安全事件是指因人民内部矛盾而引发，或因人民内部矛盾处理不当而积累、激发，由部分公众参与，有一定组织和目的，采取围堵党政机关、静坐请愿、阻塞交通、集会、聚众闹事、群体上访等行为，并对政府管理和社会秩序造成影响甚至使社会在一定范围内陷入一定强度对峙状态的群体性事件。对人民安居乐业与社会和谐稳定带来了巨大挑战，一直是我国国家管理和公众生活的重点和热点。社会安全事件一般包括恐怖袭击事件、经济安全事件、涉外突发事件、民族宗教事件、重大刑事案件、群体性事件等。2014年12月31日上海外滩跨年夜活动发生踩踏事故，共造成36人死亡，49人受伤，被认定为一起对群众性活动预防准备不足、现场管理不力、应对处置不当并造成重大伤亡和严重后果的公共安全责任事件。

2.1.2 突发事件的内涵和特点

1. 突发事件的内涵

广义上，突发事件可被理解为突然发生的事情：第一层的含义是事件发生、发展的速度很快，出乎意料；第二层的含义是事件难以应对，必须采取非常规方法来处理，如自然灾害。狭义上，突发事件就是意外地突然发生的重大或敏感事件，如恐怖事件、社会冲突、丑闻包括大量谣言等。

突发事件在《美国国家应急反应框架》中的定义为：凡是可能造成大规模人员损伤并造成严重的经济损害、毁坏基础设施、破坏人们的生活系统与自然环境和威胁政府职能与公共服务的实际发生或潜在的紧急情况或灾害事件。突发事件又称突发公共事件，在2006年《国家突发公共事件总体应急预案》中，突发公共事件的解释为"突然发生，造成或者可能造成大量人员伤亡、财产损失、生态环境破坏和严重社会危害，危及公共安全的紧急事件"。到2007年，《中华人民共和国突发事件应对法》对其解释为"指突然发生，造成或者可能造成严重社会危害，需要采取应急处置措施予以应对的自然灾害、事故灾难、公共卫生事件和社会安全事件"。

2. 突发事件的特点

掌握突发事件的特点对人们了解和处理突发事件具有十分重要的意义。根据对突发事件的调查研究、分析发现，突发事件具有下述基本特征。

（1）突然爆发性。突然爆发性是突发事件的根本属性，是事物内在矛盾量逐渐积累并作用的结果。突发事件是事物内在矛盾由量变到质变的飞跃过程，是通过一定的契机诱发的，且引诱其发生的诱因具有一定的偶然性和不易发现的隐蔽性，它在什么时候出现、以什么方式出现，是人们无法把握的。也就是说突发事件发生的具体时间、实际规模、具体态势和影响深度往往难以预测，具有很强的随机性与偶然性。有些突发事件，例如自然灾害可以通过科技手段或经验总结，预警或征兆判断突发事件的发生，但发生的确切时间和具体地点难以精准地预判出结果，使其同样也具有突发爆发性。

（2）引发衍生性。衍生性是指由原本的突发事件引发的其他类型突发事件的发生。衍生突发事件的发生有时是人为作用的结果，转移公众的注意力，引发新的社会矛盾。更甚者某些衍生突发事件的影响程度、危害范围等同于原生事件，使得社会的主要力量和精力集中在对衍生突发事件的处置方面，应对主体发生改变。由于以互联网为平台，网民讨论突发事件的言论自由性、匿名性和主体开放性等特点，使得突发事件在形成网络舆情后极易产生衍生舆情，进而形成不同规模的网络舆情危机。

（3）瞬间聚众性。任何一起突发事件都必然要涉及一部分人的切身利益，使其产生心理压力和情感变化，会引起人们的关注和不安。除自然事件外，任何一起突发事件的发生，都有明确的目的性，都是为了满足某种需要，是人们选择和行为共同作用的结果。尤其是社会性的突发事件，多是由少数人操纵，通过宣传鼓动把一些群众卷到事件中来，通常通过社交网站意见领袖来获得更高的关注度，特别是涉及自身利益的那部分人群的特别关注。

（4）行为破坏性。突发事件往往涉及政治、军事、经济等领域，其形式多样且内容复杂，结果往往很难预测。但毋庸置疑的一点是，不论什么性质和规模的突发事件，都必然不同程度地给国家和人民造成破坏与损失。宏观上，其造成国家经济重大损失、社会秩序重大紊乱；微观上，造成社会公众生命、健康、财产以及心理的破坏。由于突发事件的引发突然性，很难提前预知，更不用说采取措施提前预防，而且其爆发后事件的发展非常迅速，再加上期间的偶然因素作用，带来的危害很难控制。如果我们将社会的正常秩序看作是均衡状态的话，那么突发事件则使社会偏离正常发展轨道而出现失衡。由于事件的发生，会使人们的生活处于不稳定状态，昔日和谐安宁的社会环境遭到了破坏，组织常规工作方式和工作程序已失去了作用，必须用特殊的手段才能奏效，整个组织处于混乱无序之中。因此突发事件的破坏性非常大。

（5）发展周期性。突发事件的类型多种多样，但都具有大致相似的发展过程，相同的生命周期。也就是说任何一起突发事件都必将经历潜伏、发展、爆发和衰退的阶段。从诱发事件发生的危机因子的出现至消失的整个生命周期内，在发展的各个阶段都有不同的特点。酝酿期是事件发展的初期阶段，此时事件仅被少数人知晓，是政府处理危机的最佳阶段；发展期是历时较长的时期，若采取适当的危机管理将会大大缩短这一时期；爆发期是历时最短的时期，但是公众的心理感觉最长时期，极易对公众的心理造成恐慌等影响；衰退期是公众最容易放松警惕的时期，也是危机最容易复发的时期。

2.1.3　媒体在舆情传播中的角色定位

网络舆情之所以形成，很大一部分是因为其引发公众对突发事件所涉及的政策、社会现象的不满或共鸣，体现着突发事件本身的重要性和处置的迫切性，而突发事件与公众之间的关联性应为大众所认知。置身于互联网这样一个"互通交融"的时代中，媒体在舆情信息沟通交流中处于极其重要的地位。媒体拥有大量事件信息与强大的传播平台，因而成为最重要的也是最强势的意见领袖。媒体要做的就是在合适的时间，提出合适的意见，赢得公众的关注，获得大量舆情信息并占据舆情市场，从而实现引导舆情发展的目标。突发事件网络舆情传播中媒体应该充当以下几种角色。

1. 信息实时监测发布者

媒体在突发事件急剧的变化中，通过履行其职业行为，为公众和政府提供获取信息的渠道，及时发布准确的舆情信息。一方面，通过向公众提供突发事件信息，让其了解到引发事件的原因是什么，便于其进一步了解和洞察社会状况，有助于突发事件的快速解决；另一方面，媒体依据一些专家、学者对某种突发事件可能发生危害的程度而做出的合理推测，向社会公众发出警告，以提醒公众对突发事件的关注。值得注意的是，信息的公开透明不等于放任自流。面对突发灾难性事件，媒体应该在第一时间客观、如实地把事实真相报道给民众，消除公众的猜忌，最大限度地将谣言扼杀在萌芽状态，切实履行其环境监测和社会整合的作用，满足受众的信息需求，以便让他们在各自有限的空间里及时掌握外界动态，做出符合自身利益的反应和行为。谣言止于公开，谣言更止于理性。

2. 政府网民舆情沟通者

在我国，新闻媒体作为党、政府和人民的桥梁和纽带，担负着上情下达、下情上传的任务，其作用在突发事件舆情传播时尤为突出。媒体通过将突发事件带来的威胁和影响以及公民的反应及时报告给上级，同时将上级应对和处置突发公共事件的指示传达给公众，形成统一指挥、上下一致、反应灵敏、运转高效的应急机制。主流媒体要积极发挥"意见交流桥梁"的沟通作用，实现政府、媒体、公众三者良性互动。一方面，主流媒体及时向公众提供政府在突发事件处理中的对策，解释政府行为，凸显政府作用力，增进公众心中政府的公信力和满意度；另一方面，媒体也通过与政府的互动，向政府传递公众社会目的心理状态，反映公众目前的疑惑和不安心理，增进政府对公民的了解程度，为政府做出公众满意的决策提供依据，推动政府的公共行政的运作能力。

3. 积极正面舆情引导者

在舆情的传播过程中，难免产生恐慌心理和消极因素。但想消除公众因不了解周围环境的变动所引发的心理恐慌，仅靠及时公布准确信息是不够的。需要政府有效的处理事件和积极引导舆情。媒体作为舆情传播的重要平台，不仅为政府的正确决策提供强有力的证据，也为民众提供积极正面的引导。媒体的责任在于对舆情信息进行理性分析，提供给大众思考问题的方式和进行独立判断的思维，引导舆情向积极正面的方向发展。

4. 克服突发事件动员者

媒介系统依赖论认为：个人、群体和大型组织为了达到个人和集体目标，必须依赖媒介所掌握的信息资源。突发事件传播扩散的时期，也是突发事件所表现的影响力和破坏力达到峰值的时刻，其影响范围往往会深入到社会生活的各个领域，因此需要动员各种社会资源、社会力量和各界人士来共同克服突发事件。在这样的情况下，强有力的政府管控是必不可少的，但是媒体的宣传报道是把政府的各种决策变成公众行动的重要推动力。其主要作用表现为以下几点：

（1）鼓励作用。在无情的灾难面前，在突发事件发生时，徘徊于生死之间的人是受害者和救援者，最坚定的步伐是逆行者的脚步。战胜超常的困难需要超凡的勇气、决心和智慧，他们在第一线直接面对死神的挑战，需要巨大的勇气和智慧。如果他们死里逃生，他们还需要有勇气走出灾难的阴影。新冠肺炎疫情期间，人们最常听到的一句话就是："没有一个冬天不会过去，没有一个春天不会到来。"通过媒体向武汉人民、向全国人民发起鼓励："武汉加油！"

（2）凝聚作用。媒体传播的高速度、高覆盖率加上突发事件的集合效应使大众传媒有能力在最短的时间里凝聚人心、人力、物力和财力，并使各方力量朝着快速有效解决突发事件的方向共同努力。凝聚作用就是要达到一呼百应的效果，在"5·12"汶川大地震期间，"同舟共济""一方有难八方支援""众志成城"等口号响彻耳边。党中央领导召开会议、各种新闻专题访谈等宣传活动，使得全国人民一起协作，为抢险救灾贡献自己的一分力量。

（3）稳压作用。在突发事件得到控制的阶段性胜利之时，常常会出现麻痹、松懈和大意等现象，可引发突发事件的二次爆发或影响力较大的衍生事件。媒体，特别是网络媒体在维护社会秩序稳定中起到了一定的稳压作用，通过将公众的注意力吸引到理性轨道上的方式来消解民众紧张和恐惧心理。新冠肺炎疫情期间，人们常听到"比疾病更可怕的是恐惧"诸如此类的言论。恐惧常产生于"没底"，盲目性较大。为了帮助公众消除这种比疾病更可怕的负面心理，媒体直播政府新发布会，请医学专家分析疾病防治，请心理专家进行社会心理调试，请各个部门的领导解答人民群众的疑问，还有一大批国家领导人到防疫第一线看望医务人员以及患者。

5. 人民政府形象代言人

政府形象是政府的无形资产，政府通过媒体以实时发布事件相关信息的方式来塑造形象。政府形象构建、传播的真谛是：通过塑造、改善、修正、强化、提升政府形象来加强政府对公众的影响力、公信力、吸引力，即形象传播以社会公众认可为前提，以传播自己的观念、服务、影响为旨归，确立社会公众对政府的信心和信任。政府公信力与政府响应时间、新闻发布数量、舆情处理速度、民众满意度等息息相关，因此，凭借媒体新闻发布的公开性、显著性、权威性和直达性等特点，"通过大量收集、整理和集中发送信息，媒体可以将政府的有关信息及时广泛地输送给社会各界公众，并利用舆论的导向作用，引导公众形成对政府的正面评价或印象"。这样，政府在突发事件应对中的公信力才不会被削弱、权威性地位才不会发生动摇。

2.1.4 网络舆情与突发事件的关系

网络舆情和突发事件之间具有密切的联系。网络舆情（Network public opinion）是指在互联网上传播的公众对某一关注事件或话题所表现的有一定影响力、具有倾向性意见或言论的情况，是社会舆情的一种重要表现形式。通过对突发事件和网络舆情的研究，我们可以将二者间的关系概括为以下几个方面。

1. 突发事件是网络舆情产生的根源

当某一事件发生后，引爆其发展成网络舆情的可以是某个体网民，也可以是某媒体媒介。由于互联网平台每时每秒都上演着新的事件，一部分事件未激起大量网民关注，逐渐沉寂；另一部分，在事件初期引起小部分网民关注，在网民、媒体、政府等多因素的共同作用下，较短时间内产生大量聚集性意见或态度，某些观点被绝大多数公众认可后，逐步扩大为由意见领袖引导的主流意见，随着事件影响力的不断扩大从而形成网络舆情。网络舆情的产生是一个不断变化的动态过程，在此过程中存在大量不稳定因素，会给社会造成严重的危害，给人民的生活稳定带来巨大的影响。

2. 网络舆情研判是突发事件处置的关键

研究人员可采用定性与定量相结合的方法，采取建立舆情信息收集小组、建立舆情处理数据库等方式，对媒体上舆情的发展趋势做出判断。研判的内容既包括对网络舆情信息日常持续性的跟踪和收集，也包括对突发事件中特定内容进行针对性的研断。政府可根据网络舆情的研判结果和国内外相似事件的处置经验，对突发事件进行针对性的处置。

3. 网络舆情消退是突发事件解决的表征

网络舆情在经过一段时间的发酵后，随着政府对事件的有效解决或者新的突发事件的出现，使得网络舆情热度逐渐走向消退。舆情的消退无非是现实社会中的利益纠纷得到合理解决后产生的结果，通过逆向思维分析，网络舆情的消退在一定程度上表征了突发事件已得到合理的解决。

4. 网络舆情与突发事件相互影响

网络舆情的形成是一个循环往复的过程，突发事件爆发后对社会的影响程度与网络舆情的被关注程度呈正比。也就是说，突发事件越严重，网络舆情越高涨。同时，网络舆情越高涨，网民关注度就越高，其所造成的事件影响力越大。网络舆情的演变对突发事件的发展有着不可估量的作用，如果网络舆情得到合理的引导，那么将有利于突发事件应急工作的开展；若对网络舆情控制不当，那么不仅会给突发事件的处置工作带来困难，还有可能引发更为严重的社会危机。

2.2 危机的内涵、特征及类型

人们一直试图给予危机一个准确而全面的定义，但其定义始终未得到统一。危机（Crisis）理论的先驱 C.F. 赫尔曼（Hermann）认为，危机是威胁到决策集团优先目标的一种形势，在这种形势中，其决策主体的根本目标受到威胁且做出决策的反应时间较为有限，其发生也出乎决策主体的意料之外。巴顿（Barton）认为，危机是一个会引起潜在负面影响的具有不确定性的事件,这种事件及其后果可能对组织及其员工、产品、资产和声誉造成巨大的伤害。班克思指出危机是对一个组织、公司及其产品或名声等产生潜在的负面影响的事故。U. 罗森塔尔(Rosenthal)认为,危机就是对一个社会系统的基本价值和行为准则架构产生严重威胁,并且在时间压力和不确定性极高的情况下,必须对其做出关键性决策的事件。其中,大多学者对巴顿(Barton)和 U. 罗森塔尔(Rosenthal)的认同度较高。

2.2.1 危机的内涵

危机是人类社会的一种普遍存在,在面对突发事件时,危机也随之而来。与此同时,危机是一个具有高度概括性的词语,涉及不同领域的研究对象。

"危机"一词在汉语语境被解释为两个方面——"危"和"机","危"指的是危险,而"机"则指转机,寓意承受危机的主体会有新的机会。在英文中,危机对应的单词是 Crisis,源于希腊文中的"决定"(Krimein),其原意为决定病人是走向死亡,还是逐渐恢复的关键时刻,以形容一种至关重要的、需要立刻做出相应决断的状态。它与"紧急状态"(state of emergency)、"风险"(risk)、"危险"(hazard)、"灾难"(disaster)、"事件"(incident)、"事故"(accident)及"冲突"(conflict)等概念有所关联,但层次有别,属性各异,因而防治之道既有共通又有差别。

关于危机的概念,危机管理专家赫尔曼(Hermann,1969)将危机定义为一种情境状态,在这种情境中,决策者的根本目标受到威胁,做出反应的时间有限,形势的发生出乎决策者的意料;罗森塔尔(Uriel Ronsenthal,1989)认为,危机就是对一个社会系统的基本价值和行为准则架构产生严重威胁,并且在时间压力极大和不确定性极高的情况下,必须对其做出关键决策的事件;布里克(Michael Brecher,1978)认为,危机是一种情况,它具有以下4种充分必要的性质,即内外环境的激烈改变,对基本价值的威胁,可能伴随或导致军事冲突的可能性,对外在威胁只有有限的反应时间。

上述定义有异曲同工之处,其中罗森塔尔的定义更能反映危机一词的本质,概言之,危机一词有以下基本内涵:它是一种突发事件或状态,可能由自然的原因引发,也可能由人为的原因引发;这种突发事件或状态对一个社会系统的基本价值和行为准则架构产生严重威胁;在时间压力极大和不确定性极高的情况下,必须对其做出反应和关键决策。

2.2.2 危机的特征

危机可视为一种急迫并且对组织机构构成严重威胁的突发事件,因此,危机具备常规性突发事件所具备的特征。通过对危机的研究,总结出危机具有以下几个特征。

1. 不确定性

危机的爆发本来就是一种不确定状态,危机爆发的具体时间、实际规模、具体态势和影响深度等都是始料未及的。危机的不确定性一方面是信息传播中断或信息传播不及时导致的,例如2020年新冠肺炎疫情,部分不实消息的辟谣发布不及时,导致双黄连瞬时售空等现象的发生。另一方面是由于某些主观因素导致的信息障碍引发的危机,例如某些突发事件的发生存在信息瞒报等现象,一旦信息被揭露出来,将会引发二次危机。

2. 聚焦性

进入信息时代后，危机的信息传播比危机本身的发展要快得多。信息传播渠道的多样化、时效的高速化、范围的全球化，使危机信息迅速公开化，成为公众关注度聚集的中心，各类媒体热炒的素材。随着事件影响范围的不断扩大，引起周边区域或其利益相关者的共鸣，A 地区对所发生的突发事件采取某决策，B、C 区纷纷效仿、传播，逐步造成聚集性事件的爆发。公众对相关危机的信息来源是各种形式的媒体，媒体对危机报道的内容和对危机报道的态度影响着公众对危机的看法和态度。有些企业在危机爆发后，由于不善于与媒体沟通，导致危机不断升级。

3. 破坏性

由于危机常具有"出其不意，攻其不备"的特点，不论什么性质和规模的危机，都必然不同程度地给社会造成破坏。某些突发性危机事件会导致原本的资源链遭到破坏，进而导致缺乏足够的资源去应对危机的发生。从而带来无可估量的损失。并且危机通常具有连带效应，一起危机事件的发生将引发多起危机事件，从而进一步扩大事件影响力。

4. 紧迫性

危机一旦爆发，其破坏性的能量就会被迅速释放，并呈快速蔓延之势，如果不能对其进行及时控制，危机会急剧恶化。然而由于决策的时间以及信息有限，往往会导致决策失误。并且由于危机的连锁反应以及其快速传播的特点，如果给公众留下回应不及时、对事件不重视等印象，将大大损害决策者的公信力和公众对其的满意度。因此对于危机处理而言，关键是有效的决策。在日常生活中，可通过尽可能多的收集信息，培养研判能力和决策能力，以此在尽可能短的时间内做出正确决策。

2.2.3 危机的类型

由于危机产生环境的复杂性，很难采取统一的标准对危机类型进行划分。为了对危机进行深入研究，需要对危机进行分类，危机按照不同的划分标准有不同的分类结果。

1. 按危机的影响范围划分

危机可分为全球性危机、区域性危机、局部性危机。

全球性危机是指人口问题、粮食问题、能源问题、资源问题、环境问题以及贫富不均、两极分化等问题具有全球规模或全球性质，不只涉及局部地区或部分国家，需要从根本上改变世界各国单纯追求经济增长的传统观念和狭隘的民族主义，在全球范围内寻求综合性的解决办法。区域性危机、局部性危机与全球性危机大致相同，只是危机所涉及的影响范围大小各异，应该在合理的范围内寻求危机的解决办法。

2. 按危机涉及的领域划分

危机可分为政治危机、经济危机、价值危机、社会危机。

（1）政治危机（Political crisis）是指对社会政治关系秩序和价值准则产生严重威胁，迫使政治体系的维护者必须在有限的时间和不完全信息下迅速做出关键性决策的事件。1998 年亚洲金融风暴引发的许多东南亚国家的政权更迭，则是经济危机所引发的社会混乱压迫政治体系继而引发的政治危机。

（2）经济危机（Financial crisis）是指资本主义在生产过程中周期性爆发的生产过剩

的危机。造成经济危机的原因可能是经济政策错误、原材料紧张、自然灾害、全球化的后果、金融政策错误等，也可能是多种因素共同作用的结果。

（3）价值危机（Value crisis）是指价值主体与价值客体之间的内在矛盾冲突发展到不可调和的激烈阶段，社会的价值体系结构由平衡、稳定状态进入到非平衡、非稳定状态，从而导致旧的主导价值体系由于受到冲击和破坏而趋于失落和崩溃，而新的主导价值体系尚未建立，各种价值体系处于混乱和无序状态，各种主体的价值意识普遍处于困惑、迷茫之中。此时的价值危机不单单指个人的价值危机，而是全社会在整体上所面临的价值危机。

（4）社会危机（Social crisis）是指由社会秩序崩溃、价值体系解体以及社会控制失效等因素所形成的社会动荡状态。它是社会基本矛盾，即生产力和生产关系、经济基础和上层建筑的矛盾发展到十分尖锐程度的结果。常常导致社会病态现象的增多和严重化程度的增加，但有时社会危机象征着社会变迁，并不总是消极的。

3. 按危机的主体态度划分

危机可分为一致性危机和冲突性危机。

一致性是指危机中的利益主体具有相同的偏好和诉求，能够对危机的战略实施达成一致，人们往往认为大多数由自然灾害引发的危机是一致性危机的代表，例如全民抗击疫情、抢险救灾等；冲突性是指危机中存在两个或两个以上的利益主体具有相同的偏好和诉求，但即使是不同的偏好诉求也存在这一定的利益相关性，例如恐怖活动、暴力性示威等。这就要求政府等危机管理者在决策前，要首先辨别清楚不同的偏好和利益诉求者，在此基础上把握其行为特征并加以管理。

2.3 突发事件情境下的危机传播

2.3.1 危机传播中的要素

危机传播可以理解为传播形态的一种异化，由于危机变量的介入，传播形式具有一定的特质。那么，由突发事件引起的危机传播，可以视为危机环境下，社会信息的传递或社会信息系统的运行。当然，这里的社会信息包含着一些谣言信息的参与。因此，在突发事件发生后，危机传播中的要素包括政府、传媒和公众。

1. 危机传播中的政府

政府，作为危机信息传播和控制的主体，其危机管理的主要任务是对危机从政府层面进行宏观把握和管理。政府通过同其他媒体、组织、公众的信息沟通，运用新闻发布、信息控制等方法，达到控制社会舆论、维护社会稳定，并最终帮助化解危机的目的。这里所说的政府，是一个广义的概念，是以政府部门为主体的公共部门的集合，包括国家的立法、司法、行政机关等，是行使国家权力的全部组织集合。"政府作为公共服务的提供者、公共政策的制定者、公共事务的管理者、公共权力的行使者，在公共危机治理和危机传播中居于主导地位。"

在危机传播的定义中，中外学者都将矛头指向危机传播中的重要一级——政府。一方面承认政府在危机传播中掌握着新闻发布、信息控制的主动权；另一方面又指出政府的信息控制力在不断下降，特别是多元化传播主体的介入降低了政府对信息传播效果的控制力。

然而，不管政府力量如何弱化，危机传播过程中政府的作用仍旧不可低估，信息管理仍将是政府危机传播管理的核心。问题的关键在于，作为现代政府，如何在危机传播中找准自己的角色定位并充分履行职责。具体而言，政府的角色和职能主要体现在以下四个方面。

（1）危机潜伏期：观察者和协调者。作为扮演社会管理者角色的政府，在行使职能的过程中，应该从宏观上掌握危机潜伏期的相关预警信息。这就要求政府首先要扮演好危机"观察者"的角色，及时搜索危机爆发前的预警信息，快速反馈给主管部门并采取针对性措施，防止损失进一步扩大。同时，政府还是组织内外关系的"协调者"，妥善处理政府各个子系统以及同其他外部主体的关系，化解矛盾，将危机事件遏制在萌生状态。

（2）危机爆发期：发布者和决策者。政府无疑是危机信息公开与发布的最权威一方，这种权威源自政府自身的信息优势、公众和媒体的期待。因此在危机传播中，政府应最大限度地公开信息，进一步完善新闻发言人制度，快速、真实、全面地向媒体、公众发布信息。同时在危机爆发期，面对暧昧不明、真假难辨的信息裹挟时，政府需要及时做出决策，发布权威信息，并对谣言进行控制与处理，有效引导社会舆论。

（3）危机持续期：动员者和引导者。危机传播应急管理工作，仅靠政府自身的力量是不够的，还需将媒体、公众以及各种非政府组织的社会力量发动起来，进行有机整合，及时沟通、共同合作、化解危机。同时，在危机传播期间，政府还要扮演好"舆论引导"的重要角色，采取适当措施来有效地进行舆论引导和危机应对。

（4）危机平复期：思考者和评估者。任何危机都是社会矛盾和冲突的结果，都需要政府总结经验、吸取教训、恰当评估、细化措施，并在今后类似的危机事件中，逐步调整策略，完善危机传播和应对的机制，进一步强化危机管理。

2. 危机传播中的传媒

作为危机传播的重要主体之一，传媒是危机信息传播的主要渠道，其功能发挥的好坏直接影响了危机传播的效果，正如美国传播学者李普曼所言，"传播就是把分散的人捆绑在一起的力量，无论好坏吉凶。传播具有造就或摧毁政治秩序的力量。"

在我国，传媒，特别是大众传媒从诞生之日起就不是单纯的信息传播主体，它还肩负着"形而上的上层建筑属性"和"形而下的信息产业属性"。也就是说，传媒一方面受控于国家，是政府手中的工具、"传声筒"；另一方面，传媒以新闻报道和舆论导向的方式控制社会，引导民众。这就造成了媒体往往在政府政治宣传要求和受众信息需求之间的矛盾中徘徊不前，饱受压力，从而造成一定程度的"集体失声"和信息传递延误。

尽管存在这种矛盾，但从整个社会系统运行来看，政府的危机管理职能和媒体的危机传播职能必将走向合作共赢的局面。危机管理必须建立在危机信息准确、真实、全面、客观传递的基础之上，在危机中媒体的角色和职能主要体现在如下几个方面。

（1）危机潜伏期，大众传媒应该担当危机监测和危机预警职能。媒体应该运用专业知识合理判断，采访专家、学者，对可能出现的异常现象及时予以关注。通过专业化的解读、分析，及时将监测结果反馈给政府和公众，通过采取合理措施，及时化解可能出现的危机。

（2）危机爆发期，大众传媒最重要的职能在于传递、沟通信息。媒体应该搭建起政府、公众的沟通桥梁，运用多元化媒介形态及时发布动态信息，真实、准确地报道一线情况并进行深度分析，最大限度地满足公众的信息需求和情感关怀。

（3）危机持续期，大众传媒是社会动员者和舆论引导者。媒体应该配合政府，发动社会力量，携手渡过难关，积极发挥舆论引导作用，避免谣言扩散。

（4）危机平复期，大众媒介应发挥社会教育功能。媒体应该在应急知识教育、心理调适辅导、情感关怀等社会综合教育方面发挥其功能与作用。

3. 危机传播中的公众

在危机状态下，社会公众可以根据是否直接受到危机事件的影响而区分为危机事件的当事者和危机事件的旁观者两大类型。由于两者在危机传播中的角色和地位不同，因此在危机传播中的信息需求上也各有特色。

在危机传播中，公众的参与程度往往和危机的形势密切相关。在危机中，尤其是在信息来源被剥夺、真实情况暧昧不明的情况下，社会公众往往会出现扩散式的焦虑、恐慌、从众心理和集合行为，从而滋生了谣言产生的沃土，导致公众心理恐慌和社会秩序混乱，甚至引发更大的危机。

在新媒体的环境下，危机传播中公众地位有了一定的变化。其主要体现在以下几个方面。

（1）从被动接受到主动传递、分享信息。随着短信、微博、微信等自媒体的普遍应用，公众尤其是危机传播中的首要公众运用手机、相机、网络等主动分享突发危机事件的真实情况，充分满足了外界的信息需求。

（2）从接受管理者走向危机管理的监督者。基于新媒体平台的搭建，危机传播的首要公众和重要公众通过微博等平台实现双向监督。

（3）从舆论关注对象到主动塑造舆论。新媒体环境下，社会公众既是舆论的关注者，又是舆论的塑造者，更多的议题设置是由公众在网上引起热议，继而再由大众传播媒体跟进报道。

（4）从谣言的生产者到谣言的粉碎者。新媒体环境下，社会公众往往以不确定的方式在网络上集合。在现实社会关系的切断以及网络匿名性的掩护之下，往往使得谣言屡禁不绝。然而，微博的"自净"功能也使得谣言的粉碎者更多地来自于公众，同时借力于大众传播媒介和政府的支持，继而可以防止谣言的扩散。

毫无疑问，政府、媒体、公众是危机传播中相互制约、相互依赖、相互影响的3个重要因素。政府在对危机事件进行传播及管理，使危机不断得到化解这一方面发挥着重要作用；媒体则是政府和公众沟通的桥梁，通过整合各类媒介资源实现危机信息的快速有效传播；公众作为新崛起的舆论力量，一方面，依赖政府、媒体提供的信息了解危机事件；另一方面，通过各种渠道主动发掘信息，主动参与和监督危机传播中的政府和媒体。

总之，随着媒介的更新变革，在危机传播中政府、媒体、公众三者的力量对比出现了新的变化，不仅重塑了危机传播格局，也构建起危机传播的应急机制，最大限度地降低了危机所造成的影响和损失。

2.3.2 危机传播模式

目前关于危机传播模式的研究方向主要有两个大的取向：其一是立足于传播主体，侧重从政府、公众、媒体三方入手，研究和把握传播效果；其二是立足于传播过程和传播要素，研究和分析危机信息传播的模式。就具体模式构建来说，突发性公共危机信息传播模式的研究源于传播学理论，是以传播学为基础结合公共危机的特点进行传播模式构建，属于以大众传播为主、多种传播方式相结合的复合型传播模式。下面我们对几种比较重要的传播模式进行介绍。

1. "5W"模式

美国著名政治学家 Lasswell 的"5W"模式（图 2-1）是最早的信息传播模式，又称为传播的政治模式。"5W"模式概括性强，对大众传播的研究起到了很大的推动作用。这一模式引出的传播者、传播内容、传播渠道、受传者和传播效果这 5 个问题，被誉为整个传播学体系所指向的五大基本领域，也是危机信息传播管理要着力研究跨越的 5 道关口。然而，显而易见的是，这一模式忽视了传播的双向性，忽略了"反馈"这一重要环节，因而具有一定的局限性。

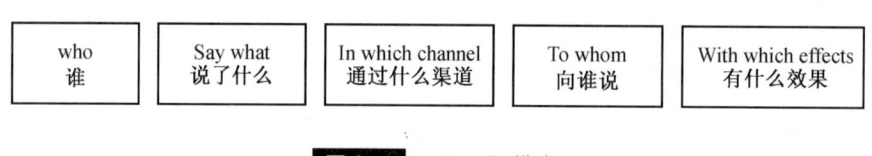

图 2-1 "5W"模式

2. 香农—韦弗模式

香农—韦弗模式（图 2-2），又称传播的"数学模式"。1948 年由美国数学家 C·E·香农和 W·韦弗提出。其特点是将人际传播过程看作单向的机械系统。这一模式开拓了传播研究的视野，模式中的"噪声"表明了传播过程的复杂性，但是"噪声"不应当仅限于"渠道"。在危机情境下，复杂的传播要素组合机制，多变的主、客体互动关系使传播系统中的"噪源""噪声"无处不在、无时不在。而传播秩序、结构的改变，则在削弱常态传播功能的同时，相对强化了对"噪源""噪声"的干扰和侵蚀能力。因此，危机信息传播模式对一般传播模式最为关键的演绎和延伸，便是"噪源"的泛化和"噪声"的强化。

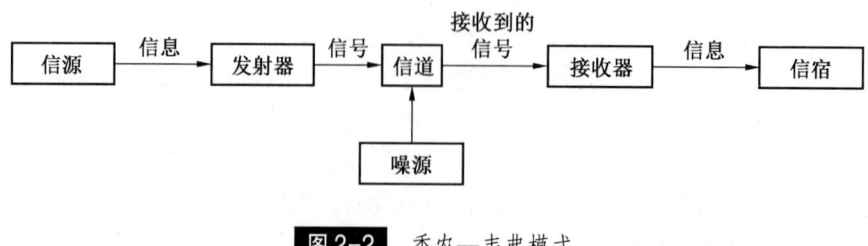

图 2-2 香农—韦弗模式

3. 两级传播模式

两级传播模式（图2-3）在20世纪40年代由美国社会学家P·F·拉扎斯菲尔德提出。这一模式强调"舆论领袖"的作用。两级传播模式综合了大众传播和人际传播，但夸大了"舆论领袖"的作用及其对大众传播的依赖性，把传播过程简单化了。该模式将受众截然分为主动和被动、活跃和不活跃两部分，但这并不完全符合传播的现实情况。此后，这一模式演变为多层次的N级传播模式。在危机情境下，"舆论领袖"的作用显得尤为突出，这也是在危机中政府部门如此重视专家等权威人士声音的重要原因。

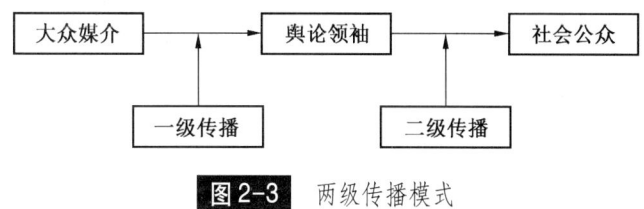

图2-3 两级传播模式

4. 互动过程模式

互动过程模式（图2-4），又称大众传播的"双循环模式"。这一模式是在20世纪50年代后期由美国社会学家M·L·德弗勒提出的。在闭路循环传播系统中，受传者既是信息的接收者，也是信息的传送者，噪声可以出现于传播过程中的各个环节。此模式突出双向性，被认为是描绘大众传播过程中的一个比较完整的模式。在危机情境中，我们可以认为，该模式进一步明确了上述危机信息传播形态中的噪源泛化问题，同时也强调了传播诸要素之间复杂的结构关系。胡百精认为，这一模式对于反映和诠释危机传播过程有着基础性意义，可将其视之为过程模式。

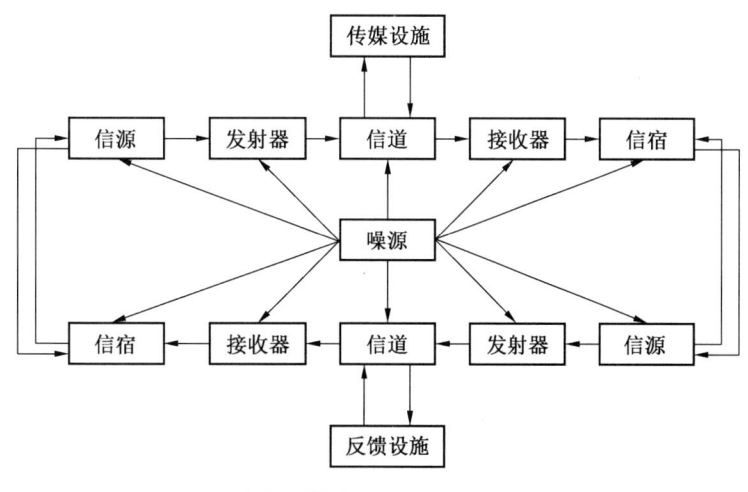

图2-4 互动过程模式

5. 波纹中心模式

波纹中心模式（图2-5）由美国传播学者R.E. 希伯特等在20世纪70年代中期提

出。图中"代码"指文字符号系统,"调节者"指政府、团体、消费者,"过滤器"指文化和社会系统,"信息放大"兼有空间和心理的含义。大众传播过程犹如投石于水池中产生的现象——石子击起波纹,波纹向外扩展到池边时又朝中心反向波动;在扩展和回弹的过程中,波纹(即信息)受到许多因素的影响。此模式强调大众传播同社会、文化等的关系,显示了传播过程的复杂性和动态性。同样,在危机情境中,危机传播依然遵循这一模式,一方面受噪源泛化的影响,各种声音一时汇集;另一方面,通过大众传播媒介等各种传播渠道,媒介信息不断放大并对受众产生现实的影响;同时,这个模式还生动地反映了传播过程中的"层层把关"现象,其"把关人""调节者""过滤器"等生动形象地描述反映了危机传播过程的复杂程度。

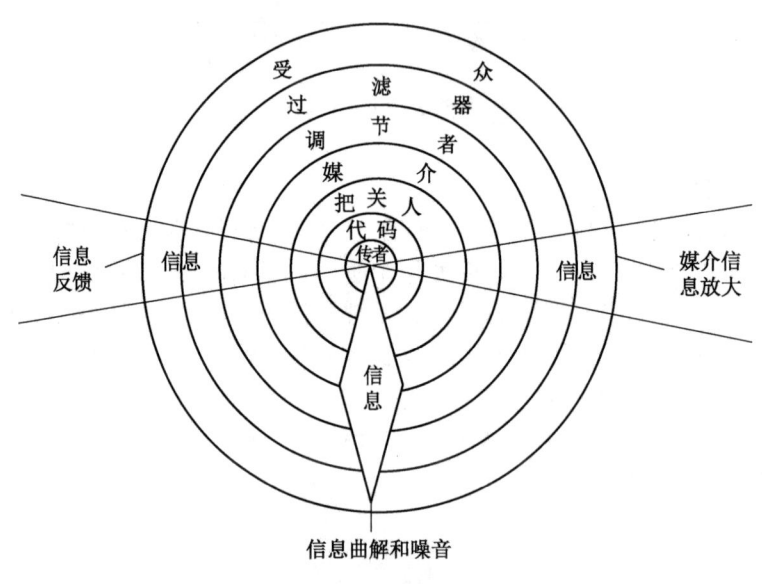

图2-5 波纹中心模式

6. 辅合模式

辅合模式(图2-6)由E·M·罗杰斯和D·L·金凯德于1981年提出。该模式认为,传播是一个互动的循环过程,参与双方(A和B)共同承载和分享信息、赋予信息意义,以便达成理解和共识。"AB"重合部分是指双方相互理解的程度。"辅合是双方或更多人向同一点移动,或一人向其他人趋近,并在共同兴趣或焦点下结合的一种倾向。"罗杰斯在1987年曾补充道:"这一模式促使我们去研究时间历程中,人类关系的异同与变化。传播研究的最小分析单位是参与双方,他们是由信息交换而联结的。研究者可以将分析单元扩展到参与者的个人网络,可以是一个小团体,甚至整个网络。"

7. 危机信息传播模式

菲奥纳·达根和琳达·班韦尔从危机信息的发送者和接受者的角度,于2004年提出了危机信息传播模式(图2-7)。该模式认为信息发送者的编码规则在传播过程中起主导作用,并把影响信息发送者和接受者的因素分为内部因素和外部因素,解释了信息传播的

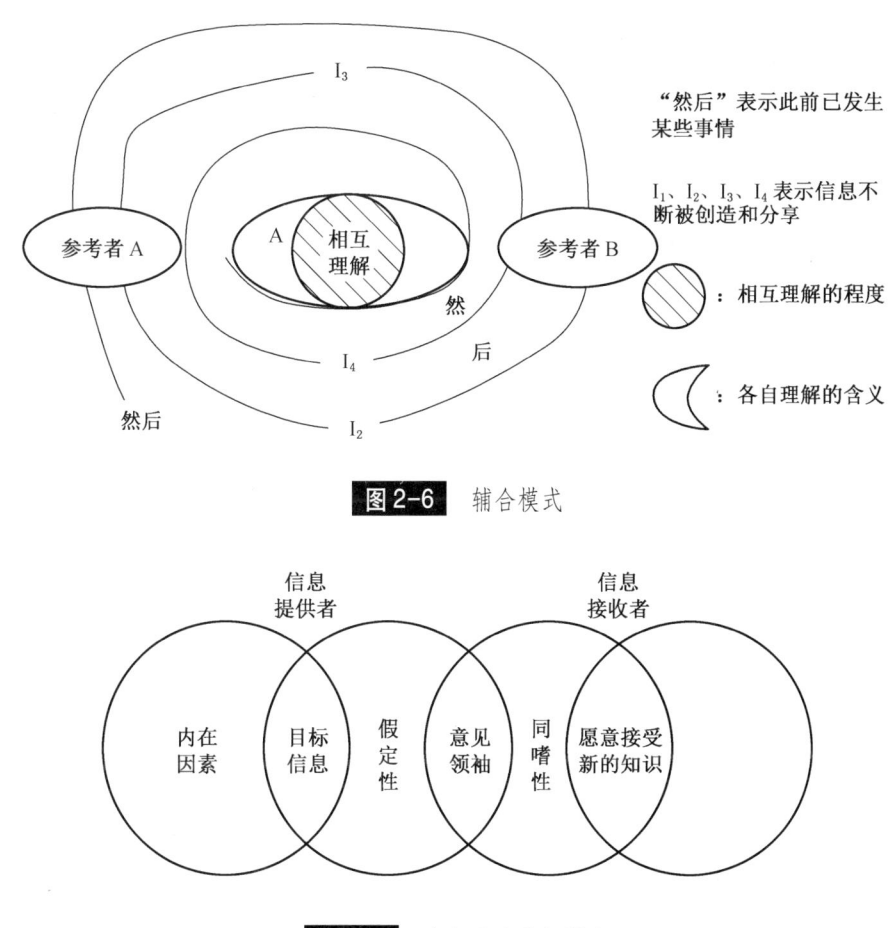

图 2-6 辅合模式

图 2-7 危机信息传播模式

各个环节。该模式对于理解危机信息传播的影响因素起到重要作用,但对于危机信息的传播过程没有过多的阐述。

2.3.3 群体传播行为

群体,是一定数量的个体,基于某些因素和目的,以特定方式组合而成的系统。在这个系统中,各成员遵守一定的结构化的角色关系和行为规范,彼此交流,因而相互影响和相互依赖,以实现系统功能,并使个人需求得到满足。

群体的种类很多,但我们最为关注的是初级群体(primary group)与讨论群体(discussion group)。首属群体的概念是由美国社会学家库利提出的,他根据群体在个人社会化过程中所起作用的直接和间接程度,将其分为初级群体(primary group)和次级群体(secondary group)。初级群体是指由面对面的互动形成的、具有亲密人际关系、存在强烈的群体认同感的社会群体,主要包括家庭、邻里、游戏伙伴等。初级群体是个人的社会支持体系,具有非正式性和社交性的特点。初级群体是个人所遇到的最初的社会化主体,对个人的个性及思想形成至关重要。初级关系接纳的是个人的整个人格,对个人提供一种必要的情感支持。初级群体的破损和丧失会使个体遭受巨大痛苦。

与初级群体相对应的是次级群体。次级群体是人类有目的以及有组织地按照一定的社会契约建立起来的社会群体。它不受血缘或地缘的限制，而是形成于一定的社会需要；其规模较大、人数众多，成员间无法频繁或直接接触；群体内有严格的组织结构和规章制度，成员活动要遵循明确的规范；成员相互间的联系以社会分工为基础，形成角色关系。次级群体是一种特殊的、缺乏感情深度的关系，它所包含的个体人格内容非常有限。现实中，大量的工作关系都是次级关系，其非人格特征表现为群体是为了实现务实的目标。但是在长期的关系发展中，次级群体中也可能包含有某种程度的初级关系。

群体传播，是指一个或两个以上的人，为了达到共同的目标，以一定的方式联系在一起进行活动的人群。群体传播是一个互动发展的过程，在发展过程中会形成特定的传播网络和功能角色，其中个人的有效参与甚为关键。群体传播的特点之一是领导行为的存在，领导行为、领导的产生和领导风格与传播效果之间的关系都是群体传播重要的因素。此外，群体中的人格结构、凝聚力、从众现象以及冲突等，也是影响群体传播的重要因素。因此，在突发事件发生后，极易引起群体传播行为。

2.4 舆情中的谣言传播

2.4.1 谣言的本质

谣言是由社会重大事件触发的一种特殊的信息传播与社会心理现象。曾有研究19世纪末期印度暴发瘟疫期间的谣言的学者指出，谣言是一种大众话语的形式。这一观点有较强的说服力。因为在民间话语没有渠道可以用来正常表达时，谣言便可能成为一种特殊的表达方式。在突发事件发生后，各界人士为了维护其利益，必然会通过某种形式发出他们的声音。在这一过程中，把他们的声音加载在谣言上，是一种常见的手法。谣言并非完全是虚假的，许多谣言中包含一定的真实成分。如果把一个谣言解构，往往可以发现其中有可以得到合理解释的部分。一则大规模传播的谣言，如果没有一丝真实的成分，很难想象会有如此多的人相信，或者说将信将疑。正如有研究者所认为的那样，谣言既然产生了，至少有真的成分在其中。也许真相比谣言更糟糕。其实，谣言就是一种提醒，提醒社会其运行机制有一些问题。

如今，网络已经成为谣言传播的主要平台，有些网络谣言是基于现实的社会矛盾，或是社会某些畸形状态的一种阐述，某种程度上具有缓解和释放整个社会压力的作用。此外，在很多灾难性突发事件中，网络谣言的产生和传播更多的是源自社会公众对未知信息的焦虑。可以说，它是认知失调后的一种自我调整手段。因此，我们对网络谣言的理解应当更加多元化，既要看到网络谣言的社会危害，并通过"自律、他律及技术保障"三位一体的管控模式尽可能控制，也要正视网络谣言的社会功能。对于政府来说，谣言作为一种非官方的表达，虽是对社会稳定的潜在威胁，但也是观察民众态度和心理的重要视窗。如果说舆论是民意的"晴雨表"的话，那么谣言就是民意的"放大镜"。政府也可以从谣言中窥探民情，了解民心，从而在决策时做出符合民意、顺乎民心的决定。

谣言固然可怕，但也并非洪水猛兽，而是一种社会现象和政治现象，一种值得进行学术研究的社会事实。因而，加强网络谣言研究，科学认识、准确把握网络谣言产生、传播与扩散的内在规律，及时科学引导网上舆情，构建起应对网络谣言的长效机制，对于稳定民心、维护社会和谐稳定、加快推进社会主义现代化建设具有重大理论和现实意义。

2.4.2 谣言产生的条件

大规模谣言的产生与流传和重大的社会变迁或者突发事件紧密相关。谣言潜在的所有表达的东西比其提供的表面消息更加重要。刺激谣言产生的因素越强大，就会有越多的人员加入谣言传播队列。当前，我国网络谣言的形成十分复杂，是国际政治背景、国内社会背景以及人们的认知心理等多种复杂因素综合作用的产物。如在突发事件发生后，政府信息公开不及时和不透明，使谣言的产生获得了空间和机会，社会不满群体或人员借机发泄不满；有的人缺乏法治观念，抱着好玩或猎奇的心理随意在互联网上发帖。有的人还存在社会信任偏好等社会心理。这都是谣言产生与泛滥的基础。进入网络时代，谣言的复杂性随着信息技术的应用而被进一步放大，其危害性也进一步加大。

1. 信息缺位与民众谣言传播心理

谣言的形成和传播并非无章可循。一般来说，谣言之所以产生，是因信息黑洞的存在。谣言是在信息不透明的背景下，通过少数人引导和公众的盲从形成的一个过程。希布塔尼认为，谣言总是起源于一桩重要而扑朔迷离的事件。它是在一群人的议论过程中产生的即兴新闻，是一种集体行动，其目的是给无法解释的事件寻求一种答案。谣言之所以有市场，是因为公众信以为真，在真相没有抵达之前，谣言就是公众心中的"真相"。谣言传播的效果取决于事件本身的重要性以及真相的模糊性，也就是说，事件本身越重要，信息公开得越不充分，谣言越可能得到充分传播。

2. 外部环境的变化与民众不安全感

郑杭生认为谣言传播本身就是一种集合行为，它也是各类集合行为的一个重要组成部分，是集合行为中的一个信息渠道。集合行为又称为集体行为、大众行为。它是指一种人数众多的自发的无组织行为。网络谣言得以产生、迅速传播并形成公共突发事件，灾难和公共事件往往只是谣言发生的诱因，社会土壤的变化是其深层次原因，而期待或恐惧的社会心理又催化了谣言的传播。心理学家巴萨德认为，"不安"是谣言传播的动力之一。当前我国既处于发展的重要战略机遇期，又处于社会矛盾凸显期，经济社会发展面临许多可以预见和难以预见的社会风险和挑战。社会生活不确定性的日益凸显为网络谣言的产生和传播提供了温床。

3. 谣言披上"科学外衣"与民众科学素养偏低

谣言的生成、传播有其自身规律，绝非"谣言止于智者"那样简单，不可任其自生自灭。"愚昧与谣言的传播是内在地联系在一起的。"谣言的产生和传播还与社会成员的识别能力和道德素质有很大的关系，谣言的传播往往在缺乏一定识别能力的群体中颇有市场。公众的批判能力越强，则谣言生成和传播的可能性越小，反之则越大。而一个人，如果他习惯于用理性来思考，具有相当强的批判能力，那么，他也不会轻易接受流言蜚语。这里所指的公众的批判能力，实际就是对信息的识别能力，它直接与公众的文化素质相关。一般来讲，文化素质的高低与信息识别能力的强弱成正比。

4. 公信力危机与民众的不信任感

政府公信力是指政府通过履行职责获得社会信任的能力。信任是社会关系运转和谐有序的基础。当社会处于"低度信任"的结构时，会加剧社会冲突，增加社会运行和治理成本。从总体上看，我国政府的公信力是比较强的。改革开放以来，在政府的主导和推动下，我国经济社会发展取得了巨大成绩。但是随着改革的推进，一些矛盾和问题不断累积，政府信息公开程度远远不能满足互联网繁荣时代人们对政务信息获知的要求。加之政府在一些事件上发布消息或做出预测不准确，或政府为维护特别利益，或出于社会安定考虑而有意掩盖真实消息等，政府失当行为在公众心里留下了深刻印记，一些人基于对政府行为的分析，得出"凡是政府说不会发生的事件，就一定会发生"的认知路向，这就更加使得公众难以分辨信息的真伪，谣言借机散布开来。于是当突发事件发生时，尽管政府"一再"出面辟谣、澄清、声明，有人却怎么也不相信，宁愿听信"谣传"，也不去相信掌握一切资源、一切权力的政府。

5. 媒体失范与谣言绑架真相

随着互联网在我国的飞速发展，网络媒体的影响力越来越大，尤其是论坛、博客、微博客等新型传播手段的出现，社会化媒体（自媒体）时代的到来，使得人人都有"麦克风"，信息发布的门槛进一步降低，加上互联网管理机制不够完善，为网络谣言的滋生提供了温床。网络谣言和有害信息层出不穷、屡禁不止凸显了我国当前在网站管理上出现的诸多问题和漏洞。

6. 少数"意见领袖"和"网络推手"制造、传播不实信息

随着网络等新兴媒体的崛起，特别是博客、微博等自媒体的出现，事实上推翻了"不准私人办媒体""禁止异地监督"等政策规定。一支潜在的草根力量悄然浮出水面，这就是"意见领袖"和"网络推手"，他们日益成为网络舆情的主推手。作为近年来的新群体，他们出现时间虽然不长，但其对网络话语生态、舆论走向的影响不可忽视。一些微博大V，动辄几十万、成百万乃至上千万粉丝，甚至办起了微刊、微电台，网上视频更是异常火爆，其传播力和影响力大大超过了平面媒体甚至广播电视。所谓"意见领袖"是指这样一些人，他们关注社会生活，熟悉舆论环境，具备新闻敏感，拥有信息资源。当某个突发事件、热点问题出现时，他们能在第一时间发表独到见解，影响和引领广大网民。

7. 商业利益的不良驱动

当前，谣言与经济活动的联系日益密切，一些谣言的"制造者"为了"扩大市场份额"、满足一己私利，不顾社会道德，甚至不惜触犯法律。例如，2010年数百家企业串通发布绿豆涨价谣言，2011年联合利华散布日化产品涨价谣言。又如，从2012年9月，即自日本上演"购岛闹剧"开始，康师傅控股有限公司被曝光是日资控股企业。由于被指是日资背景企业，康师傅连日来销量下滑、股价下挫，而这被认为是有幕后推手在操纵，最终将推手锁定为其竞争对手统一集团。

8. 国内外敌对势力利用互联网造谣生事

政治谣言是国际政治斗争的一种重要手段。国际政治斗争是指国际行为主体之间为实

现各自的利益和目标而进行的对抗性或敌对性活动，由于所追求的利益和目标不同而产生的政治冲突行为。这种政治冲突的攻击对象主要是政治人物和政治对手。由于政治谣言具有信息的不确定性，不需要事实作为佐证，而且具有广泛传播性，对人们的认知判断产生巨大影响。因此，可以根据政治斗争需要随心所欲地制造虚假信息并广为散播，对政治对手展开谣言攻击，干扰民心，为自己争取有利的政治斗争态势。政治谣言已成为国际政治斗争中的一把利器。

2.4.3 谣言的传播公式

奥尔波特与波斯特曼曾提出著名的谣言传播公式，即将"谣言的强度和流布量"设定为 R，谣言的"重要度"设定为 I（importance），谣言的"暧昧度"设定为 A（ambiguity）。三者的关系以公式表示为：R（谣言的强度和流布量）= I（重要度）× A（暧昧度）。奥尔波特认为，事件的重要性和含糊性二者缺一不可，"重要性和含糊性之间的关系不是加法而是乘法，因为，二者其一若为零，就没有流言了"。

奥尔波特与波斯特曼开创了谣言的定量研究，为谣言的认知、分析和控制提供了清晰指导，但随着环境变化和研究的推进，二人所创造的公式也受到不同方面的质疑。如印度心理学家巴萨德认为，奥尔波特等人的公式忽略了谣言产生的个体心理变量和社会环境变量，巴萨德在承认个体心理因素对谣言产生影响的同时，也强调团体认同及其规范的影响。他使用了一种更为省事的解释：共同信念、价值和观念以社会习俗、神话和文化的形式代代相传。当面临诱发极度焦虑和不确定的危机时，人们总是发掘那些文化、宗教和神话知识宝藏（这些都是社会传授给他们的），并试图减少不确定性、合理化和缓解焦虑。由此，巴萨德得出结论，除了前两种变量外，不安也是谣言产生的动力之一。拉斯诺（Rasnow）认为，传统的实验法和田野调查法研究虽然整理出了谣言的重要变量，但忽视了个体的心理指标，如焦虑、不确定性、恐慌、视结果决定涉入程度。美国社会心理学家罗斯诺在一份研究报告中明确指出，谣言和公众的理论、批判精神有关，由此罗斯诺对奥尔波特的公式进行了修订，即 R =（I×A）C，其中，C 为批判能力（critical ability），罗斯诺认为，应该把批判能力纳入考虑范围，公众的理性判断能力越强，谣言发生的概率就越小。

也有学者认为，谣言传播除了心理变量外，还应引入社会环境要素，如有学者把相关度（involvement），即谣言和人们的切身利益的相关程度看作谣言传播的重要变量。还有学者则从谣言的传播规律内容入手，认为越是戏剧性的谣言越容易传播，"事件的反常程度应该是谣言产生的主要因素之一，反常性越大的事件越容易引起人们的兴趣。如果依照以上分析再给出一个谣言产生的公式，可以用如下形式表示：R = a×a′×a″。其中，R 表示谣言（rumor），a 表示关注度（attention），a′ 表示模糊度（ambiguity），a″ 表示反常度（abnormality），以这个 3a 公式来表示谣言的产生，可以更准确地抓住谣言产生的本质，更贴近谣言产生的实际。

如上所述，谣言除了与个体心理、传播要素有关外，还与社会环境、政治体制密不可分。当然，任何理论的提出既不能忽视时空差异，也不能无视不同谣言在不同政治社会生态下的不同表现形式，所以，以上指标哪些适合我国谣言传播规律，还有待进一步检验。

但毋庸置疑的是，我国特定的政治生态环境（特定的世情、国情、社情、网情）下，对西方学者总结出的一套规律需要做适当的修正和调整。基于此，结合我国特定的现实，对谣言的计算公式和要素做出如下修正：谣言＝（重要性×敏感性×模糊性）/（官方权威性×公众理性）。

【案例2-1】"魏则西事件"舆情分析

1. 案例简介

2016年5月1日，一篇《一个死在百度和部队医院之手的年轻人》在朋友圈刷了屏。西安电子科技大学计算机系学生魏则西因患有罕见的滑膜肉瘤晚期，他从百度上了解到，武警北京总队第二医院有一种号称与美国斯坦福大学合作的肿瘤生物免疫疗法，在对生的极度渴望下，魏则西在借钱完成了治疗后，发现该治疗法不仅没有效果，反而导致肿瘤发生肺部转移。最终，魏则西不幸去世。魏则西的死，令人悲伤和愤怒，在指责医院的同时，百度的医疗竞价搜索以及那些令癌症病人雪上加霜的无良医疗机构也再一次受到声讨。该事件爆出后引燃了朋友圈、微博等社交平台，引起网络舆论的重点关注和热议。

1) 舆情酝酿期（2016年2月26日—4月12日）

知乎网友魏则西于2014年体检后得知罹患"滑膜肉瘤"晚期。据他生前描述，该疾病为"一种很恐怖的软组织肿瘤"，目前除了最新研发和正在做临床实验的技术，没有有效的治疗手段。之后魏则西一家为了求医四处奔波。2016年4月12日，在标题为《魏则西怎么样了？》的知乎帖中，魏则西的父亲通过魏则西的知乎账号回复："我是魏则西的父亲魏海全，则西今天早上8点17分去世，我和他妈妈谢谢广大知友对则西的关爱，希望大家关爱生命，热爱生活。"该阶段虽有不少网友参与讨论，但相关信息出现断层，未造成大范围传播。

2) 舆情升温期（2016年4月27日—5月1日）

2016年4月27日，新浪微博网友孔狐狸（真名孔璞，《新京报》原知名调查记者）发布消息称，逛知乎看到了魏则西的患癌帖子，进一步了解到了魏则西已经病故的消息，"然后百度了这个疾病，发现那家竞价排名的医院依旧在首位。"其微博内容被一位医生转载后，引起了医生群体的注意。这条微博转载上万后，被孔璞设为仅自己可见，但网民认为微博"神奇消失"，顿时激起了好奇心，舆情的矛头也由此一步步引向百度。

2016年4月28日，百度官方微博账号@百度推广对此事做出了回应。

2016年4月29日，在微信上，相关话题也被迅速引爆。《医疗竞价排名，一种邪恶的广告模式》《一个死在百度和部队医院之手的年轻人》《魏则西的死，百度经年累月的恶》等热传文章出现。

2016年4月30日，此话题正逐渐形成热度。腾讯公司旗下产品、微信公众大号新闻哥也在4月30日发文《他的生命，能不能唤起你们的良知》。

此前，百度避重就轻的回应通稿并未平息网友的愤怒。随后，5月1日凌晨，百度再次通过微博进行回应。在此阶段，尽管舆情持续发酵，但网民参与热度并不高，未形成强大的舆论效果。

3) 舆情高潮期（2016年5月2日—5月3日）

随着这些阅读量达十万次的文章纷纷涌现,矛头又逐渐引向了"莆田系"及武警医院科室外包问题。

2016年5月2日,国家互联网信息办公室发言人姜军发表谈话指出,近日"魏则西事件"受到网民广泛关注。根据网民举报,国家网信办会同国家工商总局、国家卫计委成立联合调查组进驻百度公司,对此事件及互联网企业依法经营事项进行调查并依法处理。

2016年5月3日,据《新京报》报道,百度公司通过内网发布题目为《砥砺风雨坚守使命》的文章,向百度内部员工解释"魏则西事件"前后经过及影响。文章中称,"(百度)作为一家优秀的企业,需要去背负国家、行业本该履行的监管责任",并号召员工"继续用心上班","把我们的产品打磨地更好、让我们的用户更满意,就是对外界最好的回应。"同日,国家网信办会同国家工商总局、国家卫计委成立联合调查组对此事件进行调查。国家卫计委、中央军委后勤保障部卫生局、武警部队后勤部卫生局联合对武警北京市总队第二医院进行调查。

4) 舆情消退期(2016年5月6日—6月)

本次事件舆情于2016年5月6日开始回落。将事件舆情推动到调查阶段之后,网民的热情也逐渐回落,之后慢慢冷却下来,此阶段的舆情主要围绕事件的调查结果及事件教训展开。这一阶段的重要报道包括:《武警北京总队第二医院全面停诊后已住院患者继续治疗、民营医院如何有序生长》《人民日报:如何避免人财两空"魏则西"式悲剧?》《魏则西事件十大法律问题:搜索推广法院有无判例》《起底莆田系P2P平台:医界贷成交超26亿借款方多为莆田人》等。

2. 媒体应对过程分析

1) 百度回应医院资质齐全

2016年4月28日,百度在其"百度推广"微博账号中对此事做出回应,回应称:"得知魏则西事情后,立即与则西爸爸取得联系,致以慰问和哀悼,愿则西安息!对于则西生前通过电视媒体报道和百度搜索选择的武警北京总队第二医院,公司在第一时间进行了搜索结果审查,该医院是一家公立三甲医院,资质齐全。网络信息健康有效,是每个互联网参与者的责任。并承诺愿继续努力,接受监督,不给虚假信息和违法行为留下任何可称之机!"

2) 百度申请审查魏则西就诊医院

2016年5月1日凌晨1时31分,百度官方微博"百度推广"在第二次回应"魏则西事件"的微博中写道:"针对网友对魏则西所选择的武警北京总队第二医院的治疗效果及其内部管理问题的质疑,我们正积极向发证单位及武警总部主管该院的相关部门递交审查申请函,希望相关部门能高度重视,立即展开调查,如果调查结果证实武警二院有不当行为,我们全力支持则西家属通过法律途径维权。"

3. 媒体观点

1) 事件中平台的监管责任边界

"环球网"发布观点:为互联网企业和救死扶伤的医院,一味追求经济利益忽视公众感受,视社会责任如敝履,病患穷途末路时还能如此利欲熏心,谈何责任担当?作为行业领域监管部门,对互联网领域虚假广告的监管治理,对新型医疗技术的引进监管,都过于简单甚至空白。"魏则西事件"不是偶然,是必然。今天出了魏则西,明天还会出类似的谁,谁都料不准,但坚信可能会有。因为互联网的吹嘘,医院的唯利是图没有销声匿迹。所以,只有企业与医院在魏则西事件后自我救赎返璞归真,赢得网民与病患尊重,行业领域监管亮出撒手锏,魏则西才不会白死。

2)事件真相扭曲

"搜狐"发布观点:发生这样的事情,武警二院在干什么?监管机构又在干什么?他们就是如此用"负责"来答复生命的吗?借用人民日报的一句评论:求利很正常,但是不能见利忘义,面对孤苦无助的患者仍然利欲熏心,谈何宅心仁厚?对于民营医院如何监管,医疗广告如何控制,已经不是需要"我想静静"的时候了,而是箭在弦上不得不发。监管部门、医院、广告发布企业、媒体甚至是你我他,都应该行动起来,加强信息甄别意识,提升信息管控门槛,增强社会责任心,这样,中国的医疗事业才能够不负人心,不负生命。

《人民日报》发布观点:将"贴吧"卖给生意人更有利可图,开发"竞价排名"可坐地生财,问题是,如果只追求经济效益而忽略社会效益,如果挥霍信任、丢掉责任,企业还能走多远?互联网企业更该思忖,如何更好地塑造价值观。如果仍然被动应对质疑,而不能理清责任链条、拧紧责任螺丝,进行彻底的内部整饬,结果就可能让人们对互联网世界失去信任、对技术失去尊重。唯有"坚持经济效益和社会效益并重",才能营造风清气正的网络空间,让网络技术回报社会、造福人民。

"新华网"发布观点:魏则西的追问值得认真对待,不仅仅因为舆情汹汹,而是它所暴露的问题恰恰揭示了当今国人最大的担忧:如果被金钱绑架,社会或将出现信任危机和安全危机。舆论对身患绝症而逝去的魏则西报以巨大的同情,因为,人们体味到了魏则西一样的恐惧和愤怒,这样的恐惧与愤怒日积月累,会郁积成强大的社会负能量。

4. 媒体角色转换

在"魏则西事件"发生后尤其是 2016 年 5 月 1 日以来,众多媒体对该事件进行了报道,多数媒体是在对造成魏则西死亡的"3 座大山"——百度、莆田系、武警二院所作所为进行抨击、对执法监管漏洞的剖析过程中进行新闻评论的。其中,以《人民日报》、新华社为代表的中央媒体阵营对事件的报道因其权威性、深刻严肃性得到更高的关注,在引导舆论过程中发挥了重要作用。其他新闻媒体在报道、传播事件信息的过程中也起到了很大的作用。

【案例 2-2】大连"5·22"轿车撞人逃逸事件舆情分析

1. 案例简介

2021 年 5 月 22 日中午 12 点左右,辽宁省大连市劳动公园附近道路突发一起严重交通事故,一辆黑色车辆撞击多人,造成 4 人当场死亡,1 人经送医抢救无效死亡,5 人受伤。2021 年 5 月 22 日 13 时,大连市公安局相关部门立即启动应急预案开展工作,肇事逃逸驾驶人刘某(男,31 岁)已被抓获。2021 年 5 月 23 日,大连市人民政府新闻办公室举行发布会通报大连"5·22"轿车撞人逃逸案件有关情况。大连市公安局副局长曲波通报称,经检验鉴定，排除犯罪嫌疑人刘某酒驾醉驾、服用精神类药物和精神病史嫌疑，其作案时头脑清楚，思路清晰，选择作案地目标明确，大连轿车撞人逃逸案肇事者刘某因投资失败无法接受，失去信心，产生报复社会行为。

该事件具体经过如下：5月22日中午，多位网友视频爆料在辽宁省大连市劳动公园北门发生严重车祸，紧接着当地的一些自媒体大V们纷纷转发传播，"大连劳动公园门前一车撞飞多人""大连劳动公园车祸"等热搜话题开始形成。随后大连市人民政府新闻办公室官方微博@大连发布进行通报证实此事，并称肇事逃逸者已经被抓获归案。官方通报之后部分新闻媒体扩散报道了这一起恶性事件，由于事件原因未明，该事件的网络传播热度也只是在小范围内形成，并没有形成较大的热度峰值。5月23日早上@大连发布再次发布情况通报称"案件处置正全面有序展开，死者善后工作正在落实；伤者已得到全力救治，嫌疑人已排除毒驾、酒驾嫌疑，犯罪原因正在调查"，此时舆情热度稍有提升。下午@大连发布又发布情况通报称"5月22日，犯罪嫌疑人刘某因投资失败无法接受，失去生活信心，遂产生报复社会心理。在等候绿灯指示后突然在7秒钟内将所驾车辆车速从0时速加速至108公里/小时（该路段限速60公里/小时），并冲闯红灯，以驾车冲撞路人的极端方式实施犯罪，造成5死5伤"。"大连轿车撞人逃逸肇事者系报复社会"这一话题即刻形成，网络传播热度呈现出井喷似的爆发之势。经过两三个小时的热度发酵上升后逐渐衰退，舆情热度慢慢消散。

2. 事件的传播主体及传播效果分析

（1）传播主体：大连"5·22"轿车撞人逃逸事件的传播主体呈现出相对多元的特征，其基本表现为"网民爆料—自媒体大V传播推动热度扩张—官方通报下新闻媒体集聚扩散引爆关注度—自媒体后续解读以及边角料信息挖掘"的传播路径。总体来说，自媒体承担了信息挖掘的重要责任，但是从传播效果来看，兼具正面、负面双重传播效果。其正面效果主要表现在及时提供第一手信源资料，推动该事件在社会上形成一定的关注度。而负面效果一方面表现在对血腥现场的直接传播，缺乏对所传播内容的专业核查，因而对受众感官形成强烈的刺激；另一方面则表现为在缺乏事实依据的情况下形成不符合实际的主观猜测，过度挖掘受害者的隐私信息以及家属的悲伤情感，甚至在事实通报之后对肇事逃逸者为何投资失败以及进行了哪种投资等边角料信息进行挖掘解读，造成关注点失焦。以上种种表现一定程度上说明了自媒体的媒介素养仍旧亟待提高。

（2）传播效果：由于此事是一场涉及多人伤亡的公共安全事件，警方在介入调查、通报事件进展、回应社会关切等方面总体上表现得较为及时，从事件调查结果的公布、犯罪嫌疑人的抓获、犯罪动机的说明等角度尽快通报相关内容，除了通过当地政府官微进行发布之外，更重要的是各大新闻媒体承担了"传声筒"的重要责任，第一时间跟进事件发生发展的进程，依靠其自身传播的影响力在回应舆论追问的同时在更大范围内引发公众的关注。在这个过程中，人民日报、新闻网、央视新闻等几大官方主流媒体争相跟进报道，尤其是人民日报官方微博对案件通报内容的传播报道，转评率极高，传播影响力极大，在如此重大的恶性公共安全事件中，发挥了主流媒体依据事实报道回应公众疑问的积极作用。主流媒体对此事进展的积极传播报道，也引发了更多媒体对此事件进行蜂拥式传播，报道内容差别无几，同质化信息蜂拥而至，而对这起悲剧事件的反思性报道却少之又少。尤其是对该事件中核心矛盾因素即对因投资失意而形成的报复社会的恶性动机的反思、警示力度不足。另外，对于此事件所引发的公众情绪宣泄并没有积极地进行议题设置，疏解公众情绪，呼吁理性宣泄。

３．酝酿期的舆论猜想与谣言传播

在事件调查结果未明的情况下，舆情在酝酿的过程中除了对肇事逃逸者的愤怒及受害者的同情之外，还伴随着明显的舆论猜想和谣言横生。舆论猜想主要表现在对交通肇事原因的猜想，不少网友纷纷猜测可能是酒驾、刹车失灵驾、身体突发不适……甚至有网友直接猜测为蓄意报复社会行为，在种种民间猜测中形成了一定的舆论互动。另外，随着肇事者部分信息的公开，肇事者的私人信息被追溯，因此舆论中出现了肇事者撞人原因是其老婆出轨所致，紧接着舆论围绕着肇事者与其老婆之间的关系、家庭关系等方面进行表达互动，针对此话题的讨论在网民间还产生了一定的矛盾争议，酝酿出新的舆论矛盾。随着警方通报内容的发布，肇事原因为投资失败而报复社会，证实舆论场内其老婆出轨系网络谣言。由于警方调查通报及时，舆情酝酿期内的种种相关猜测和谣言传播并没有在更大范围内蔓延，来源不明的小道消息最终在官方舆论场内得到纠正和遏制。

【本章重点】

1. 突发事件的定义：突发事件指突然发生，造成或者可能造成严重社会危害，需要采取应急处置措施予以应对的自然灾害、事故灾难、公共卫生事件和社会安全事件。

2. 突发事件的类型：

（1）自然灾害——对自然生态环境、人居环境和人类及其生命财产造成破坏和危害的自然现象。

（2）事故灾难——在人们生产、生活过程中发生的，直接由人的生产、生活活动引发的，违反人们意志的、破事活动暂时或永久停止，并且造成大量人员伤亡、经济损失或环境污染的意外事件。

（3）公共卫生事件——突然发生，造成或者可能造成社会公共健康严重损失的重大传染病疫情、群体性不明原因疾病、重大食物和职业中毒以及其他严重影响公众健康的群体性事件。

（4）社会安全事件——因人民内部矛盾而引发，或因人民内部矛盾处理不当而积累、激发，由部分公众参与，有一定组织和目的，采取围堵党政机关、静坐请愿、阻塞交通、集会、聚众闹事、群体上访等行为，并对政府管理和社会秩序造成影响甚至使社会在一定范围内陷入一定强度对峙状态的群体性事件。

3. 突发事件与网络舆情间的作用关系：突发事件是网络舆情产生的根源；网络舆情研判是突发事件处置的关键；网络舆情消退是突发事件解决的表征；网络舆情与突发事件相互影响。

4. 危机传播的要素：政府，危机信息传播和控制的主体，其主要任务是对危机从政府层面进行宏观把握和管理；传媒，危机传播的重要主体之一，是危机信息传播的主要渠道，其功能发挥的好坏直接影响了危机传播的效果；公众，其在危机传播中的角色和地位不同，因此在危机传播中的信息需求上也各有特色，其参与程度往往和危机的形势密切相关。

【本章习题】

1. 论述媒体在突发事件中所处的角色地位。
2. 阐述作为一个现代政府,如何在危机传播中找准自己的角色定位。
3. 以新冠疫情防控为例,论述政府该如何与媒体、公众共同作用应对公共卫生突发事件产生的危机。
4. 阐述网络谣言产生的根本原因以及如何有效遏制网络谣言。
5. 阐述谣言的传播规律,并论述作为一名公民如何应对谣言。

3 新媒体时代网络舆情基本特征与形成机制

新媒体时代，社会信息生产方式、信息载体、信息呈现的面貌及内容都发生了复杂而深刻的变化，网络舆情产生的渠道更趋多元化和差异化，网络舆情的触发更为敏感迅捷，网络舆情形成的情绪氛围更加热烈持久，并易与其他前导事件、社会矛盾形成交叠关系，从而进一步触发更深层次的矛盾和问题，扩大网络舆情的持续负面效应。引发网络舆情的原因极为复杂，通常有社会原因和心理原因这两个方面，心理原因在很大程度上又受社会原因的影响。网络舆情爆发后，受各种原因的影响，舆情演变呈现出多元化、复杂化、差异化的特征。

3.1 网络舆情的特征与类型

3.1.1 网络舆情的特征

政府对舆情的重视姿态从侧面说明了近年来中国舆论场迅速扩张、不断发展的形势。互联网给转型中的中国提供了宽广、高效、迅捷的社会信息运行方式和传播渠道，也为社会意见的表达、呈现提供了全新的媒介通路。近年来中国舆论场的发展壮大，正是在互联网和移动传播的推动下完成的。新媒体"带来的不仅仅是传播形态的改变，更是新闻传播规律，传受关系的革命，社会公意、平民舆论正在深刻变革着我国舆论监督格局，并对舆论监督中的若干要素、关系产生了很大影响。"网络、新媒体（这里主要指以互联网技术为核心的新型媒介形式及应用，包括微博、微信、移动终端等）已成为舆论的主要表达窗口，并且，新媒体也一再引起热点话题、揭露社会阴暗而引发舆论，并为传统媒体设置议程。并成为舆论监督的主要力量。网络舆情主要有以下4个特征。

1. 强势舆论场

网络舆情是海量、匿名、多元、实时、扩张的意见形态，当一个热点事件发生时，网络随即生成迅速及时的舆论反应、排山倒海的舆论声势、长久不衰的舆论热度，甚至具有波及全球的舆论范围，具有鲜明指向的意见，对事件当事者形成了强大的舆论声浪，产生极大的心理压力。在"5·12"汶川大地震后，美国女星莎朗·斯通曾发表冷酷言论，中国广大网民得悉后迅速形成了愤怒舆论攻击。莎朗·斯通代言的世界奢侈品牌迫于压力撤下其形象代言，全球主流媒体纷纷对其进行谴责。2021年3月24日，BCI称中国新疆存在强迫劳动和破坏人权的现象，瑞典时装品牌H&M发表声明说不再采购新疆棉花。BCI和一些国际品牌对新疆棉花的无端抹黑行为引发了网民的强烈不满，网络舆情走势达到第一次波峰，网友们纷纷留言表示抵制H&M并向其喊话"退出中国"。次日，社交平台相继掀起"抵制H&M商品""支持新疆棉花"的热潮，截至3月25日13时微博"我支持新疆棉花"话题阅读次数达14.4亿次，讨论次数为591.6万次，舆情趋势在3月25日10时达到第二次波峰。一时间，主流媒体纷纷发文谴责，多位明星终止与H&M、Burberry、优衣库、CK、彪马等涉事品牌的合作，商场撤下其品牌标识，网络直播带货遭到抵制；网友们纷纷怒斥H&M等品牌"吃中国人的饭，砸中国人的锅"，强调"祖国利益高于一切"。这些都对涉事品牌形成了强大的舆论压力，彰显了舆论的巨大威力。

2. 情绪化舆论氛围

在复杂的社会心理、发言匿名性、认知偏差、媒介素养等共同因素的作用下，情绪化舆论氛围成为网络舆情的突出特点。相比于围绕事件真相的理性思考，舆论往往倾向于借助热点事件发泄不满、愤懑情绪，形成破坏性力量，不利于积极有效的网络讨论，易产生更为复杂的次生舆情。有学者在对2020年新冠疫情舆情的研究中认为：在网络舆情生成阶段，"公众首先会第一时间根据自己接收和掌握到的有限信息做出下意识的、感性的判断，这种感性情绪更多来自于公众内心情感的爆发，而非理性的思考，因此具有很强的冲动性，甚至往往带有先入为主的偏激性……无论是舆论的内涵还是舆论公开表达的用词上都具有极强的感情色彩和喜怒倾向。"在传播与扩散阶段，"多元化的情绪会在传播中产生情绪互动，逐渐相互吸收、相互感染，达成某些共识，从而产生趋同化发展态势。最终某一种情绪会得到大部分人的认同，成为主导性社会情绪，占据民间舆论场的主要口径。"在舆情的持续发酵阶段，"公众可能会在官方的舆论引导和说服下产生情绪动摇，又可能在主流情绪和意见领袖的情绪感染下重拾原有情绪，从而呈现出波动不定的状态。"网络舆情的情绪化氛围，反映了社会深层次的矛盾冲突和情绪力量，使舆论具有"减压阀"的作用，释放一部分社会压力，有利于维持社会系统的持续稳定。然而，极端、偏激的情绪也容易产生群体极化效应，使公众在情绪感染下出现群体性的价值偏差和行为失范，使舆情异化发展。

3. 透明化监督对象

匿名、广泛、多元的信息生产模式，必定导致信息的无限衍生。网络舆情往往通过透明化监督对象的方式来进行舆论监督，尤其是在突发事件背景下，人们出于对公共利益、社会道义的强烈关注，会通过广泛、多元的社会参与来进行共同的信息生产。如在"林嘉祥猥亵女童案""铜须事件"中的"人肉搜索"就是逐渐缩小范围、精确信息的"透明化"方式。在"5·12"汶川大地震政府救灾物资的分配过程中，"社会化网媒就像一个个电子眼，将任何与抗震救灾有关的事件，无论是真善美的，还是假恶丑的，都一一展现在公众的眼前。"一些占用救灾物资的丑恶行径都被数码相机和网络媒体暴露在光天化日之下，受到了全社会的谴责。2020年新冠肺炎疫情席卷全球，在武汉最初封城、实施严厉防疫抗疫管控措施的背景下，任何有关抗疫、生活物资的管理、分配都得到了持久、强烈、深入的透明化监督，如2020年2月1日武汉红十字会临时仓库的救灾物资发放事宜，各地援鄂救灾生活物资的分配和发放事宜等。应该承认，透明化监督对象一方面有利于迅速高效地解决矛盾热点、防止社会不公现象；另一方面，透明化监督也伴随着强烈的负面情绪和人身攻击，客观上可能对公民人格权、隐私权等构成侵犯。

4. 异化传播

"一个热点新闻事件加上一种情绪化的意见，就能够点燃一片舆论的导火索。"异化传播首先表现在网络言论缺乏理性，比较感性化和情绪化，甚至有些民众把互联网作为发泄情绪的场所。部分网民出于各种复杂情绪上网，挟带各种私愤，再加上对涉事舆论主体的固有框架和成见，往往会从极其片面甚至歪曲的角度看待人物和事件，并发表极端化的批评言论。其次，异化传播表现为偏离主题和真相。许多网民缺乏积极、正确的参与公共讨论的态度，不能始终聚焦或致力于对事件真相的有效追寻，以偏概全、先入为主，以片面或错误观点误导他人。

异化传播还表现在网络谣言上。尽管网络谣言产生的根本原因在于关于事件真相信息的缺乏，发自人们心中的不安全感，但也不能排除网络谣言制造者故意歪曲信息、恶意捏造，以达到妖魔化涉事人员或事件的目的。这就需要主流媒体及时发表观点，引导公众理性认识和正确看待事物，引导舆论积极健康地发展。

3.1.2 网络舆情的类型

网络舆情就是公众对社会各种变动的意见、观点和态度，主要涉及社会系统的各方面情况。按照不同的标准和角度，可以对网络舆情的类型做出如下划分。

按照涉事主体的类型，可以将网络舆情划分为涉机构舆情与涉个人舆情。涉机构舆情又可分为政府舆情、企业舆情、社会组织舆情等，涉个人舆情可分为公共人物舆情、一般公民舆情等。

按照社会部门的类别，可以分为政治舆情、经济舆情、文化舆情、社会舆情、生态环境舆情等。

按照事件发生的氛围，可以分为国际舆情、国内舆情。国内舆情又可分为全国情舆情和区域性舆情等。

按照对事件评价的性质，又可分为正面舆情和负面舆情。正面舆情以对事件的积极评价为主，负面舆情以对事件的消极负面评价为主。通常的舆情以负面舆情为主，而舆情应对主要也是指应对负面舆情。

3.2 网络舆情生成的社会动因与认知特点

3.2.1 网络舆情生成的社会动因

"'舆论'的产生，实际是人们对环境的共同反应与应对。"舆论的生成具有一定的社会动因。具体来看,舆论形成的基本条件是社会公共事务和公共意识。社会公共事务是舆论的客体,"所谓公共事务,是指关系到多数人生存的公共事业和公共生活秩序的事情,体现为维护公共物品正常发挥职能的活动,涉及全体公众整体生活质量,满足社会全体或大多数成员的需要,反映出他们的共同利益,让他们共同受益。"社会公共问题诱发意见的一般过程是:出现特定的矛盾关系或问题,引发人们的普遍关注和讨论,形成舆论;在特定社会力量的干预下,推动矛盾的解决或转化;在此过程中,人们依旧会对社会公共事务的解决过程发表议论。最后,问题得到解决,人们围绕解决的结果产生新的议论或意见。

舆论的主体是公众,公共意识是引发舆论的主观条件。公共意识是人们对具有普遍关心特征的公共事务所持的心理、看法和态度。公共意识的产生,是在人们普遍社会交往的基础上形成的。社会规模越大、社会发展水平越高,公共事务的内涵与外延就不断扩展,公共事务的种类、数量及复杂程度就越高;社会规模越大、社会发展水平越高,人们之间普遍交往的广度、深度、频次就越是增加,围绕社会公共事务进行的讨论就越频繁,公共意识就越强烈鲜明,产生舆论的可能性就越大。

无论从舆论的主观条件还是客观条件来看,舆论都是一定社会事务处于一定矛盾、一定关系下的产物。不同的社会舆论主客观条件,对于促发舆论的影响不同。在市场经济环境下,社会事物及其运动呈现多元化、差异化特点,社会关系复杂多变,随着人们自主意识、独立意识不断增强,涉及社会公共事务的矛盾持续涌现,触发舆情的可能性也在不断增加。

公共意识显现并发展成为舆论还需要直接诱发因素。突发事件是社会公共事务的特殊形态,是促发舆论的直接客观条件。"社会事件没有预期性,它的到来都十分突然,但从根本上是一定社会矛盾发展的结果。公众受到事件的刺激产生震惊或喜悦,广泛的议论随之而起,舆论爆发的临界点开始出现。""社会突发事件打破生活的常态,造成社会意识的冲击波,许多人出于维护自身利益的强烈动机而参与社会讨论。大众传媒为社会讨论提供更多的信息,供给标准的意见,推动社会讨论的扩大。这时,少数人的意见迅速变为多数人的意见,局部意见变为全局的意见。"

社会公共意识必须依托一定的信息载体和表达平台,才能成为显性的舆论。前工业社会时期,咖啡馆、歌剧院、城市广场等场所成为承载舆论的平台。在大众传媒产生后,社会拥有了公开而广泛的信息载体,舆论逐渐成为显性的社会现象。在新媒体时代,社会信息生产和意见表达借助发达的社会信息平台,进行全天候、立体化、双向互动式传播,社会公众意见的表达更为迅捷、方便、频繁,舆论真正获得了经常性的显性社会平台,互联网意见空间中各种观点、情绪、心理甚至意识形态相互激荡、共振相融,引发了前所未有的空前鲜明的社会舆论运动过程。

在新媒体时代,日新月异的传媒科技、发达的社会信息网络、空前鲜明的社会表达欲望、"全民皆媒"的社会信息生产环境,都促使舆论的触发更为容易,使舆论运动的速度、广度、深度不断增加。全球国家之间在民族、宗教、种族、政治、经济等各方面事务方面价值观的交流更为频繁、广泛,价值观的冲突更为鲜明,国际与国内之间舆论运动也呈相互渗透、相互影响的态势,因而使得舆情管理更具复杂性和挑战性。

3.2.2　网络舆情的认知特点

1. 刻板印象

美国报刊专栏作家李普曼认为：人们眼中的现实，是媒介有意无意营造出来的媒介现实。"拟态环境"是传媒通过象征性事件或信息进行选择和加工、重新加以结构化以后向人们提示的环境。由于这种加工、选择和结构化活动是在一般人看不见的地方（媒介内部）进行的，所以人们通常意识不到这一点，而往往把"拟态环境"作为客观环境本身来看待。人们头脑中关于社会事物的印象，就是"拟态环境"塑造和表达的结果。

长期以来，舆情经常与牵涉社会普遍公共利益的社会事物的运动过程及其结果相关，例如政府公共行政过程及结果、突出的民生问题等。这类社会事物通常也是媒体选题和报道的重点，新闻媒体会从特定的主观框架出发，对社会事物形成价值判断，长期累积性的传播效果，又会强化这种价值判断对人们认识框架的影响，从而形成特定的"标签式"话语，例如"黑心煤老板""城管打人"等。久而久之，就会导致公众心目中对某类社会事物的、固执鲜明且先入为主的"刻板印象"。

"刻板印象"一旦形成，很容易造成人们对热点事件及其当事人的主观偏见，影响公众对社会真相的追寻和认识，从而造成舆论失焦或舆论异化现象。

2. 沉默的螺旋

德国传播学家诺埃勒·诺依曼在1974年提出了著名的沉默的螺旋（The Spiral of Silence）理论。该理论认为，人们在表达自己的想法和观点时，若探测到自我赞同的观点受到其他人的认同，就会积极主动地参与，由此使得观点越发扩散；而当发觉某个自我赞同的观点不受他人接纳或欢迎时，人们就会因为害怕被孤立而保持沉默。意见一方的沉默造成另一方意见的增势，如此循环往复，便形成一方声音越来越强大，而另一方越来越沉默的螺旋发展过程。该理论自提出以来得到较多关注，在报纸、电视等传统媒体环境下的舆论现象或规律方面具有较强的解释力。不过，该理论也遭到了一些学者的批评或质疑，如过于强调"害怕孤立"这一要素，在某些情况下，人们处于特定的利益或情绪下不一定会保持沉默，而有时人们还会因为害怕孤立而发出攻击性言行。

3. 群体极化

美国传媒学者詹姆斯·斯托纳在1961年首先提出群体极化这一论点。群体极化是指一个团体中的成员对已有倾向性答案的问题进行讨论、探析后，会使这种倾向性更加明显，从而形成极端化的观点。

群体极化的形成分为两个步骤。首先，群体成员对所需面对的问题已经形成初步的倾向，成员们的资料论据又十分有限，在群体内部讨论时，成员们的认同鼓舞了对方，会向更有利于自己论据的方向进行证实，而忽视了不利于自己论据的证据，从而使得讨论的结果导向更为极端的方向。其次，当群体中出现小部分意见不一致的个体时，通常会因为自己的观点只占极少部分而被同化。这是个体社会化的结果，也是"沉默的螺旋"发挥作用的过程：持不同看法的少数人在这样的螺旋中会三缄其口，若干时间后，社会上的不同看法会越来越少。在互联网环境中，由于舆论主体的分散性、网络的匿名性、舆论主体利益的间接性，认识框架的有限性，导致网民更倾向于在不掌握充分事实、依据的前提下，贸然对舆论事件发表观点，从而导致舆论失焦和异化。又因网民从现实社会环境中承载一定的情绪压力，倾向于在虚拟社会进行发泄，从而使网络成员之间彼此互相感染、互相影响，从而使得群体极化现象更加易于发生，并达到更高规模。

3.3 网络舆情的传播渠道与社会效应

3.3.1 网络舆情的传播渠道

新媒体时代，网络舆情总是由某种网络媒介首先产生、经由多种媒介广泛传播，在形成一定的舆情热度后，最终由主流媒体进一步扩大传播效应；在新旧媒体密切互动、相互影响所导致的喧嚣舆论声浪中走向高潮，随着事件的解决而逐渐回落、最后归于平寂。因此，网络舆情一般会充分覆盖新旧媒体两种社会信息传播渠道（尽管这两者在结构上的界限已不再清晰），也必然地容纳了人际传播、群体传播的渠道，但是以新媒体传播作为主渠道。

从以往的情况来看，网络舆情经由的网络新媒体传播渠道主要有：微博、微信、BBS、QQ等。如罗一笑事件就是在微信上首发，在形成热烈的舆情关注后，吸引了微博、传统媒体等跟进报道、评论，进一步扩大了舆情传播的效应。近几年来，随着短视频的兴起，不少平台媒体也成为舆情策源地。例如国家一级演员何冰"后浪"演讲就是从年轻人二次元文化平台媒体哔哩哔哩（简称B站）上首播，先是在B站形成传播热度，然后扩展到微信、微博，引发大量网友关注，自媒体、主流媒体纷纷发表见解，形成更大范围的舆情浪潮。

目前网络舆情传播的特点是：舆情策源地往往是自媒体、平台媒体，但主流媒体的观点、意见更容易影响网络公众，形成全社会的知名度和关注度，依靠主流媒体以强势传播力量推高舆情。

从涉及政府的舆情事件来看，尽管新媒体率先打破信息窗口，但是能够引起全社会关注，尤其是政府部门的高度重视，最终推动促进事件解决的，则主要在传统媒体介入之后。其主要原因是传统媒体尤其是拥有影响力和公信力的省级、央级媒体通常代表上级党委立场，他们的介入往往预示着事件舆情引发的政治意义不容回避，舆情事件的重大影响必须面对和化解。如山西和顺矿难事件，一开始，和顺和顺县政府新闻办明确表示矿难中无人员伤亡，警方还拘留了一名"网上造谣者"。但当大量记者介入深挖真相后，矿主顶不住压力去投案自首，才真相大白，和顺县政府的形象受到了严重损害。

3.3.2 网络舆情的社会效应

网络舆情引发的社会效应主要包括以下几点。

1. 形成社会实践力量

由舆论特性已知，舆论因公共事务生发，又以解决公共事务为其目的，具有明确的现实针对性和实践趋向。舆论与社会实践行为不可割裂，具有强大的社会实践力量。它可以集结公众意志，瞬间形成声势浩大的民意声浪，对政府、公权力和社会成员的行为进行批判、指责、规导,后者迫于舆论压力,其行为过程往往向舆论的方向发生转变,"在舆论面前,没有一个政府能走得太远。"

2. 形成特定社会心理

舆论的心理积淀、内化,参与了社会心理的形成和建构。舆论的形成是一个心理整合、认识整合的过程,在这一过程中,各种认识、情感、动机、意向等共同构成社会精神心理流动的过程,通过舆论呈现和表达出来。舆论正是社会精神、心理层面对社会客观实践过程及结果的反映和表达,人类不间断的舆论活动,使得社会心理诸要素不断地、反复地反映在社会表层,各种新的心理内容纷纷沉淀于原有的社会心理之上不断开拓、丰富、涵化社会心理结构的变迁演化。

社会心理学家认为:人的心理世界犹如一幕幕布景构成,形成深层内部背景和表层内部背景。那些即时的、日常的、民间性舆论抒发公众经验性的直观感受,带有明显的情绪化色彩,处于社会精神生活的表层空间。其间所包含的深刻思想、价值意识、文化精神,经过内化、沉淀,可逐渐作为社会的深层内部背景稳定下来,从而成为一个时代的表征。舆论中隐含的社会心理,虽然是零碎的、分散的、片面的、脆弱的,并常处于不稳定状态,但它们在总体上构成了当前时代的精神特征和情绪欲望,是时代文化精神和价值意识的隐喻。如改革开放初期,人们对金钱、效率、市场、速度的热衷,作为喧嚣的社会情绪和社会心理,最终也成为时代价值意识的来源。

3. 参与建构社会意识形态

意识形态作为社会精神运动中鲜明的行为导向和价值取向,寄寓于社会精神生产的方方面面,并与实践活动融合在一起。舆论的一个鲜明特征就是指向性,它往往包含着对社会现实、社会现象等的是非、美丑、善恶判断,并对社会实践产生强大的指引、导向作用。当舆论影响下的某种价值观念自然渗透于政治、法律、伦理、哲学、艺术、科学、宗教等各个领域,其行为导向在一定的社会框架中借助一定的形式固化下来时,就形成了意识形态,对于社会现实、人类历史产生巨大影响。如湖北佘祥林案件所引发的舆情事件,其影响具有极为突出的政治意义,关乎社会主义法治精神的健康发展,最终促使中央政法委要求全国司法系统进行必要的制度改革。

3.4 突发事件网络舆情的形成及其演化规律

3.4.1 突发事件网络舆情的主体和客体

1. 突发事件网络舆情的主体

舆论主体是指社会公众,即"自在的对于外部社会有一定的共同知觉,或者对具体的社会现象和问题有相近看法的人群。"公众在现实中的存在是分散的,并非按照一定的社会单位组织,而是以一定的统计数据的形式表现出来。公众的构成是复杂的,并随着社会舆论事件的变化,而处于不断的变动之中。突发事件网络舆情事件的主体通常包括公众、政府、媒体、社会组织等。

1) 自媒体对舆情的影响

普通民众建立的自媒体因其身份的多元性、话语的分散性、影响的有限性被称为"草根"。同时，在新媒体环境中"曾经高度集中的传播权力被裂变式病毒传播分解，政权、资本、科技对传播权力的垄断被解构，传统媒体构筑的信息中枢被瓦解"。平台媒体、社交媒体使数量巨大、力量分散的草根意见不断聚集，从而形成影响力巨大的舆论压力。

自媒体影响舆情的方式主要表现为：爆料事件；表达意见；汇集趋同性意见，逐渐形成舆论压力；表达强烈情绪，壮大舆论声势；积极挖掘、公布事件真相，推动突发事件和公共问题的解决。

2）意见领袖对舆情的影响

意见领袖是公众的重要组成部分，他们通常是话语观点有广泛影响力的自媒体。意见领袖的一般思想最初来源于沃尔特·李普曼的《公众舆论》，"任何时候我们都无法想象会有这样的前景，所有人都能清清楚楚地明白整个无形的环境。从而在全部政府事务上自发形成明确的公众舆论，"正式概念形成于拉扎斯菲尔德的《人民选择》一书。意见领袖一般在某一领域具有专业知识，能够为普通公众提供信息、意见和建议。[①] 靖鸣对网络意见领袖的类型进行了划分，认为从广义上可以将意见领袖分为"短期即逝型"和"长期稳定型"两类。短期即逝型网络意见领袖的"身份建构呈现便捷、高效、不稳定等特点。大多是围绕短期内热点话题或热点事件展开，而在网络舆情热度降低之后，网民注意力被转移，他们也逐渐消失在网民视线之中。"而长期稳定型网络意见领袖可从身份建构和特征分为两类：一类是从传统媒体转型而成，其身份在建构之初便拥有一定数量的稳定受众，例如@人民日报、@央视新闻等；另一类则是从短期即逝型网络意见领袖过渡转型而成。

在中国当前的舆论场中，意见领袖扮演着非常重要的角色。在突发事件中，意见领袖的身份构成呈多元化特征。既包括政府发言人、主流媒体，也包括草根出身的微博红人、网络明星、论坛版主，还包括具有专业技能或较高文化水平的知识精英、专家学者。而非常规的意见领袖的存在，则是由于突发事件往往事发突然，现场亲历者利用社交媒体突破时空限制发布信息，成为突发事件信源和无可替代的意见领袖。

突发事件意见领袖通常具有鲜明的个性和广泛的影响力。"当突发事件发生后，海量信息充斥于网络媒体，大量网民难辨真伪，可能会无所适从，这时他们往往会将网络舆论权威的声音作为自身判断的主要依据。"在广西烟草局长日记门事件曝光后，社会舆论纷纷谴责，但后来作家韩寒发表《韩峰是个好干部》后，舆论走势发生逆转。《潇洒晨报》报道："在6万多人参与的调查中，有97%以上的网友认为韩峰是个'好干部'，并且认为韩峰应该留在岗位上，只有3%的人认为韩峰是个坏干部，'希望依法严加处置'。"意见领袖还具有极强的现实动员能力。在2010年的浙江钱云会车祸死亡案中，中国社科院农村发展研究所于建嵘在微博上发起动议，组织法律观察团前往浙江调查此案，从而引起广泛关注。

3）政府行为对舆情的影响

---

① 李克强赶赴天津爆炸事故现场并部署救援工作。

政府在突发事件发生、发展过程中的作用主要包括：发布突发事件信息，主导舆情议程设置；持续发布信息，引导舆情走向；澄清事实、答疑解惑、消灭谣言、消除杂音。在突发事件发生后，政府作为社会公共行政主体，主导并组织实施应急处置和救援、组织动员、善后处理等事务，其工作本身就是公众、媒体等舆情主体关注、监督的重点，也是突发事件后续不断发展的内容，因此会对舆情的发展产生正反两方面的影响。此外，政府在突发事件处置过程中，同时也承担信息告知的功能，是否能够准确、清晰、恰当地发布信息，使用合理的危机修辞术，关系到是否能够成功构建与公众、媒体等利益相关方之间的信息、利益、价值"3个共同体"，从而影响到舆情事件的平稳发展和顺利结束。

4）主流媒体对舆情的影响

主流媒体对突发事件的发展也具有独特作用，其影响体现为：曝料事件；发表观点影响公众意见和舆论导向；监督政府和社会公共事务主体，规范社会行为，推进事件的顺利解决。同时，主流媒体的意见在突发事件舆情发生发展过程中的作用也呈复杂性、多变性。媒体作为党和人民喉舌，承担着"举旗帜、聚民心、育新人、兴文化、展形象"的使命任务，在突发事件发生发展过程中，主流媒体迅速、准确、全面的报道，在廓清谣言的同时，对群众疑惑、矛盾症结进行深度剖析和解读，对于组织群众积极有效应对、稳定社会秩序、引导舆论朝积极健康方向发展，尽快恢复社会生产有着重要意义。与此同时，一些媒体出于吸引眼球、炒作的目的，对突发事件及其应急处置过程中的事情进行断章取义的报道，甚至歪曲事实，损害了新闻真实性，不利于舆情的平稳发展。

2. 突发事件网络舆情的客体

突发事件网络舆情的客体，即突发事件所涉及的社会公共议题。突发事件是导致社会公共议题的直接原因，但社会公共议题的产生，与现实社会环境中的政治、经济、文化关系及权力结构，与政府和公众、不同的公众群体之间的利益关系之间，存在着本质联系。因此，考察突发事件网络舆情的客体，不仅仅要考察突发事件，更要着重关注突发事件的发生对社会权力关系、不同社会主体之间利益关系的变动和影响。

但突发事件及其应对、处置过程毕竟是舆情关注的直接客体，因此需要对其进行明确辨析。从内涵的角度来看，仅仅用"突然发生、造成或可能造成严重社会危害、需要采取应急处置措施予以应对"来概括突发事件的属性是不够的，需要明确社会危害不仅包括物理层面，如伤亡、经济损失、社会不稳定等，也应包括心理层面、文化层面、制度层面、意识形态层面等。从外延的角度来看，《中华人民共和国突发事件应对法》中规定的4类突发事件——自然灾害、事故灾难、公共卫生事件和社会安全事件，即我们所指的突发性事件，已经难以囊括所有的突发事件形态。如"郭美美事件""邓玉娇事件""夏俊峰事件""杨达才事件"等，均不属于上述4类，但也是突然爆发、全网关注、需要政府部门介入应急应对的事件。这类事件往往缘起于个人或个案，但因引起网民的关注和讨论而逐渐发酵成为全国关注的公共性事件，其本质仍是一个"伪公共事件"，且类似事件的表象之下往往隐藏着舆论操纵和利益博弈，此类事件较多涉及官员腐败、道德修养败坏、司法案件等。

3.4.2 突发事件网络舆情的影响因素分析

突发事件网络舆情是社会非常规情况下的意见运动过程，其受多种因素影响。突发事件本身是一个现实的社会物质变化过程，事件本身及其发生发展过程中的新因素和变化、社会群体心理和社会意见指向、政府的应急处置过程及结果、主流媒体和社交媒体、自媒体尤其是意见领袖对事件的呈现和表达，都对突发事件网络舆情产生显著影响。

在社交媒体中关于突发事件的讨论和舆论运动中存在情绪互相感染、行动互相模仿的群体心理现象，这种现象使突发事件舆情充斥着非理性的特征，推动形成舆情高潮，不利于舆情的健康稳定发展。

勒庞在《乌合之众：大众心理研究》一书中认为，当一群人聚合在一起，构成所谓的"心理群体"时，他们不再是原来的自我，也不是个体的简单累加，他们会表现出迥异于个体的特征。群体心理支配着群体行动，决定了群体行动发生的内在机制。群体中的个体都不再是孤立的，他们有其集体心理特征，情绪上相互传染，行为上相互模仿，其程度足以使个人不顾自己的行为，而与群体活动保持一致，完全去"个性化"，也正是由于这种传染和去"个性化"使群体之中的个体不可产生从众心理。

网络环境下的突发事件中，网民在利益集团、网络推手的引导下，也会成为某种意义上的"乌合之众"。在网络环境中，绝大多数网民的个人身份并不是真实的，形成群体的个人能够感觉到一种势不可挡的力量，使他们敢于发泄出本能的欲望。大部分人是匿名参与，人多势众、法不责众。一件事情明明是有违道德甚至是触犯法律的，一个人可能不会去做，但是如果一群人中有人已经做了，并且没有产生相应后果，就会使人们产生非理性的思维，于是"我"的无意识、"他"的无意识，以及众人的无意识汇聚成流，造成了使"不正常"行为成为"正常"的"集体无意识"行为。在某种情况下，网民的"集体无意识"容易导致"群体极化"和网络暴力。

主流媒体、自媒体等对突发事件的报道、反映、评论中存在特定的框架，对塑造突发事件在人们头脑中的印象、模式、特征，定义和阐释政府、公众、媒体等利益相关方在突发事件中的相互关系，具有突出的影响作用。

框架一词由社会学家戈夫曼提出，他认为：所谓框架，指的是人们用来阐释外在客观世界的心理模式；所有我们对于现实生活经验的归纳、结构和阐释都依赖于一定的框架；框架能使我们确定、理解、归纳、指称事件和信息。由此可见，框架是个体或组织对某一社会客体或社会事件的主观解释和思考结构。记者叙述一条新闻的观察点或视点构成一条新闻的框架，如同一幅镶在镜框里的照片，这个相框决定了读者能够看到什么或者看不到什么。由于社会信息烦冗复杂，新闻从业人员在收集、采写、报道、整理、分析信息时，总是会在选择一些信息的同时有意无意地忽视另外一些信息，这决定了受众的眼界和对相关新闻事件的了解程度。

社交媒体作为当前社会信息和社会交往关系生产的重要平台，也是突发事件信息和网络舆情的主要传播平台。

在大规模、多角度、全天候的社交性传播环境中，突发事件网络舆情中的观点意见迅猛增加，且持续发生激烈变化；影响舆情变化甚至反转的新的事件、话题不断涌现，导致舆情热度居高不下，舆论压力陡增。尤其是自媒体意见领袖拥有众多粉丝，他们的观点意见对粉丝具有强大的影响力。在突发事件中，意见领袖对舆情的影响主要表现为：发起话题；扩大传播；发表意见并影响舆论；号召并动员网络或现实行动。

最后，政府对突发事件的处置措施是否及时、恰当，且在事件信息的公开、解读、评价中是否做到真实、客观、公正，是否与网民、利益相关方成功构建"三个共同体"，都对舆情发展产生积极或消极的影响。

3.4.3 突发事件网络舆情的演化过程

突发事件网络舆情的演变是一个包括舆情孕育、扩散、变动和衰减的具体变化过程。

1. 网络舆情的孕育

突发事件网络舆情的孕育，是指网络上出现网民对某个事件的意见、评论、建议、态度和观点等。突发事件网络舆情的孕育通常由帖子数量、受关注程度、后续传播作用等因素影响。从深层原因来看，取决于突发事件的性质和敏感程度、涉事责任主体长期累积的公共形象、利益受损方的诉求表达和传播意愿等因素。因此，现实中，一些突发事件的舆情孕育期相对较短，继而迅速转入扩散期（舆情呈现井喷式爆发，内容迅速增加并形成海量规模，同时广泛扩散传播），如在同一时段各个新闻网站、社交媒体、自媒体、微博、微信、QQ 等同时出现大量关于某个事件的舆情。在孕育期，舆情传播多表现为线性传播或树状传播。线性传播是指一环扣一环，结成直线链条的危机传播形式。即危机信息由一个人传至另一个人，进而线性延展开来。树状传播，是指危机信息由一个人传至几个人，再由几个人扩散到一定数量的人。

2. 网络舆情的扩散

突发事件舆情扩散是指围绕突发事件复制、转载以及告知、转发，导致某个特定舆情的传递范围、获知群体或弥漫空间不断扩大。舆情扩散的传播特征表现为放射状传播，即"危机信息从信源向指数级的大规模接收者传播"。广义的舆情扩散除了舆情传播外，还包括舆情在传播过程中的变异和发展。如一个舆情粒子出现后，网民对该舆情粒子的置顶、反对、分析或争论，或者围绕一个舆情议题或舆情诉求而呈现的更多的关于此议题或诉求的评论、观点和看法，以及针对某一舆情粒子、议题或诉求而出现的更为理论化、学术化和更具思想性的评论或观点等。不过，舆情扩散只涵盖舆情的微小变异和发展，可将其理解为舆情的大规模"量变"和轻微"质变"。而诸如舆情形态、指向、关系等显著性、方向性变化则属于舆情的显著"质变"。舆情的这种显著"质变"则需要归入到舆情变换分析中。

3. 网络舆情的变换

突发事件网络舆情的变换是在舆情孕育、扩散的过程中逐渐发生的。由于微小的舆情变换属于舆情扩散的范畴，因此，本书认定的舆情变换是指在舆情海量孕育和大范围扩散的过程中，由于事件呈现信息的变化，或由于意见领袖的作用以及网络媒体的作为而出现的舆情形态、指向、烈度、关系的根本变化。这种变换是可观察、可监测的，并且突发事件网络舆情的这种变换会对政府、当事人、网民甚至媒体的话语或行为产生显著的影响。

4. 网络舆情的衰减

突发事件网络舆情的衰减是指舆情在数量上逐渐减少，在强度、烈度、规模、情绪等方面逐渐消退，最终归于沉寂。舆情的衰减可从"量、传、度、效"这4个角度来进行衡量。突发事件网络舆情的衰减也包含两种理解路向：一种是作为一种现象的阐释，这种路向的舆情衰减在舆情孕育后即出现，因为在舆情孕育、扩散和变换的过程中，部分舆情粒子被替代、封存甚至消失；另一种是作为舆情演变的一个阶段，这种舆情衰减与舆情孕育、扩散、变换相对应，是舆情的大规模、显著性衰减，而不是零散的、个别的或微小的衰减。

【案例3-1】 何冰"后浪"演讲

2020年5月3日，哔哩哔哩网站（简称B站）发布了"献给新一代的演讲"——《后浪》，在这段3分53秒的视频中，国家一级演员何冰讲到："那些口口声声一代不如一代的人，应该看看你们，像我们一样，满怀羡慕。""奔涌吧，后浪！我们在同一条奔涌的河流！"

饱含深情的语调加上大气的配乐，30多位UP主（内容创作者）的视频素材穿插其中，支撑"你所热爱的就是你的生活"论点，不仅是年轻人，很多80后、70后也在转发。该演讲视频刷屏后，"后浪"迅速成为热词。但大量的传播也引起网友争论，有人认为视频中的声音不能代表"前浪"，也不能代表"后浪"。截至5月6日，话题"献给年轻一代的演讲"阅读量为4.9亿次，讨论量27.7万次；B站播放量1212万次，评论18.9万条。5月3日0：00—5月6日16：00，共有事件相关信息94747条。5月4日事件热度达到顶峰，随后热度逐渐下降。（摘自清博舆情简报）

【案例3-2】 和顺矿难瞒报事件

2017年8月11日下午，山西省和顺县吕鑫煤业四采区发生边坡滑坡事故。8月13日，和顺县政府新闻办两位负责人明确表示，吕鑫矿业发生滑坡，但无人员伤亡，也没有设备被埋，请网友不信谣不传谣。8月14日，和顺县警方称，已经行政拘留了一名网上造谣者。8月15日，矿方负责人投案自首。舆情大反转，一度被禁的"谣言"反倒成了真相。8月18日，煤管局长被就地免职，与国土资源局局长一起被立案审查。

【案例3-3】 罗一笑事件

2016年11月25日，一篇题为《罗一笑，你给我站住！》的文章刷爆微信朋友圈，文中称深圳人罗尔的女儿罗一笑患有白血病，每天需要巨额医疗费。心急如焚的父亲选择微信发文，称每转发一次这篇文章，就会为笑笑的治疗筹款多增一元钱。此外，文章开通了打赏功能，据了解，一篇微信文章的打赏金额上限为5万元/天。随即，文章传遍微信朋友圈，罗尔一家接到数量可观的捐款。舆情热度逐渐上升，网友们纷纷在微信、微博上为笑笑加油，送祝福。但很快，有人披露此事件系深圳小铜人金融服务有限公司策划的营销行为，舆情态势又急转而下，大量批评、质疑的声音涌现。传统媒体、新媒体上出现了大量报道、评论、分析此事件的文章，如新京报、四川在线等均跟踪报道此事件，其中不乏针锋相对的观点，对罗尔的所作所为也呈现出正反两种对立的看法和意见，舆情热度进一步上升。最终，深圳卫计委出面，11月30日通过微信文章赞赏获得的2525808.99元通过原通道退回网友。2016年12月24日凌晨，罗一笑抢救无效逝世。

【案例3-4】佘祥林案件

佘祥林，湖北省京山县雁门口镇人。1994年1月2日，佘妻张在玉因患精神病走失失踪，张在玉家人怀疑张在玉被其丈夫佘祥林杀害。同年4月28日，佘祥林因涉嫌杀人被批捕，后被原荆州地区中级人民法院一审判处死刑，剥夺政治权利终身。后因行政区划变更，佘祥林一案移送京山县公安局，经京山县人民法院和荆门市中级人民法院审理。1998年9月22日，佘祥林被判处15年有限徒刑。2005年3月28日，佘妻张在玉突然从山东回到京山。4月13日，京山县人民法院经重新开庭审理，宣判佘祥林无罪。2005年9月2日佘祥林领取70余万元国家赔偿。2013年，中央政法委出台《关于切实防止冤假错案的指导意见》，对审判环节疑罪从无原则、证据裁判原则、严格证明标准、保障辩护律师辩护权利等作了重申性规定，并就法官、检察官、人民警察对办案质量终身负责提出明确要求。

【本章重点】

1. 网络舆情的特点：强势舆论场、情绪化舆论氛围、透明化监督对象、异化传播等。
2. 舆情发生的社会动因：社会事物及其运动呈现多元化、差异化特点，社会关系复杂多变，人们自主意识、独立意识的不断增强，涉及社会公共事务的矛盾持续涌现等，是促发舆情的主观社会条件；突发事件的发生是促发舆情的直接客观条件。各类媒体是承载舆情的社会信息平台。
3. 网络舆情的认知特点：刻板印象、沉默的螺旋、群体极化。
4. 网络舆情的传播渠道：微信、微博、QQ、短视频、论坛或BBS等。
5. 网络舆情的社会效应：形成社会实践力量，推进公共事件的解决；形成特定社会心理；参与建构社会意识形态。
6. 突发事件网络舆情事件的主体：公众、政府、媒体、社会组织等。突发事件网络舆情的客体，即突发事件所涉及的社会公共议题。
7. 自媒体影响突发事件舆情的方式：爆料事件；进行意见表达；汇集趋同性意见逐渐形成舆论压力；表达强烈情绪，壮大舆论声势；积极挖掘、公布事件真相，推动突发事件和公共问题的解决。
8. 政府在突发事件舆情中的作用：发布突发事件信息，主导舆情议程设置；持续发布信息，引导舆情走向；澄清事实、答疑解惑，消灭谣言、消除杂音。
9. 主流媒体对突发事件舆情发展的作用：曝料事件；发表观点影响公众意见和舆论导向；监督政府和社会公共事务主体，规范社会行为，推进事件的顺利解决。
10. 突发事件网络舆情的影响因素：网民情绪化、互相模仿的非理性群体心理现象；主流媒体、自媒体等的报道、评论中存在的特定框架；意见领袖发起话题、扩大传播、发表意见、动员行动等作用；政府处置措施是否及时、恰当，公开和解读中是否真实、客观、公正等作用。

11. 突发事件网络舆情的演变是一个包括舆情孕育、扩散、变换和衰减的具体变化过程。突发事件网络舆情的孕育，是指网络上出现网民对某个事件的意见、评论、建议、态度和观点等。突发事件网络舆情的扩散是指围绕突发事件复制、转载以及告知、转发，导致某个特定舆情的传递范围、获知群体或弥漫空间不断扩大。突发事件网络舆情的变换是指在舆情海量孕育和大范围扩散过程中，由于事件呈现信息的变化，或由于意见领袖的作用以及网络媒体的作为而出现的舆情形态、指向、烈度、关系的根本变化。突发事件网络舆情的衰减是指舆情在数量上逐渐减少，在强度、烈度、规模、情绪等方面逐渐消退，最终归于沉寂。

【本章习题】

1. 舆论和舆情有何不同？
2. 网络舆情的基本特征是什么？
3. 突发事件网络舆情主体在舆情发展过程中具有什么作用？
4. 简述突发事件网络舆情演化的基本过程。

4 议程设置与舆论引导

作为大众传播学经验主义研究的一个重要命题，议程设置理论在不断发展，也在经历时代危机。随着新媒介逐渐嵌入人们的日常生活，新的媒介环境正逐渐构建起来，由利益或兴趣聚合起来的个体和社群形成微议程，这已成为议程设置不可忽视的显性要素。那么在新媒体环境下，大众传统媒体的议程设置功能正在遭遇哪些挑战？如何更好地发挥主流媒体和新媒体的舆论引导作用？本章将对这些内容进行深入探讨。

4.1 议程设置与意见领袖

4.1.1 什么是议程设置

麦克斯维尔·E·麦库姆斯（Maxwell E. McCombs），斯坦福大学博士，先后就职于雪城大学、北卡罗来纳大学查普尔分校、加州大学洛杉矶分校，于1985年进入得克萨斯大学新闻学院，担任教授至今。他与多纳德·L·肖（Donald L. Shaw）于1969年提出议程设置理论，自此之后，全世界已经有超过400项有关议程设置的研究，该理论逐渐成为政治传播学、政治心理学中最有影响的理论之一。2004年，麦库姆斯出版了《议程设置：大众媒介与舆论》，集中反映了他的议程设置理论。

1. 议程设置的起源

最早提出议程设置理论的学者是李普曼。他认为大众传播媒介创造了我们关于世界的图像，但由报纸等提供的现实图像却常常是不完整的和扭曲的。他特意在《舆论》的前言中提到柏拉图的寓言——洞穴中的囚犯从面前的墙上永远看不到真正的现实，只可能看到现实的反映，然而这些反映就是他们的现实。我们就像这些囚犯一样，也只能看见媒介所反映的现实，而这些反映便是构成我们头脑中现实图像的基础。

但是李普曼的研究仅仅停留在理论层面，并没有相关的实证性研究为其论证。之后媒介传播领域的魔弹论和影响效果有限论相继大行其道，尽管这两种理论有关媒体影响的结论不同，但是它们的视角却是相同的，即它们的关注点都在于媒体能够说服民众。20世纪60年代以后，传播研究的重点转向媒体的告知功能研究，最具代表性的就是麦库姆斯与肖合作提出的议程设置理论。早在斯坦福大学读书的时候,麦库姆斯就阅读了李普曼的《舆论》。之后,当他在加州大学洛杉矶分校工作时,偶然在一天早晨看到3则重要的新闻:一是关于英国的议会选举,二是华盛顿的政治丑闻,三是加州橙县贫困法案。他在接受访谈时说:"每一则都具备可以上头条的潜质。这引起了我的好奇:是什么导致某些新闻被埋葬、另一些却被凸显呢?媒体的选择又会怎样影响读者对他们所生活的世界的感知呢?可以说这些现象一直吸引着我。"

1968年,在北卡罗来纳大学期间,麦库姆斯与肖合作,在美国总统选举期间对犹豫不决的选民做了一次调查研究,1972年,麦库姆斯和肖在当年第36期的《舆论季刊》上发表了一篇论文,题目是《大众传播的议程设置功能》,详细地阐述了1968年美国总统选举期间媒介报道对选民的影响,"议程设置功能"正是在这篇论文中,作为一种理论假说被提出来的。这篇论文是对传播媒介与选民影响所进行的一项调查研究和总结。调查基于如下的假设:这些选民对选举感兴趣,但却仍然没有决定将选票投给谁,因此他们可能最容易受到媒介的影响。这就是公认的议程设置理论的起源。这项研究由两个部分组成:一是对选民进行抽样调查,了解他们对当前美国社会的主要课题及其重要性程度的认识与判断,二是对8家传播媒介(包括报纸、杂志和全国性电视网)的同期政治报道进行内容分析。在对两者的调查结果进行比较的过程中,麦库姆斯和肖发现,在选民对当前重要问题的判断与大众传媒反复报道和强调的问题之间,存在着一种高度的对应关系。也就是说,大众传媒作为"大事"加以报道的问题,同样也作为"大事"反映在公众的意识当中;传媒给予的强调越多,公众对该问题的重视程度也就越高。麦库姆斯和肖就外交、财政等15个项目的问题进行了比较,发现在主要项目上两者的相关系数达到0.967,在次要项目上达到0.979。根据这种高度的对应关系,麦库姆斯和肖认为,大众传播具有一种为公众设置"议事日程"的功能,传媒的新闻报道和信息传达活动以赋予各种"议题"不同程度的显著性(salience)的方式,影响着人们对周围世界的"大事"及其重要性的判断。

图4-1是麦奎尔和S·温达尔关于"议程设置功能"假说的示意图。图中左侧的 X_1,X_2,X_3……代表现实生活中的各种"议题",中间的粗黑线段表示传播媒介对这些"议题"的强调程度,右边大小不一的 X 代表公众对这些"议题"及其重要性的认知。通过该图我们可以观察到传媒的"议程设置"与受众的"议程认知"之间高度的相关关系。

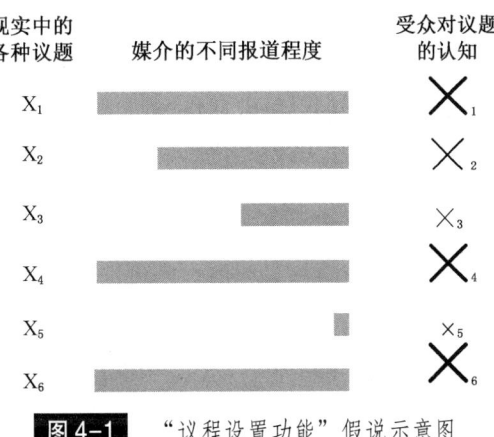

图4-1 "议程设置功能"假说示意图

2. 议程设置的定义

什么是议程设置?麦库姆斯和肖作了如下的解释:"通过日复一日的选择和发布新闻,报纸编辑和广播导播集中了公众的注意力,影响他们对当天什么是最重要的议题的感觉。通过新闻工作者构造新闻消息的方法,我们的注意力进一步被集中。于是,我们对世界的图像形成了,并被修饰了。"也就是说大众传媒影响新闻报道，聚焦公众的注意力，从而进一步影响公众舆论的形成，以及公众对周围环境的认知。

这种影响主要通过显要性的转移实现。麦库姆斯解释道："议程设置是一个关于显要性转移的理论，亦即大众传媒的关于世界的重要图画转移到我们头脑中，成为我们头脑中的图画。其核心观点是，媒介图画中的显著成分会成为受众图画中的显著成分。公众也会认为媒介议程上强调的这些成分重要。"其简图如图4-2所示。

议程设置包括两个层面。第一个层面指客体显要性的转移，第二个层面指属性显要性的转移。传统议程设置即属于第一个层面，获得注意。具体来说，某个议题、政治候选人或其他话题出现在公众议程上，引起公众的注意。第二个层面的属性显要性关注的则是理解。前者告诉人们想什么，后者告诉人们怎样想。以某个政治候选人为例，知道其名属于第一个层面，要构建对他的印象属于第二个层面。议程设置两个层面的作用如图4-3所示。

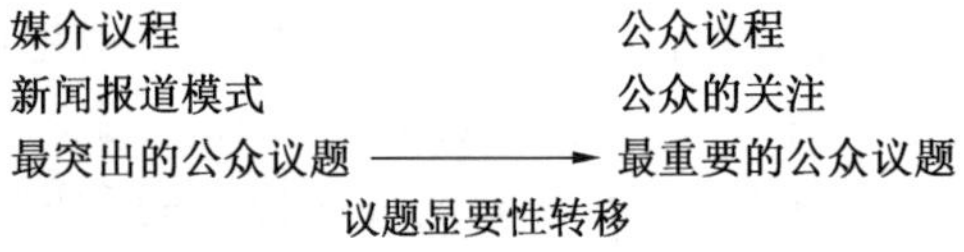

图4-2 大众媒介的议程设置作用

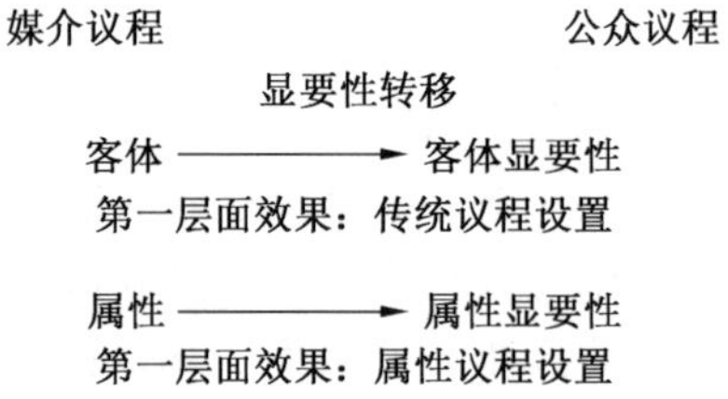

图4-3 大众媒介的议程设置作用

"议程设置"理论也在新媒体时代实现了突破与推进。面对媒介融合为主导的传播环境的变化，议程设置理论也在进一步发展完善，形成了议程设置理论第三层次——关联网络议程设置。关联网络议程设置（The Network Agenda Setting，也称NAS理论），其从议题或属性的关联网络切入，研究媒介议程对公众议程的影响。关联网络议程设置认为新闻媒体不仅告诉我们想什么，怎么想，同时还为受众建构议题或属性的关联网络，即决定受众是如何将不同的议题或属性通过关联网络连接起来的。

议程设置理论的核心论点是：随着时间的变化，新闻中强调的那些议题将会成为公众认为重要的议题，换句话说媒介议程设定了公众议程。

媒介议程决定公众议程表明媒介议程和公众议程之间存在因果关系。体现这种因果关系的第一个必要条件是在假定的原因与其结果之间存在显著程度的相关性。第二个必要条件是在时间上，原因必须先于结果。

议程设置理论中的3个主要概念为现实世界，媒介世界，我们头脑中的图景（拟态环境）。

从现实世界到媒介世界：现实世界中每天都会发生很多事情，但并不是每件事情都会成为新闻报道的素材。记者既没有能力采集到关于这些消息的所有信息，也没有必要将所有这些消息都告知公众，因此他们凭借一整套职业规则的指引，对现实世界进行取样。

从媒介世界到拟态环境：新闻媒介是外部世界与我们头脑中的图像之间的桥梁。李普曼将我们头脑中的图像称之为拟态环境。与现实相比,拟态环境总是不完整的,李普曼断言我们的行为是对这个拟态环境的反应,而并非对真实环境的反应。换句话说,这个拟态环境极大地塑造了公众看待世界的方式。

3. 议题设置的3种模式

传播学中的议程设置,指的是媒介对受众认知领域中议题的优先性顺序的影响作用。说白了,就是,大众媒介能够影响我们更关注哪些事情。麦库姆斯于1977年提出3种议题设定的模式,说明媒体的议题设定效果影响受众的3种主要途径,其主要内容如下。

知晓模式（Aware Model）：大众媒介上呈现某个主要议题,而受众则注意到了这项议题,也就是0曝光与有曝光的区别。比如有些事情政府不希望我们关注,就对媒介下达了一些指示,于是我们就看不到了,不知晓也就不讨论。我们也可以叫它0与1的差别。

显著模式（Salience Model）：大众媒介上呈现两项主要议题,而媒体比较强调其中一项,而对另一项议题的曝光较少。同时在美国发生的枪击惨案和在我国发生的幼儿园砍孩子事件在我国媒介中"竟违背了新闻的接近性"这一事件,是这种模式的典型体现。我们也叫它1和2的差别。

优先模式（Priority Model）：大众媒介上有两项以上的议题,而媒体会对这些议题的重要性加以排列,借此分配曝光时间的比率分配。报喜多报忧少,这是优先模式。我们也叫它1、2、3……模式。

议程设置理论是所谓的经典理论,但在运用中,我们必须注意到其产生年代与社会背景。20世纪60年代,媒介的影响力和话语权,同现在话语权更多地分散在自媒体和碎片化社交媒体的媒介环境相比,是强得多的。当时一系列的大众传播研究都更多地关注媒介的影响力,而比较忽略受众在面对媒介时的抵抗和回避能力。

因此,当下谈到议程设置,必然需要我们结合实际的媒介环境,更要考虑到西方与我国实际社会情境的差异。

4. 网络议程设置的概述

在新的媒介环境下,社会化媒体成为信息传播的主流平台,有关公众议程的公民讨论更大的样本不是呈现在传统的大众媒体上,而是发生在社交网站如微博、微信公众号、抖音等社会化媒体上的讨论。尽管有研究证明,社会化媒体讨论的焦点是个人兴趣和活动,和公共事务少有联系,但在大数据背景下,包括媒介和公众对公共事务的讨论记录还是提供了大量可以用来观察和分析公共议题议程的数据,如2014年的一项研究比较了在2012年的美国总统选举中,罗姆尼和奥巴马支持者的Twitter议题议程和主流媒体、保守党和自由党记者的Twitter议题议程。

社会化媒体议题议程的设置过程超越了媒介和公众的关系。人们长期感兴趣的热门话题是社会化媒体议题议程一个重要来源,和这些热门话题相关的新闻事件又会不时地使得社会化媒体上有关这些话题的信息量出现猛增。媒体的新闻事件则是社会化媒体上构成公众议题对话的首要信息来源,这些新闻事件唤起了对广泛的不同种类的话题和议题的关注。公众使用社会化媒体评论、发布信息,或是寻找这些话题（议题）的补充信息。此外,也有越来越多的新闻机构会利用社会化媒体活动促进持续的新闻报道来达到操控讨论的目的。这一活动重新定义了议程设置中新闻媒体角色——这类社会化媒体议题议程是两阶段议程设置过程的一部分，所谓两阶段议程设置过程就是新闻媒体先刺激公众议程，紧接着公众议程再触发新闻媒介议程，与以往新闻媒体触发公众议程的单向流动不同，这是一个双向的流动。

4.1.2 什么是意见领袖

保罗·F·拉扎斯菲尔德（Paul F. Lazarsfeld，1901—1976），著名的美国实证社会学家，传播学四大奠基人之一。他毕业于维也纳大学，先后获哲学、人文学和法学博士学位。拉扎斯菲尔德是对传播学研究方法影响最大的一位。意见领袖（Opinion leadership）一词源自于他和伊莱休·卡茨（Elihu Katz）的"两级传播"理论（two-step flow of communication），该概念及其所代表的人群有时也被称为关键意见领袖、关键舆论领袖（Key Opinion Leader，KOL）。

1. 意见领袖的起源

意见领袖并不是一个新名词，最早是由拉扎斯菲尔德在 20 世纪 40 年代提出的。20 世纪 40 年代初，在传播学关于媒介传播效果的研究中，"子弹论"和"皮下注射论"（也称"魔弹论"）非常盛行。受此观念的影响，拉扎斯菲尔德等人在 1940 年美国总统大选期间，围绕大众传播的竞选宣传，对选民进行调查，以证实大众传播媒介在影响选民投票方面具有非常强大的力量。但调查研究的结果却让研究人员非常意外：大多数人早在竞选运动之初就已经做出了怎样投票的决定，只有约 8% 的人由于竞选运动改变了投票的意向。而这批人之所以中途改变主意，并不是听从了大众传媒的宣传或劝服，而是因为受到亲戚、朋友、团体的劝服影响。这就是说，大众传播并没有左右选民投票意向的力量，它只是众多的因素之一，而且不是主要的因素。与大众传媒同时发生作用的，还有选民的家庭、亲戚、朋友等因素，这些因素的综合作用远比大众传媒的作用大得多。

这次研究还有一个完全出人意料而且意义重大的发现，即传播过程中的两级传播现象。拉扎斯菲尔德等人意外发现，大多数选民获取信息并接受影响的主要来源并不是大众传播媒介，而是一部分其他的选民。这一部分选民与媒介关系密切，频繁地接触报刊、广播、广告等媒体，对有关事态了如指掌，于是，那些经常与他们交往的大多数选民便从他们那里间接地获得了竞选的所有重要信息，并听取他们对许多竞选问题的解释。这一部分选民就被拉扎斯菲尔德等人称为"意见领袖"（又译为舆论领袖）。拉扎斯菲尔德据此认为，在传播过程中存在两级传播，就是说大众传播并不是直接"流"向一般受众，而是要经过意见领袖这个中间环节，再由他们转达给相对被动的一般大众，其模式如下：大众传播——意见领袖——一般受众。

2. 意见领袖的定义

意见领袖是指在人际传播网络中经常为他人提供信息，同时，对他人施加影响的"活跃分子"，也称为舆论领袖。他们在大众传播效果的形成过程中起着重要的中介或过滤作用，由他们将信息扩散给受众，形成信息传递的两级传播。

意见领袖是两级传播中的重要角色，是人群中首先或较多接触大众传媒信息，并将经过自己再加工的信息传播给其他人的人。他们具有影响他人态度的能力，他们介入大众传播，加快了传播速度并扩大了影响。意见领袖一般颇具人格魅力，具有较强的综合能力和较高的社会地位或被认同感。在社交场合比较活跃，通晓特定问题并乐于接受和传播相关信息。对意见领袖的研究发现，决策过程中，不同的媒介扮演不同的角色，人际影响比其他媒介更为普遍和有效，能够保持基本群体中的内部意见和行动的一致。

意见领袖作为一种社会现象，存在于不同的社会之中和传播过程中。在信息传播时，信息输出不是全部直达普通受众，有的只能先传达到其中一部分人，再由这一部分人把信息传递给他们周围的最普通的受众。有的信息虽说已经直接传达到普遍受众，但要他们在态度和行为上发生预期的改变，还须由意见领袖对信息做出解释、评价，在态势上提供导向或指点，意见领袖的影响力不可小视。

3. 意见领袖形成的因素

价值。意见领袖常常是追随者心目中价值的化身。换句话说，这个有影响力的人是他的追随者所愿意追随和模仿的，他的一言一行、所作所为通常都会受到追随者们的格外重视，并希望自己也能像他那样生活和工作。

信源。一般来说，意见领袖较之被他影响的人，有更多的兴趣与机会接触传播媒介的内容，读更多的杂志，花更多的时间看报，看更多的书。因而，意见领袖的信息来源更广，获取的信息也更早、更多。

知识面。意见领袖要对追随者产生影响力，不仅要信源广阔，还要有较强的读码、释码（如解释与理解）能力，在某些专业问题上，要有较多的研究和较广阔的知识。那些对自己所谈问题知之甚少、毫无研究的人，其意见很难受到人们的注意，更不要说去影响他人了。

人际交往。通常，意见领袖有较强的人际交往、社会活动及关系协调能力。这些人活跃好动，能言善辩，幽默风趣，人缘好，交际广，有吸引力，周围常有一批追随者。

社会地位。这里的社会地位，一是指意见领袖在其活动的群体之内所占有的社会地位，二是指在群体之外可以获取各种所需信息的社会关系。一个人在群体内外均有较好的社会地位，那么，他的意见就能对其追随者产生较大的影响。

应当指出，试图揭示意见领袖及其影响力形成的所有因素是十分困难的。因为，就像信息时生时息一样，意见领袖也是有生有息、不断变化的。时空条件的变换，人际关系的变化，社会地位的升降，社会参与频率的增减，人员背景的改变，都可能促使此时此地此事的意见领袖成为彼时彼地彼事的被影响者。

4. 新媒体意见领袖的概述

美国《连线杂志》将"新媒体"定义为："所有人对所有人的传播。"在新媒体时代，传统受众变成了传播全程的参与者，信息快速传播，内容多种多样，产生的社会效应巨大。新媒体在危机事件中成为日益重要的传播渠道，与之相伴的是话语权的下放。"大众媒介既是权利的工具，又是权利的源泉。它既是柏拉图之洞中被舞弄的道具，又是可以将人们的影子投于洞壁的火光。"在传统的传播模式中，大众媒介往往起到"强控制"的作用。新媒体因其自身的开放性和匿名性，让意见与观点的发表降低了问责风险。新媒体中匿名化的讨论方式鼓励了异类意见的表达，扩展了舆论领袖意见的表达空间；另一方面，新媒体本身的开放性和包容性，让异类意见在改变既定价值观时显得轻而易举。那些在新媒体中，对危机事件关注度更高、兴趣更强烈、理解更深入、了解更全面的少数人在群体中掌握了对危机事件的权威话语。而这些少数人就成为危机事件中新媒体传播的舆论领袖（意见领袖）。胡百精认为，意见领袖最主要的特征在于其对特定问题理解和评价的权威性。

危机状态下，新媒体中的意见领袖区别于传统意见领袖的不同特质，在很大程度上与其所借助的新媒体传播技术和数字技术工具有关。新媒体中的意见领袖更为开放、自由，这与新媒体技术即时传播、信息共享等技术特征有关。另一方面，传统意见领袖大多数为社会精英，而在新媒体环境下的意见领袖是新一代"草根"。他们对危机信息的敏感程度较高，能够尽快掌握有价值的信息，占有信息的主动权，对新媒体的熟悉程度和使用方面较其他人更有优势。与传统意见领袖相比，新媒体中意见领袖主要靠点击率、互动率、关注度来积攒自己的知名度和信誉度。点击率越高、互动越频繁，关注度就越大，所拥有的意见领袖潜质就越明显，形成舆论的影响力就越强大。

新媒体意见领袖在危机传播管理中的作用举足轻重。在危机事件发生时，新媒体中的意见领袖的权威性凸显。他们主要通过信息分析、价值判断、公开表达、有的放矢、主动介入和制度话题等方式，在危机传播中发挥其解释功能、扩散功能以及议程设置功能。他们能够高频接触新媒体、洞悉时速变化，及时发布信息、聚集公众视听，达到隐含价值传播、参与主流媒介、影响危机舆论的效果，是危机主体拟控制的对象。

意见领袖在危机事件中既可以起到一定的正面效应，也可能存在一定的负面效应。其正面效应表现在以下3个方面。

（1）引导作用。网络传播并不缺乏议程设置。借助人际化的虚拟社区平台，意见领袖取代大众媒体，成为网络传播过程中为公众设置议程的主要力量。新媒体中的意见领袖善于在论坛中制造危机热点，对危机事件进行议程设置。他们在新媒体上是权威、技术、互动的集大成者，通过新媒体制造危机热点来制造危机议题，影响危机事件在整个新媒体话语空间中的舆论走向。

（2）对传统媒体的辐射作用。意见领袖在新媒体中的作用会扩展到传统媒体。在意见领袖的推动下，传统媒体与新媒体互通有无，及时对危机事件做出解释，形成舆论合力，放大危机事件的传播效果。

（3）对现实社会的介入作用。由于新媒体具有便捷性、开放性、自由性等特征，新媒体中的意见领袖往往能抢占危机传播管理的舆论先机，将危机信息在第一时间转变为自己对危机的意见，通过新媒体平台扩散到现实社会，影响舆论走势。

但是新媒体中的意见领袖也存在难以避免的负面效应，主要表现在对待危机事件的非理性处理方面。公众倾向于相信"墨菲定律"中坏的结果，尤其是当危机事件涉及公共卫生、公共安全等涉官、涉腐、涉法事件时，公众往往因为信息不透明和自身所处的受害者地位产生心理失衡，因此会倾向于相信信息的"背面"，即没有经过求证的信息阴暗面。当危机事件发生时，某些意见领袖发表的言论往往带有情绪上的宣泄，意见表达失控，一旦处于非理性的边缘，就可能被异化为网络舆论暴力。在危机事件中，群体经常陷入集体无意识状态，表现出高度的一致性和排他性。意见领袖可以借此达到一呼百应，聚合思想相似的人群，产生"群体极化"现象。这增加了危机事态的复杂性，给危机管理者造成不必要的困扰。

4.1.3 如何进行议程设置

1. 议程设置如何启动

值得注意的是议程设置与启动之间的区别。在麦库姆斯看来，大众传媒对某个议题的频繁报道会产生启动效应，但公众是否会提高该议题的权重，即公众是否把该议题放在突出的位置则是另一回事。他说："议程设置效果并不仅仅取决于某个议题能否或在多大程度上可以进入公众的视野。虽然通常被用来预示这些效果的是某个议题在媒介议程上的新闻报道数量，但是议题在公众中的显要性并不仅仅表现为认知的可得性。"他以莱温斯基丑闻案为例，丑闻一出，就占据各大报纸和电视的显要位置，但是媒介议程上的显要性并没有转移到公众议程，公众并不认为这是一个重要的公众议题。

由以上分析我们可以看出议程设置与启动间的关系。启动作为议程设置的一个必要条件，即人们在作政治判断时，决定判断的因素有很多，这些因素究竟哪一种起着决定性作用？这一问题的答案应该是较为容易获得的因素，这就是启动阶段。如果影响因素很难获得，也就谈不上影响。但容易获得的因素也有很多，哪些因素会起到重要的作用呢？这一问题的答案是其中公众认为重要的因素，这就是议程设置。

媒介议程对公众议程的影响并不是即刻产生效应的，而且这种影响也不是长期的。根据麦库姆斯的考察发现，公众议程受媒介议程的影响有一个滞后期，时间大约为4~8周。在互联网兴起以后，时间周期明显缩短。

如图4-4所示，其中有一条路径是：媒介议程—公众议程—意见—行为。这条路径是议程设置理论中的核心：媒介议程决定公众议程，并极大地影响了公众看待这个世界的方式。

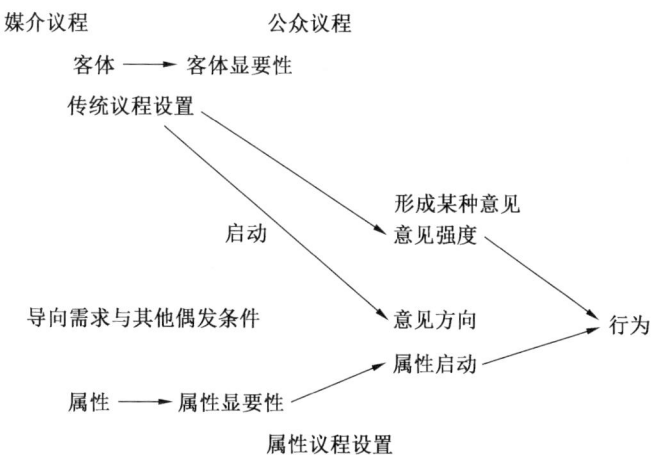

图4-4 议程设置以及后果

2. 议程设置发挥作用的条件

议程设置为什么会发挥作用？麦库姆斯认为，这是一个信息爆炸的时代，但在信息传递的过程中，会受到了两层限制。一是公众拥有的资源有限，包括时间与心理的容量。麦库姆斯通过10次民意测验发现，公众议程的议题数量在2~6个之间。二是媒介议程容量的有限。报纸的容量有限，电视新闻报道的时间有限。

1) 媒介作用

媒介主要包括电视和报纸，根据影响的受众范围又可分为全国和地方。网络兴起之后，网络是否具有议程设置作用，引起人们的争议。

麦库姆斯在议程设置的研究中，总结出如下规律：报纸的影响大于电视，全国的影响大于地方。在一半时间内，报纸与电视不存在差异，但另一半时间报纸的影响更大。《纽约时报》的影响大过地方报纸，地方报纸的影响大过全国电视新闻。

网络兴起之后，许多人习惯于从网络上获取政治信息，那么这是否意味着议程设置要消亡？其回答是否定的。网络作为信息的载体，似乎突破了传统媒介的限制，即网络表面上拥有无限的容量，人们在浏览网页时似乎也不受时间的限制。但按照麦库姆斯的解释，网络的利用受到公众资源有限的限制，即公众的时间和心理的容量并没有发生变化。另一个原因在于网络上的多数新闻来源于传统的媒体，或来自于报纸、杂志，或来自于电视。许多传媒巨头也拥有自己的网站，因此传统媒介的议程设置对网络也有影响。

2) 受众的心理

议程设置的产生在于受众的导向需求。麦库姆斯认为，当涉及一些无党派的议题，譬如全民公投或基层组织选举时，在面对的候选人十分陌生的情况下，选民通常转向大众传媒寻求指导，依赖传媒获取相关信息，或者直接采纳传媒的观点。

导向需求的条件有二：一是关联性，这是导向需求的初始界定条件。它是指人们感觉某个议题，或与个人或与社会有关，譬如公民责任、情感激发、个人兴趣、同事影响以及自身利益等。相反，如果与个人或社会无关，就不会产生导向的需求。二是不确定性。一般来说，当个体获得了相关话题所有想要知道的信息时，他们的不确定性程度就会很低。当存在高相关和低不确定性时，导向需求处于中等状态。当存在高相关和高不确定性时，譬如众政党预选时期，许多候选人公众都不熟悉，或者进入公众议程的新议题，这时公众的导向需求就很高。导向需求确定了哪些议题有可能由媒介议程转移到公众议程，这就是具体议题。具体议题是指个人亲身体验的，与公众的日常生活相关的议题。

抽象议题指个体拥有很少或者没有亲身经验的议题。在具体议题上，在大部分情况下，公众可以通过亲身经验为自己的决策提供指导，额外的需求比较低，譬如通胀。在抽象议题上，亲身经验不能提供充分的指导，媒介议程成为主要的导向来源。当然，在具体和抽象议题上，每个个体都有差异。譬如失业，对于那些失业者或认识失业者的人来说是个具体议题。但是对于大学终身教授，富裕人士来说却是个抽象议题。而且，在具体议题上，如果亲身经验不能满足导向需求，在此情况下会刺激他们使用大众媒介，进一步获得更多信息。即在某些情况下，具体议题会促进媒介议程的影响。

3) 信息来源

到20世纪80年代，议程设置研究已将新闻议程由自变项转为因变项。最初研究的问题——"谁设置了公众议程"被改变为另一个问题——"谁设置了媒介议程"。

"谁设置了媒介议程"开启了议程设置的一个新领域，麦库姆斯的"剥洋葱"比喻：

从外到内的各个表层分别是"新闻来源""其他新闻媒介""新闻规范",最核心是"媒介议程",如图4-5所示。精英、权威、专家、公共信息官员等代表重要信息来源的人员向新闻媒介提供大量有组织的信息。精英新闻媒介对其他新闻媒介的议程也存在影响。由此,批评者认为"公民参与设定新闻议程设定"否认了新闻制定自己议程的权利,破坏了新闻的客观性和独立性。这种批评忽视了公共新闻兴起的背景之一正是新闻过于关注来自精英和专家的报

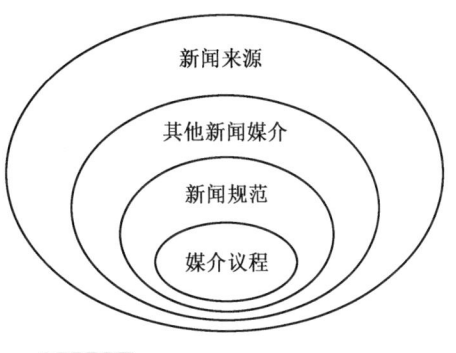

图4-5　媒介议程设置之洋葱比喻

道。公民参与议程设置并非掌控议程设置,而是对新闻业提出更高要求。

议程设置理论认为"新闻媒介不是有意识地特地设置一个议题,议程设置只是新闻报道的间接效果,是副产品。"麦奎尔指出,议程设置有时候必须视为媒介的一种有意识的和系统的指引注意力的方向。公共新闻是以主观意向和导向需求,有意识地运用设置议程,致力于推进媒介议程、公众议程和政策议程的互动。

3. 危机事件中的议程设置

麦库姆斯曾说:"在什么条件下由谁来设置谁的议程,这仍旧是一个尚无定论的问题。在很长一段时间里,在第一层级和第二层级里发生的媒体间议程设置,可能仍旧是新闻研究议程中的前沿话题。"在一般危机事件中,议题管理并不意味着影响和改变每一个个体和群体的议程,因此需要组织找到议题管理的核心。胡百精认为,危机议题管理的核心是设置媒体议题和影响意见领袖的议题。

(1)媒体议题设置。根据议题管理理论,大众传播具有一种为公众设置"议事日程"的功能,传媒的新闻报道和信息传播活动以赋予各种议题不同程度的显著性的方式,影响着人们对周围世界的"大事"及其重要性的判断。公众对于危机的了解多数来自于媒体,媒体又将危机呈现,这极大影响着人们对危机的印象。因此,危机的严重程度在公众头脑中的认识来自于媒体报道。危机状态下,媒体关注的议题广泛,有些议题会妨碍事件的解决进程,甚至影响组织形象。伯克兰(Thomas Birkland)的焦点事件理论,让我们认识到对于焦点事件的议程设置有更好的传播效果。因此,组织在议程设置中,应当重视通过对焦点事件的设置吸引媒体注意,针对媒体感兴趣的内容做出回应。

(2)影响意见领袖的议题设置。意见领袖对公共事件的反复评论将加大议程设置的效果。通过对议题的反复引用和讨论,意见领袖在拓宽了议题深度的同时,也加大了这些议题在受众眼中的"曝光率",从而起到强化议程设置的效果。因此影响意见领袖的议题设置也不容小觑。危机管理者应当主动与意见领袖沟通,并规划和设置主题鲜明、逻辑清晰的议题,去影响和劝服意见领袖,以唤起注意和共鸣,促成引导。

4. 影响传统媒体议程的举措

议程设置功能所依据的媒介环境是网络出现前的媒介环境,在这个媒介环境中,传统媒体主导人们的信息生活,社会传播的权力集中于传播者或传统媒体一方,公众依赖媒体并被动地从中获取自己需要的信息。不仅如此,媒体的所有权在政府或市场机制的推动下

又趋于集中，所有权的集中为媒介内容、思想意见的集中提供了先决条件，从而使媒介聚焦公众注意力成为可能。

麦库姆斯和肖提出的议程设置假说揭示了现代社会的这样一种运行机制：媒体在政治、经济、文化和日常生活等诸多领域为公众设置了可供关注、思考和谈论的议题，这些议题成为公众生活的日程安排。换言之，媒体所从事的是"环境再构成作业"。于是，谁影响了媒体议程，就意味着谁可能影响公众的议程。媒体成了各方团体在危机事件中的角力场，社会组织争相接近媒体，以夺取界定媒介框架的机会，其实质是对媒体话语权的争夺。

那么对危机传播管理者来说，如何尽可能影响传统媒体的议程？主要从以下几方面进行。

（1）组织的自身影响力和社会形象。组织的实力和社会影响力越是强大，其影响媒体议程设置的可能性就越大。强势利益团体总是能够通过各种途径左右和操纵媒体。此外，危机时代也意味着形象与绩效管理的时代。组织是否具有高度的沟通能力和应变能力决定了媒体和公众是否对其给予信任。在危机事件中，良好的社会形象有利于博得媒体支持，影响议程设置，在短时间内让组织化险为夷。

（2）对主流媒体资源的占有程度和使用能力。这里的主流媒体指的是在媒介场域掌握权威话语的具有较强影响力的媒体。占有更多、更为关键的媒介资源的团体能在媒介场域内占据有利位置，能够更为有效地影响媒体议程设置倾向。这暗含以下两点内容：一是危机对组织的挑战，在一定意义上就是对其媒体资源、媒体关系的挑战；二是欲成功应对媒体，就必须了解媒体的运行逻辑，以丰富的知识、技能施以有效影响。这些远非一日之功，计在长远。

（3）争做信息源，聚集媒介的能力。让自身成为媒介信息的第一供给者是影响媒体议程设置的重要方式。组织应积极行动，第一时间发布信息，主动地扮演信息源的角色，根据危机事件发展的趋势，及时准确地与媒体沟通，恰逢适宜地向媒介提供信息议题。

（4）公关团队自主性程度和执行水平。公关团队的自主性越高，组织决策者越重视媒体沟通，越有可能进行议题管理。自主性高的公关团队在追踪媒体议题时能够迅速做出反应，及时调整媒体议题。

组织可以通过以上方面的努力影响、协调甚至扭转传统媒体的议程设置，改变危机事态的发展，然而现代社会诡谲多变，环境变动快速而带来高度不确定性与复杂性，影响媒体议程的因素远不单纯，影响媒体议程设置也成为现在组织不得不积极面对的挑战。

5. 意见领袖如何发挥议程设置功能

在公众舆情的动员和生成过程中，意见领袖通常可以发挥双重作用：一方面，他人基于信任、委托等关联关系，通过人际传播途径将自身需要表达的意愿、诉求等传递给意见领袖，再由意见领袖开展点对面的大众传播，此时意见领袖实际上担当了舆情发起者的角色，他们强大的社会影响力、号召力往往能够吸引公众参与他们发起的舆情动员活动，直接推动舆情的生成；另一方面，许多时候意见领袖也作为重要的参与者介入他人发起的舆情动员活动，并在其中发挥重要作用，有学者将其称为强势意见领袖介入性话题，即指当事人发起议题但推动作用不明显，强势意见领袖参与，事件发展"节外生枝"。"节外生枝"型舆论演进模式是指由于强有力的意见领袖的参与，在初始话题之外又形成了一个或多个显著的、辐射广泛的、规模较大的传播中心，从而使舆论形势的中心发生偏移。其演化模式是在显著变量或强刺激下形成的一种演进模式。鉴于意见领袖作为舆情发起者的议程设置功能与其他人士相比差异并不突出，相反他们作为参与者时对于议程转换、纠偏，话题的提炼和升华等能起到普通网民无法企及的作用，因而本节侧重分析意见领袖作为舆情参与者时如何在议程设置方面发挥作用。

网络意见领袖的地位取得机制与传统意见领袖有所不同：网络论坛等进入门槛低，与传统意见领袖需要具备权力、声望、人格魅力等诸多条件不同，前者能够发帖即可；倘若发言话题引起广泛关注，很快可以成为论坛明星，甚至论坛领袖。不过，网络意见领袖仍旧需要延续传统意见领袖的一些基本特征，如写作认真、态度负责、条理清晰、论证严密。言之有物的帖子才能够吸引网友的点击和回复，这是确立网络意见领袖地位的关键因素，"内容为王"仍是网络时代的制胜之道。

从整体上看，网络意见领袖对于公众舆情的议程设置具有显著的推动和促进作用：在一些突发事件和公共议题上，网络意见领袖的影响力常常超过媒体和政府在微博中的传播力。据统计研究显示，平时有大约300名全国性的意见领袖影响着互联网的议程设置。

意见领袖介入舆情生成过程的议程设置，突出表现在两个方面。第一，许多个案层面的舆情动员发起者都是普通人，他们在现实生活中的权威、声望、人格魅力等存在不足，在网络空间的影响力和动员能力也较为有限，因而他们发起的舆情动员活动在初始阶段往往难以引起公众足够的注意和呼应，社会反响并不强烈。如果此刻有意见领袖适时介入，通过转发、评论，乃至点赞等方式在手机上对帖子、文章等进行再传播，其信息抵达范围将大为增加，辐射面会迅速扩张，从而明显强化原有议题的社会关注度和影响力，这是最直接的正向刺激。第二，意见领袖虽然介入了舆情的生成过程，但他们对于舆情发起者或其他参与者的观点、意见等并不赞同，此刻他们通常会对别人的情绪、态度等进行不同程度的修正，以自己认为合理、恰当的意见、观点等对其他人进行"纠偏"，其结论是否准确很难一概而论，但意见领袖表态后的传播效果却能达到高度的一致。由于意见领袖的粉丝拥趸群体庞大，意见领袖提出的观点、态度等更容易受到公众的关注，从而在相当程度上取代原有议题成为民众讨论、争鸣的焦点或中心，这时意见领袖在议程设置方面实际上发挥了"强势覆盖"，或者说"议题夺权"的效果。

6. 新媒体的议程设置概述

新媒体技术的崛起使得信息渠道倍增。麦库姆斯曾提到"因为有了因特网，人们可以创造'自己的日报'。因此，一些评论家说议程设置将终结"。然而事实是：在新的媒介环境中，尽管大众传媒议程设置的效果被弱化，但社会生活并未因此失去议程的设置，各种议题仍然在公众中不断地传播着，由公众和新媒体共同参与的议程设置效果不仅没有减弱，反而有增强的趋势。

新媒体正日益成为危机事件的首次曝光媒体，互联网，尤其是近年来迅猛发展的微博、微信、抖音等，使危机报道呈细胞裂变似的传播，达到了"秒互动"的地步。新媒体在发掘新议题的同时，也从传统媒体那里"抢"走了部分议题设置权。目前，国内一些重大危机事件的解决过程已经形成了一种新的"议程设置"模式，即"新媒体（微博、微信、抖音、论坛社区、博客等）提出议题—媒介关注—全社会参与—组织行为"的模式。在新媒体环境下，议题持续时间、关注程度、议题转化机制中的不确定性增加，连环危机、多个复杂议题同时出现的现象增多，单一议题持续的平均时间缩短，并且议程设置处于快速变化之中，议程设置机制更加复杂，这种复杂性带来组织对危机议程引导的难度。此外，由于传播权的分散，公众参与议题程度加深，新媒体动员能力凸显。在网络动员的过程中，新媒体作为信息传播、沟通交流的媒介，其匿名性促进了网络动员参与者活跃程度的提升，其便捷性和低门槛拓宽了网络动员参与者的广度，其即时性提高了网络动员的速度，其交互性和媒介融合扩大了网络动员的影响力。一旦网络动员的力量与突发公共事件相结合，可能对社会产生较大的影响，而仅靠目前我国的互联网管理与网民自律无法控制这种影响。随着社会信息化影响的日益深化，公众不再满足于仅仅扮演信源角色，而是希望参与到更为广阔的领域，甚至成为事件的推动者。在很多危机事件中，网民已经由网络表达走向网下行动，网络动员逐渐升温。

基于上述分析，组织如何为新媒体设置议程显得十分棘手而且紧迫。我们认为可以从以下方面入手。

（1）关注民意，重视网络心态疏导。新的媒介环境下议程设置最大的变化是：议程设置贴近民意。互联网、移动媒体的运用使公众在现实中的意愿得以汇聚、放大甚至畸变，网络压平了时间和空间让公众能够发表自己的愿望与观点，公众也会根据自己的兴趣和爱好寻找自己关注的对象。每个人包括媒体都拥有为他人设置议题的机会，但每个人包括媒体又都不能完全控制议题的发展，更不能决定哪个议题会成为公众的议题。决定某个议题成为公众议题的不是源于议题由谁提出，而是源于该议题适应了公众的某种需要和其信息模糊、答案不确定的品质。因此，在这样的情况下，危机传播管理者理应重视民意，关注公众网上的发帖与回帖、论坛互动等情况，在了解网络心态的基础上，做出理性、建设性的回应，提供信息清楚、切中要害、观点明确的意见让公众信服，为组织在新媒体的话语空间争取更多支持，做好议程设置铺垫。

（2）借助新媒体中的意见领袖引导议题走向。在新媒体传播中，通过人际化的虚拟社区平台，意见领袖逐渐成为传播过程中为公众设置议程的主要力量。在危机状态下公众渴望获得权威信息，"当知名且可信的人开始谈论一个议题时，议题建构的速度会加快。"从危机事件的应对来看，争取意见领袖的支持是有效降低危机烈度的重要因子，危机管理者先争取意见领袖的支持，借助他们的力量，在第一时间发出权威、准确信息，能够最大限度地压缩谣言传播的空间，引导议题的正面走向。

（3）增强组织公信力建设，建立危机管理与新媒体信源的良性互动机制。随着社会信息化进程的加速，信源扩张带来公众在公共领域参与度的提升，危机管理的难度与日俱增。组织应当增强公信力建设，提高组织信源的可信度，建立危机管理与新媒体信源互动的新机制。霍夫兰从社会心理学角度提出信源的"可信性效果"，认为一般情况下，信源的可信度越高，其传播（说服）效果越大。而信源可信度包含两个要素：一是传播者的信誉；二是专业权威性。组织在危机管理的过程中，应提升危机信息的透明度，增强组织发布信息的可信性，并且还应探索危机管理与新媒体信源良性互动的新机制，畅通民意表达渠道，完善公共利益表达机制。这就要求组织的信息传播渠道随着新媒体的发展而拓宽和调整。目前，常用的新媒体信息传播渠道主要包括：7个互联网信道（网络新闻、即时通信、搜索引擎、电子邮件、社交网站、博客应用、论坛或BBS）和2个移动信道（短信、手机上网）。危机管理者在拓宽以上信道的同时，还应注意以下两点：拓展微博、微信信道，尤其要重视微博舆情；加强对即时通信、邮件、论坛或BBS、SNS社区渠道的重视。

4.2 突发事件报道的舆论引导

什么叫舆论引导？甘惜分主编的《新闻学大辞典》中有关"舆论导向"的词条称："舆论导向，又称舆论引导，运用舆论操纵人们的意识，引导人们的意向，从而控制人们的行为，使他们按照社会管理者制定的路线、方针、规章从事社会活动的传播行为。具体地说，舆论导向包括3个方面的内容：一是对当前社会舆论的评价；二是对当前社会舆论及舆论行为的引导；三是就某一社会事实制造舆论。舆论导向的主体（即承担者）是大众传播媒介、社会知名人士、各种社会组织的领袖人物等……"。这一定义，值得注意的内容有：第一，舆论引导即舆论导向；第二，舆论引导既包括对现有的舆论的评价或引导，又包括"制造舆论"，即通过"制造舆论"去引导和影响人；第三，承担舆论引导的，既包括新闻媒体，还包括如西方传播学中所说的"舆论领袖"。

4.2.1 传统媒体在突发事件中的舆论引导策略

1. 及时全面报道事件信息

当突发事件发生后，公众有权知道其中真相，因此突发事件的报道是非常重要且必要的。首先，只有及时全面报道突发事件的相关信息，才能够防止谣言四起、引发更大的社会动荡；特别是对于那些与突发事件息息相关的人群和企业来说，只有使他们第一时间知晓突发事件，他们才能够及时做出相关应对措施，从而将突发事件所引起的各方面损失降到最低。例如2019年末湖北武汉的新冠病毒肺炎事件，就是因为媒体未及时对事件进行报道，所以才导致广大武汉人民没有及时采取病毒防范措施、相关企业和单位也没有及时控制人员外出，最终酿成了大祸，不但武汉本身成为严重疫区，并且全国都遭到了新冠病毒的侵袭。其次，及时全面报道事件信息也是为了做好舆论监督和引导，因为突发事件的影响往往是涉及全社会的，若不能让全社会第一时间得知突发事件信息，而任由各种不够真实和客观的小道消息、流言蜚语"满天飞"的话，将会使政府和媒体错失最佳的舆论引导时机，同时也会引起公众的极度恐慌和愤怒，最终造成公众对政府和媒体的信任度下降，后果可谓不堪设想。

2. 分清报道的先后主次

新闻媒体在报道突发事件的过程中，必须要分清报道的先后主次，即优先报道公众最为关心的问题，其他问题再按照轻重缓急程度依次排序。以2019年末湖北武汉的新冠病毒肺炎事件为例，新闻媒体必须要充分意识到公众最为关心的是疫情的危害程度、感染人数、政府所采取的应对措施以及专家所建议的病毒防范措施等，因此应当优先报道这些有关信息。再者，相关人员也是公众所非常关切的重点问题，还是以新冠病毒肺炎事件为例，公众最想看到的是有关患者和医护人员的信息，所以新闻媒体应当在第一时间去做这方面的报道，而将对其他人员的报道延后。

3. 确保报道信息的专业性

在新媒体时代下，不但新闻媒体可以给公众报道突发事件的相关信息，广大自媒体也可以传播相关信息，而与自媒体相比，新闻媒体的最大特点和优势就是报道的专业性，所以新闻媒体也更具公信力。但若想始终保持这种公信力，就要始终确保报道信息的专业性。以2019年末湖北武汉的新冠病毒肺炎事件为例，该事件属于公共卫生事件，但其所涉及的又不仅仅是医疗问题，还包括一些社会问题、经济问题等，所以记者在面对种种问题时，必须要具备良好的判断能力和筛选能力，能够明晰哪些信息是真实的、专业的，而不能随便听到什么消息都不加思考地直接报道出去。

4. 注意报道时顾全大局

突发事件的发生往往会对社会造成严重的危害，所以在对突发事件进行报道时，应当注意顾全大局，在遵循科学民主精神的前提下，多角度、全方位地对事件进行持续性和深入性报道，而不能只拿一些表面浮夸的内容来骗取流量，这样会引起更为严重的社会危害。虽然站在新闻意义的角度上来讲，突发事件具有很高的新闻价值，但是新闻媒体不能只顾追求新闻价值，而忽视了国家和社会的大局。有的记者为了吸引眼球而夸大其词地对突发事件进行报道，最终虽然获得了巨大的流量，但却引起了许多负面舆论，这无疑违背了作为新闻媒体工作者的职业道德。

5. 增强报道内容的人文关怀性

"人文关怀"指的是关心人、爱护人、给人以精神上的支持和鼓励，新闻媒体在突发事件报道中，应当要增强报道内容的人文关怀性。例如在2019年末湖北武汉的新冠病毒肺炎事件中，可以多多报道一些社会团体或个人对武汉人民的捐助，从而使公众感受到世间有爱，进而受其感染而形成积极的舆论。

6. 完善舆论监控机制

新闻媒体若想有效开展突发事件的舆论引导工作，必须要具备一个相对完善的舆论监控机制，以便于及早发现和跟踪谣言，随时做好辟谣的准备。特别是随着新媒体时代的到来和网络的迅速发展，全民皆可自由地在网络社交平台上传播各式各样的信息，但是这些信息的真假性不一，甚至不乏不法分子刻意制造的负面信息，其产生的目的正是要引起社会动荡。面对这种情况，只有完善舆论监控机制，确保正确的、积极的信息得以传播，而刻意弄虚造假的、有害的信息被"扼杀在摇篮中"，才能够引导好网络舆论。

4.2.2 新媒体在突发事件中的舆论引导策略

良好的社会舆论生态有利于政府快速有效地处置突发事件，维护社会安定，也有利于政府发挥良好的施政效率和传播效果。但在新媒体环境下，舆论的走向会随时发生变化，如果随波逐浪，听之任之，一旦不良舆论占据上风，会直接影响社会的稳定。为此，在公共突发事件处置过程中，如果社会舆论场发生变化，政府要有相应的对策。

1. 迅速抢占信息发布先机

重大突发性事件社会敏感度高、舆论关注度大，如果不及时引导，就会为失实报道、谣言的传播打开方便之门。因此，重大突发事件一旦发生，政府要迅速了解事件发生的现场状况、事态的性质，初步调查原因，调动各方力量，在第一时间通过新媒体发布真实信息和对事件的处置动态，在舆论上做到先入为主，先声夺人。同时，不断滚动发布信息和事件调查的进展情况，从权威方面发布调查分析结论，从而在第一时间抢占舆论先机。及时公布事实，揭露真相，回应社会关切，可最大限度地挤压各种谣言和负面信息的传播空间，掌握舆论主导权。

2. 点对点揭示事件的真相

谣言通过手机、网络等媒体也可以做到图文视频并貌，具有很强的现场感，其煽动性和欺骗性非口头传播可比，很容易误导公众。因此，在新媒体舆论引导中，要根据谣言的内容、疑点及时核清事实，澄清疑点，及时发布真实信息。通过科学、权威的调查过程和结论推翻谣言，对于事件真相的调查要有始有终，力求真实、客观、全面，防止片面性。并对事件发生的时代背景、历史渊源、主客观因素做到全面解析。

3. 坚持以人为本的处置原则

重大公共性突发事件的发生给人民的生命财产带来极大的损害，随之而来的是强烈的社会利益诉求。新媒体已成为公众表达利益诉求，主张权利的主要渠道。公众表达利益诉求的其中一个重要原因是弱者权利失衡，如果舆情管理者及涉事相关部门对其不理不睬，一件微小事件可通过网络酝酿放大，很可能会变成影响社会稳定的大事件。因此舆论引导过程要把解决公众现实诉求重视起来，坚持以人为本，体现人文关怀，让受难者通过党和政府的关心帮助，树立战胜灾难的信心，要让他们看得见摸得着地感受到党和政府的真切关怀，通过新媒体的快速传播，不良舆论将不攻自破，让政府的行为赢得公众的理解和支持，从而增强舆论的感染力。

4. 传统媒体与新媒体深度融合

传统媒体和新媒体融合发展是大势所趋。在公共突发事件发生后，网络舆论对事件的发生、发展、处置进程可抢先传播。传统媒体的滞后性决定了它不可能与网络媒体赛跑抢时间。但传统媒体的优势在于它能够对新闻事件、问题的原因、背景和各方面因素影响做深度分析，综合专家和权威部门的分析结论，这是力求"新"而"快"的新媒体所不具备的。只有让传统媒体和新媒体深度融合，才能做到优势互补。在媒体融合的环境下，政府可把手机自媒体和网络舆情引导纳入公共突发事件处置预案当中去，建立完善的新旧媒体舆情发布通道。只要打开手机自媒体，既可获得新媒体上的信息，也可看到传统媒体上的内容。微信、微博等是手机用户中使用率最高的自媒体，任何信息都可以从中发布，并且直接推送到用户手上，"只有传统媒体和新媒体相互渗透、互相配合，才有利于生产更高质量的新闻和发出最有价值的声音。"传统媒体上也可发布新媒体上有价值的信息，形成舆论交互全覆盖。新媒体和传统媒体双管齐下，不留舆论死角，可将不良舆论消灭于萌芽状态，从而对维护良好的社会秩序起到积极作用。

5. 完善法律法规和机制建设

新媒体舆论引导一个亟须解决的问题就是健全和完善法律法规及舆论引导机制建设，确保舆论引导的规范化、程序化。一是要建立良好的舆论引导机制。在新闻媒体和宣传部门增设新媒体舆论引导机构或增加新媒体舆论引导应对机制。明确权责，完善引导体系，并将其纳入政府的公共性突发性事件处置预案中。一旦发生重大公共突发事件，立即启动新媒体舆论引导机制，及时公布事件的发生、发展和政府处置进展动态，回应舆论质疑，以正视听，对不良舆论应以迅速公布真相予以回击，将其堵截消灭，消除社会舆论误区。二是要完善法律法规，加强新媒体管理和行业自律。进一步完善新媒体和互联网媒体行业自律公约，使其"不制作、不发布危害国家安全、社会稳定、违反我国法律法规的有害信息；不链接含有有害信息的网站，确保网络信息内容的健康合法等。对主流新媒体的信息发布方式方法以及要承担的责任义务及其传播后果做出明确的规定；确立网络社交媒体信息传播主体表达意见实名制，依法明确网站、自媒体的责任义务，以保障对新媒体舆论的引导有法可依，依法引导。三是要依法严惩和坚决打击手机自媒体和网络散播谣言的不法活动。"依法确定并严厉查处、打击网络舆论中侵害国家、集体以及他人利益和权利的行为。在法治的平台上，整合部门协作，规范对不良自媒体舆论行为的查惩流程。"

现代社会已步入全媒体发展时代，一些主流媒体和实力较强的都市媒体已经建立起了全媒体集群。全媒体是一种全新的信息发布集群，它融合了传统的报纸、广播、电视，集成了网络、手机应用软件、微信、微博公众平台和数字报刊、网络视频等新兴媒体传播手段，而兼具音视频直播功能的手机应用软件、微信、微博让直播告别了仅限于广播电视的历史，真正做到了信息快速、零距离、精准传播和全覆盖。政府可联合本地主流全媒体，实施舆论引导，并纳入突发事件舆情处置方案中。目前，一些省市正在建立或已经建立了大数据中心，一些媒体也搭建了媒体大数据平台。政府大数据中心和媒体大数据融合了一切信息发布通道，既可以通过互联网发布信息，也可以通过手机应用软件推送信息，通过大数据中心和媒体大数据，可以掌握一切舆情的动态和走向。政府可以通过舆情动态大数据，适时调整自己的策略，从而正确引导舆论。

4.3 谣言的破解与治理

4.3.1 谣言的破解

谣言是难以避免的，但可以采取一定的措施尽可能地减少和防范谣言的产生。本节从政府完善信息公开制度、互联网企业履行自我监管义务、网民加强自律和他律这3个层面，论述如何防范谣言。要想把谣言消灭在萌芽状态，最根本的办法是信息及时、全面、透明、公开、真实。

1. 政府完善信息公开制度

谣言止于公开，权威信息公开透明是防范谣言的根本。公开透明的信息发布，畅通无阻的意见表达是防范谣言、疏导社会心理不安的根本保障。信息公开的主体是政府，因为政府负责公共事务的管理，其掌握的各方信息是最全面、最权威的，也是公众最期盼的信息源。政府第一时间发布信息，才能满足公众的知情权，澄清真相，遏制谣言的产生和传播，一味地遮遮掩掩只能适得其反。早前，在负面事件出现时，一些部门和媒体本能地选择沉默和观望，以致错失权威信息披露的先机，导致谣言四散，损害政府公信力。近年来，我国政府积极推动信息公开制度的建设，新闻发言人制度普遍建立，尤其是2008年

5月1日，《政府信息公开条例》正式实施，赋予公民获取信息的法定权利。

但仅有《政府信息公开条例》是不够的，在突发公共事件中，真相要想跑赢谣言，还必须建立政府信息应急公开机制，第一时间向公众提供其最想知道的信息，消除信息的不确定性。如在"非典"期间的谣言事件、日本大地震引发的抢盐风潮等，政府如能第一时间直面问题，提供权威信息，就能够减少谣言的传播和危害。

2. 互联网企业履行自我监管义务

互联网服务的提供者，有义务对网络虚假信息进行监管。我国《互联网信息服务管理办法》《互联网上网服务营业场所管理条例》等相关规定中已明确指出，互联网服务的提供者不得制作、复制、发布、传播含有危害国家安全、散布谣言、扰乱社会秩序、破坏社会稳定或侮辱诽谤他人的信息。适应新媒体发展现状，为了加强对微信等即时通信工具的管理，2014年8月7日，网信办发布《即时通信工具公众信息服务发展管理暂行规定》，规定的主要意图是抵制谣言等不良信息在互联网上的传播，并对谣言的源头进行查证和严惩。

在谣言的生产与传播方面，互联网企业对网络谣言的监管有着技术上的优势，它能够在第一时间发现网络谣言，并且及时通过技术手段消除谣言。比如腾讯公司通过技术识别系统、举报人工处理系统、辟谣工具等对谣言进行监管。在日常运营中，腾讯有一支专业的队伍负责处理用户的举报内容。根据用户的举报，查证后一旦确认存在涉及侵权、泄密、造谣、骚扰、广告及垃圾信息等违反国家法律法规、政策及公序良俗、社会公德等事实，微信团队会视情况严重程度对相关账号予以处罚。只有监管严格的互联网企业能够将本企业网络平台上谣言生产与传播的可能性压制到最低限度，我们才能共同建设安全、健康的互联网生态环境。

3. 网民加强自律和他律

谣言的生命力在于传播，参与传播的人越多，谣言的影响越大，危害也越大。网络谣言的传播主力是广大网民，为了从源头上防范网民传播谣言，需要网民加强自律，不造谣、不信谣、不传谣。网民做到网上传播行为的自律，首先要提高自身媒介素养，掌握基本的信息真伪判断方法，增强对信息的辨别能力。从已经发生的网络造谣、传谣事件中看，不少网民都是不经意间的一次转发，助长了谣言的蔓延。网民在转发之前需先想一想，信息是真是假，传播是否守法，是否合德，切莫因一时痛快，无意中加入谣言传播的行列，给自己、他人和社会带来危害。其次，自律不能完全靠自觉，自律是建立在他律的基础上的。

他律，主要依靠完善规范网络行为的法律制度。明确的法律规定，让网民知道什么可以做，什么不可以做，对自己的行为有预知性，把外在的约束内化为内在的自我规范。互联网上的谣言比现实中的谣言更为猖獗的重要原因之一在于，网络谣言的制造者和传播者处于匿名状态，匿名传播使行为人没有了自律和他律的束缚，觉得没人知道，使其主观心态上少了一份社会压力与责任的监管，可以为所欲为，即使造成了严重的后果，自己也不会被追究。因此，可采用"前台匿名"结合"后台实名"的方式，对网上潜在的谣言生产与传播者施加适度的压力与责任，进而弱化其谣言生产与传播的动机，从而达到网络谣言的防范目的。

4.3.2 谣言的治理

1. 树立系统治理的理念

谣言的产生和传播有复杂的社会背景，大多数谣言针对的是社会现实中的问题，从一定意义上说，谣言是公众对社会不满的畸形的舆情表达。要平息公众的不满，就需要从根本上解决现实中存在的问题，而这些问题，不是某一个部门或单位可以解决的，需要社会全员参与系统治理。

对于谣言的系统治理，"至关重要的是全面做好公共安全、社会秩序、社会服务、社会保障的系统工程，需要四位一体，党委领导、政府负责、社会协同、公民参与的共同发力。比如，党委领导、政府负责就涉及两个事情：第一，不能讲'官谣'；第二，要不断强化党和政府部门的公信力，要从源头上及时发布足够量的权威信息，这样谣言就没有生存的空间了。另外，做好了社会的公共服务、公共安全和社会保障，百姓就没必要造谣。简单来说，就是标本兼治，如果只是要立法，建立一个制度，打击一些违法犯罪现象，这个很重要，但这可能还是治标，治本还是需要社会的系统治理"。

2. 区分普通网民与网络大V

由于网民在学识、能力、资源、判断力等方面存在差异，这就要求我们在网络谣言的治理过程中不能应用统一的标准，而须明确界定网民的身份为大V还是普通网民。如果是普通网民，可以相应的在法律范围内给予足够的容忍；大V则不然，因为他们拥趸甚众，辐射面甚广，其一言一行可以影响更多的人，一旦成为谣言的"传声筒"，那么谣言的危害便会呈几何数字增长，因而针对网络大V们，需要法律的刚性来约束。通过对法律法规的灵活应用，区分开大V和普通网民，这样既能保证建设一个开放、理性的网络公共平台，又可以显示法律在治理网络谣言上的权威性，网络谣言的传播途径也会得到很好的控制。

3. 依法追究恶意造谣、传谣者责任

维护和完善法律法规，是保障良好的信息传播环境的前提。对于恶意制造与传播谣言，并已经造成严重社会后果的行为，应依法追究其法律责任。这是法治社会应有的约束手段，也是营造健康网络舆情生态的保障。但要指出的是，依法追究造谣、传谣者责任，一定是在法律的框架内，程序和实体都要合法，不能采取"严打"思维与模式，因为在现实中，"严打"往往容易导致"寒蝉效应"，从而不利于营造健康的舆论氛围与环境。

当前，我国《刑法》《中华人民共和国治安管理处罚法》《互联网信息服务管理办法》《互联网出版管理暂行规定》等多部法律规章都对惩治谣言问题做出了相关规定。2013年9月，最高人民法院、最高人民检察院出台司法解释规定，同一诽谤信息实际被点击、浏览次数达到5000次以上，或者被转发次数达到500次以上的，应当认定为诽谤行为，"情节严重"可判刑，"编造虚假信息或者明知是编造的虚假信息，在信息网络上散布，或者组织、指使人员在信息网络上散布、起哄闹事，造成公共秩序严重混乱的，构成寻衅滋事罪。"以上两高的司法解释是具有中国特色治理网络舆论生态的创新性探索，有助于规范网络秩序，为公众提供一个健康有序的网络舆论生态环境。

4. 多平台传播权威信息稀释谣言

进入大数据、云计算时代，通过技术手段实现对谣言信息源头的抓取，使得全程监测谣言传播路径成为可能。在谣言传播的各个节点充分利用各种发布平台，发布权威的官方信息来对冲谣言信息，从而截断谣言信息在各个节点上的拼接，是一种更加隐蔽和有效的谣言信息阻断手段。采用"信息稀释"的方式来冲淡谣言信息的对接与传播，不是回避失实谣言信息所指涉的问题，而是用更加真实的信息来冲淡失实的信息；不是阻断公众对于不确定性信息的讨论、推测与质疑，而是要激发和鼓励公众对信息的理性交流和讨论。一方面，讨论者越多，越容易提出合理、合法的解决问题的方式；另一方面，各种各样的、大量的确定性信息能够有效稀释当前的失实或不确定性的谣言信息。

稀释谣言的关键在于权威信息能够在更大范围内得以传播，不仅传播出去，还要有传播效果。为此，需要做大、做强主流舆论，打造一支反应迅速、机制灵活又有较高公信力和影响力的网络"国家队"，充分利用政务微博、政务微信，党报党台等主流媒体发声，占领互联网舆论高地，发出权威声音。从现实来看，主流声音已逐渐占据网络舆论场高地。2014年从中央部委到地方政府，推行微博、微信、微视"三微"战略，进一步兑现政务公开，改变了前几年政府工作在互联网上被"吐槽"和批评的被动局面。主流媒体的微博、微信、客户端还与政务微博、政务微信、政务抖音形成了日趋常态化的联动，遇到地方突发事件，主流媒体及微博主动转评地方政府的声音，放大网上符合社会主义核心价值观的报道。主流声音的压倒性传播，极大地压缩了谣言的生存空间，稀释了谣言信息，切断了谣言传播链条。

【案例4-1】华南虎事件

2007年10月12日，陕西省安康市镇坪县村民周正龙，称其拍摄到清晰的野生华南虎照片，经陕西省林业厅组织专家鉴定，照片是真实的，从而宣告失踪了20多年的野生华南虎重新被发现。这一令人兴奋的好消息被各媒体争相报道。10月15日，网上出现了一个帖子，《陕西华南虎又是假新闻?》，引来了不少对华南虎照表示质疑的声音，广大网民对照片存在的疑点进行鉴定，得出老虎为真，虎照为假的结论。10月16日，最早认可这些照片并视之为珍宝的陕西省林业厅对于照片"造假说"予以反驳。很快，网络上围绕华南虎照出现支持虎照为真的"挺虎派"和认为照片为假的"倒虎派"。初始时"挺虎派"与"倒虎派"可谓势均力敌，两派网民双方都对对方的观点进行认真分析，展开辩论。"倒虎派"不时提出新的证据，光源方向不对、老虎成像部分色温有明显偏差、拍摄距离远比公布的数据近等。而"挺虎派"的网友利用立体对像技术，制作了立体虎照，以此证明老虎是立体的，也赢得了很多人的信任。周正龙和陕西省林业厅野生动植物保护处处长王万云表示以人头担保照片真实无疑。"倒虎派"的重量级网友、中科院植物所研究员傅德志以实名出场，是"倒虎派"的领军人士。傅德志跟周正龙一样"以人头担保"：照片有假。几大中文论坛的中心议题几乎都是华南虎照片。网络热议引来媒体的广泛关注。最初参与报道的媒体，几乎也是泾渭分明：以《华商报》为代表的陕西当地媒体，多为"拥护者""挺虎派"；以广东媒体为代表的外地新闻机构，多为"质疑者""倒虎派"。

从官方发布信息，到网友提出质疑，到媒体追问真相，事件走过了最初的"三步曲"。2007年11月16日，攀枝花一位网名叫"攀枝花XYDZ"的网友称，"华南虎"出自他挂在自家墙上的老虎年画。很快，年画老虎图片出现在网上。各路高手将年画老虎与"周老虎"进行比对，得出是同一只老虎的结论。之后，全国各地不断发现同一张华南虎年画，并很快找到年画生产商。但"挺虎派"代表对华南虎年画照片并不认同，认为这是一张经过处理的年画照片。

年画虎发现后，全国的媒体报道与评论掀起了一个新的高潮，《人民日报》于2007年11月21日在"人民时评"刊出《"华南虎事件"让谁蒙羞》的评论：公众质疑的初衷无疑是善意的。但当他们无法从正常渠道获取真相的时候，就只能在网上掀起一场"全民打虎"运动。另外还有大量主流媒体时评：《人民时评："华南虎事件"是时候翻底牌了》《人民时评：华南虎事件，怎样才是对全国人民负责？》《广州日报：一切造假者都是纸老虎！》。

网友们称找出华南虎事件的13大疑点，认为"华南虎照片"拍摄者并非周正龙，而是另有其人。进而有媒体分析指出华南虎事件背后暗藏的利益诉求：镇坪县想借虎势虎威开发旅游资源。

12月28日，根据国家林业局和陕西省政府的要求，陕西省林业厅对华南虎照片进行鉴定。

后来华南虎事件的处理结果并未明朗化。

【案例4-2】议程设置理论下的西安城市形象

在传统媒体环境中，媒体议程在城市形象建构中起着主导作用，引导人们形成关于城市的整体印象。在新媒体环境中，媒体议程、公众议程、个人议程相互影响，相互作用，共同塑造崭新的城市形象。

1. 媒体议程发挥带头作用

在互联网和新技术飞速发展的今天，"报纸已死""广电衰落"的论调并未成为现实，传统的大众媒体在传播领域仍然占据主流地位，并且在时代浪潮中勇于探索转型发展的新路径。由于传统媒体长期以来形成了内容严肃、态度严谨的作风，西安城市形象塑造和宣传的主要策略是回望历史，扎根现实，着力打造历史文化名城的城市形象。随着新媒体浪潮的日益扩大，传统的大众媒体开始寻求展示城市形象的新窗口。由陕西侨联主管的综合类都市生活报《华商报》，是西安、陕西乃至西北地区发行量、阅读量及影响力最大的报纸。2020年来临之际，《华商报》在其门户网站华商网上推出了以"中国年·看西安"为主题的系列文化旅游活动，以国际视野、世界眼光、西安特色为目标，围绕着"年味年韵中国年，文化传承看西安""丝路畅想中国年，世界欢聚看西安""文化荟萃中国年，华夏同庆看西安"等9个栏目，全方位地展示了西安深厚的文化底蕴与特色风采，推动城市的品牌营销和形象推广，打造出一张独具特色的西安名片。

2. 公众议程加深传播效果

随着我国经济的发展和人民生活水平的提高，旅游成为休闲度假的主要方式之一。根据携程发布的《2020春节"中国人旅游过年"趋势预测报告》，西安连续3年上榜春节跟团游十大热门目的地、自由行十大热门目的地的城市。在影响出行地选择的诸多因素中，除了媒体议程建构的城市形象外，公众议程也带来了一定影响。在传统媒体时代，对于未曾去过的城市，人们头脑中形成的城市形象主要由媒体议程设置，例如电视节目、城市宣传片等，尽管公众能够通过这些渠道了解到一些城市的特色，但自上而下的传播方式始终给人以距离感。新媒体时代颠覆了传统媒体高高在上的权威地位，凸显了人格的主体性和话语的平等性，人们根据共同的兴趣爱好在网络上形成不同社群，人际传播、两级传播的效果日益显著，公众议程的作用得以发挥，城市印象在口口相传中得到塑造。从西安市民的角度来讲，塑造热情好客、诚实友好的市民形象有利于加强城市文化深度，提高城市文明水平。从外地游客的角度来讲，在新媒体平台上发表旅行过程中的所见所闻，能够为其他人的出行计划提供借鉴。公众议程在平等的传播视角下，通过开放、包容、发展的城市理念，形成良好的口碑效应，更有助于城市形象的建构和传播。

3. 个人议程激发明星效应

新媒体浪潮的席卷不仅推动了传统媒体向数字媒体转型，还促进了自媒体的出现、发展，在城市形象的塑造与传播中，个人议程发挥着愈加重要的作用。在传统媒体环境中，城市形象的代言人通常是具有社会影响力、广泛知名度的人物，比如来自西安的著名作家陈忠实、知名导演张艺谋、实力演员张嘉译等本身就拥有广大的粉丝群体，能够在城市形象的传播过程中通过粉丝经济发挥独特的影响力。随着近年自媒体、短视频的崛起，越来越多的普通人凭借互联网平台摇身一变成为"网络红人"，通过个人力量影响媒体议程和公众议程。以"不倒翁小姐姐"为例，1996 年出生的冯佳晨是大唐不夜城扮演"唐妞"不倒翁的一位舞蹈演员，因为一段"大唐女子绝美牵手"的短视频在网络走红，掀起一阵握手狂潮，吸引大量游客专程飞往西安打卡。《2019 抖音数据报告》显示，在 2019 抖音播放量最高的景点中，西安大唐不夜城景点位列第一，"大唐不夜城不倒翁"的相关视频播放量超过 23 亿次。在城市形象视频点赞量中，西安排在第 8 位，共收获 19.6 亿次点赞。从"不倒翁小姐姐"带来的现象级话题可见，"一个人带火了一座城"的说法毫不为过。新媒体环境下的个人议程彰显了人际传播和社群传播的强大作用，原本处于被动地位的个人议程在城市形象的传播中发挥着愈加强大的独特作用。

【本章重点】

1. 议程设置的概念：大众传媒影响新闻报道，聚焦公众的注意力，从而进一步影响公众舆论的形成，以及公众对周围环境的认知。

2. 意见领袖的概念：意见领袖是指在人际传播网络中经常为他人提供信息，同时对他人施加影响的"活跃分子"，也称为舆论领袖。

3. 舆论引导的概念：运用舆论操纵公众的意识，引导公众的意向，从而控制公众的行为，使他们按照社会管理者制定的路线、方针、规章从事社会活动的传播行为。

4. 危机议题设置的核心：设置媒体议题和影响意见领袖的议题。

5. 新媒体的议程设置主要方法：关注民意，重视网络心态疏导；借助新媒体中的意见领袖引导议题走向；增强组织公信力建设，建立危机管理与新媒体信源的良性互动机制。

6. 新媒体在突发事件中的舆论引导策略：迅速抢占信息发布先机；点对点揭示事件

的真相；坚持以人为本处置原则；传统媒体与新媒体深度融合；完善法律法规和机制建设。

7. 谣言的破解与治理方式：从政府完善信息公开制度、互联网企业履行自我监管义务、网民加强自律和他律等层面，防范谣言，争取把谣言消灭在萌芽状态。

【本章习题】

1. 什么是议程设置？
2. 什么是意见领袖？
3. 什么是两级传播理论？
4. 如何进行谣言的破解与治理？
5. 在新媒体时代如何发挥新闻媒体在突发事件中的舆论引导作用？
6. 在突发事件中，如何发挥议程设置的作用？
7. 在突发事件发生后，意见领袖如何进行舆论引导？
8. 在华南虎事件中，为什么如此强大的议程设置和舆论攻势没有成功呢？

5

舆情监测、研判与应对

舆情风险管理对于党政机构、企业、非政府组织与社会团体的形象建设和声誉管理具有战略意义。党政机构、企业和非政府组织是网络舆情的三大高发领域，涉及社会生活的方方面面，牵动着几亿网民的敏感神经，也是转型期社会矛盾和利益冲突最容易聚焦公众视线的区域。通过舆情监测、研判，积极、主动地解决问题，将风险消化在舆情爆发之前，是舆情高发、高危领域对舆情风险管理的迫切需求。

5.1 大数据时代下的网络舆情监测

大数据技术是指运用搜索引擎、社交媒体、各类网络数据库，实时聚集文本和图像，用一种搜索、分类分析的软件，通过高速的计算机运算和业内专家的研判，精确描绘现状并预测未来。比如，利用谷歌、腾讯、百度、微博提供的数据预测今年的流感、预测社会舆论的趋势。大数据正在彻底改变我们对政治、新闻、商业、健康、教育的认识。

在云技术环境下，大量用户的数据不再存放于个人电脑或移动硬盘中，而是存储在云储存器提供商的服务器里。诸如百度、腾讯、新浪微博、谷歌等平台提供的网络信息服务，正在变成超级信息工厂和仓库。由于智能手机、平板电脑、社交媒体网站、电子邮件和其他形式的数字通信的广泛使用，全球每天会产生 250 亿字节的新数据。据 IBM 估计，在全球现存数据中，有 90% 是过去两年中产生的。据国际数据公司（International Data Corporation）预计，数字世界的规模将每两年翻一番，和爆炸性的数据增长相伴随的是大数据技术的快速发展。

2012 年与 2013 年之交，"大数据"（Big Data）一词越来越多地被提及，人们用它来描述和定义信息爆炸时代产生的海量数据，并命名与之相关的信息技术成果。全球知名咨询公司麦肯锡称："数据，已经渗透到当今每一个行业和业务职能领域，成为重要的生产因素。人们对于海量数据的挖掘和运用，预示着新一波生产率增长和消费者盈余浪潮的到来。"大数据技术使对规模巨大的数字信息进行自动及瞬时的分析变成可能。而掌握这种技术的公司，就会成为别人数字资产的事实上的拥有者，这些公司运用大数据软件，跟踪分析社交媒体或搜索引擎，就有可能跟踪世界各地人员的活动和往来。运用大数据分析事物,其最大的特点是帮助我们发现两个看上去毫不相关的事件或人员之间暗藏的关联。

数据挖掘技术的提高使得目标信息能够被还原得更加准确。近年来,以微博、微信为代表的社交媒体受到热捧。人们热衷于在这些社交媒体上发布自己的照片、心情、行踪等各类信息。与此同时,服务器还会记录下用户的登录时间、信息消费习惯、地理位置等大量后台数据。以这些信息为基础进行数据挖掘,便能够准确地掌握个人信息。到目前为止,位置数据的使用者多是第三方——程序开发员,知名品牌和广告公司;"第二方"(电信商和设备管理者)拥有这些数据,而"第一方",即我们每个人既无法得到数据也无法支配这些信息。中国移动推出了手机地图服务,通过你或朋友的手机号码,即可找到你自己的位置或你好友的位置,从而体验大数据拥有者的概念,以此发现电信或网络公司是如何利用大数据对你的日常生活进行跟踪、监测和控制的。时下,美国国家情报局会花更多的钱去挖掘元数据,而不再是窃听和偷听通信内容。元数据指的是关于谁在打电话或发邮件的信息。美国法律和美国政策把通信内容视为最为私密且最有价值的,但这在今天已经过时了。美国情报和执法部门使用大数据技术,能从手机蜂窝塔得到的数据跟踪个人所在的海拔高度,精度足以确定该人在哪栋建筑的哪一层,甚至能够通过分析手机数据,寻求预测个人最可能采取的路线。

当不同的数据流被整合到大型数据库中后,例如把使用手机的时间和地点与信用卡购物、银行卡电子收费系统的数据相匹配,数据分析师能获得一个人生活的不同侧面,而在过去,仅靠偷听他们的谈话绝对无法得到这么多。《自然》杂志发表的报告显示,打一次移动电话的地点、时间和内容等数据,足以在95%的情况下确定打电话者的身份。通过大数据,数据分析可以发现各种各样的关联。

英国《卫报》在2011年英国伦敦暴乱事件中成立了"解读暴乱"团队,广泛使用大数据,帮助读者更好地理解事态进展及其背后的原因。与此同时,《卫报》还与学界进行合作,邀请曼彻斯特大学的学术团队一起研究社交媒体在暴乱中的作用。后者一共分析了260万条关于暴乱的推特(Titter),观察谣言如何在推特上传播,不同的用户在宣传和散布信息中的功能,以确定推特和其他组织是否煽动了暴乱。《卫报》的"解读暴乱"数据团队使用简单的地图,显示暴乱发生地点的贫困程度,让"暴乱与贫困没有关系"的主流政治话语不攻自破。他们还制作了一段视频,将暴乱发生地和参与群众的家庭住址联系起来,显示出"暴乱通勤路线",建模预测暴乱者最有可能采取的路线。此外,他们还展示出网络流言的传播途径。研究者按照话题将关于暴乱的推特分类,编码为重复、驳斥、质疑和评论,然后进行可视化处理。该研究发现了主流媒体在流言传播中的明显角色以及推特在矫正流言中的作用。

通过大数据的应用程序,人们可以发掘大数据的意义。国外已经开发出软件查询所处地区的犯罪趋势,社区医生的安全执业记录,或是为他们选出的候选人的政绩。

英国牛津大学教授维克托认为,大数据带来的信息风暴正在改变我们的生活、工作和思维。这颠覆了千百年来人类的思维惯例,对人类的认知和与世界交流的方式提出了全新的挑战。首先,在大数据时代,我们可以分析更多的数据,有时候甚至可以处理和某个特别现象相关的所有数据,而不再依赖于随机采样。其次,研究数据如此之多,以至于我们不再热衷于追求精确度。再者,我们不再热衷于寻找因果关系,也就是说只要知道"是什么"，而不需要知道"为什么"。因此，决策行为将更多地基于数据、分析和事实做出，而不是像过去更多凭借经验和直觉做出。

今天，我国互联网正以庞大的体积规模和数据流，昂首迈入"大数据时代"。以目前互联网的发展速度、规模和水平，我国将在未来10年实现全球互联网和云计算大国的转变。大数据拓宽和加深了舆情研究的广度和深度。大数据时代，一切事物都被数据化：情绪变成了数据、思维变成了数据、行为模式变成了数据、认知变成了数据、沟通变成了数据、关系变成了数据……受此影响，舆情的研究视角和研究领域不断更新和扩展，很多舆情问题，如舆情发展动向、集群行为、社会态度与公众情绪、动态人际互动与人际关系、社会认知等，都可能借助大数据得到更为准确的、可视化的测量和呈现。例如，大数据网络实验室可以通过记录用户的网络使用情况提取用户的网络行为特征，分析用户的心理属性和网络行为的关联模式；借助大数据检测和评估社会心态，能够获取大众的社会心理态势，及时发现社会不稳定因素和风险，为社会治理提供科学、客观的研究报告和应对方案等。

当前政务与财经舆情风起云涌。国内经济社会转型发展环境压力加大，移动互联网进入爆发期，社会周期结构性突发舆情因素增多，推动着我国互联网舆论进入空前活跃期。微博、微信成为社会舆论的发动机。社会转型期中，各种问题在积累和叠加，网民对深化改革表现出热切的期待，有关国家发展和改革取向的意识形态论争重新抬头。环境问题和重大工程项目引发的群体性事件增多。在社会有机体中，社会舆情的风吹草动，频频给企业的生存发展带来影响。网上不少热点话题，常常冲击着企业。加上我国社会建设和市场环境还存在很多不规范的问题，互联网舆论生态鱼龙混杂，网络水军与商业竞争监管不到位，企业常常面临很多突发舆情危机的干扰。

更有甚者，一些突发的社会公共事件和话题也有可能蔓延到财经商业领域，如反日游行中出现的打砸企业门店、抵制涉日货物等行为，网民对电商价格战的多元解读等。对此，政府部门和企业必须树立前瞻意识，提高媒介素养，健全舆情监测与应对机制，加强互联网"大数据"分析研判。

5.1.1 舆情数据监测平台

大数据时代中舆情研判的基础是完整、准确和极速的信息抓取。准确的舆情报告需要纯粹的事实、一手的材料，可以说正确的大数据环境下的舆情搜集是全视角、分秒不停地抓取全部的数据，用大数据消除新闻制造的短时记忆，恢复科学的、真实的长期记忆，因此，舆情数据平台的建设势在必行。那么，在舆情监测中，利用平台监测和单纯用搜索引擎直接搜索效果有什么不同？

一个功能全面、稳定的技术支撑平台，能够极大地提高舆情监测工作的效率和准确度。平台除了基本的定时和关键词的论坛以及博客搜索以外，还能实现定向抓取、热帖排行、帖文数量、即时趋势图等。目前国内大多数网络舆情信息监测系统，都是基于客户的需求，定制相关关键词，通过各种技术抓取和人工生产各种监测新闻数据。这些都是基于信息本身的。而基于媒体分析的舆情监测系统的工作是多层次、多角度对媒体数据的内容、语义、描述进行分析，建立媒体分析模型，研究媒体数据的概念表示、事件提取、多角度语义表述、结构组织、内容分析的多层次结构化描述方法，建立超规模媒体内容深度分析的概念模型，为媒体大数据的内容理解奠定基础。

真正意义上实现对媒体监测大数据进行数据内容、语义、描述进行分析，建立基于媒体的数据分析模型、媒体大数据结构和内容分析的多层次描述方法，实现超大规模媒体数据内概念分析模型，是一个全媒体数据内容理解的数据行为智能分析系统。例如平面媒体出于对发行量的考虑，大量信息不会出现在网络版上面；再如大量的广播电视和报刊广告，因为大量占有空间而不会长期存在网络上面。因此，常常出现很多想要的信息在网络上面查询不到，影响到信息的全面性、完整性，从而影响决策的正确性。这是互联网信息长期以来没有解决，也不可能解决的问题。

舆情监测平台是一个辅助网络舆情监测和研判管理工作的有效工具之一。目前在国内有很多相关的可提供舆情监测服务的公司，这些公司旗下的舆情监测平台产品五花八门，例如识微商情监测系统（全网舆情实时监测/预警/分析/跟踪）、鹰击早发现系统（在线社交网络舆情监测分析）、鹰眼速读网系统（全网舆情监测分析）、人民网舆情（侧重人工分析）、红麦科技（老牌传统舆情业务）、百度舆情、清博大数据、军犬舆情、新浪舆情、知于微舆情、蚁坊软件舆情分析平台等。主要分为企业舆情监测平台和政务舆情监测平台。企业舆情监测平台通过企业互联网信息挖掘，基于网络爬虫技术等，自动采集并提取全网信息、进行语义分析和信息检索等，提取关键信息并识别企业的负面信息，及时通知到相关人员，从而在第一时间应急响应。政务舆情监测平台主要通过互联网大数据分析，旨在为各级政府单位提供社情民意、民生热点或突发事件等各类舆情的发现与分析服务。

5.1.2 舆情监测要点

网络舆情涉及各行各业，甚至是明星、名人等个人，但对此需求最大的还是各级党政机关和企业。通过网络舆情监测分析在网上海量数据中找到关键信息，为舆情管理部门了解网络信息、加强把握民意提供参考依据，起到辅助作用。舆情监测要点如下。

1. 舆情重点监测的媒体群体

1）新闻资讯类媒体平台：这类平台包括了以网易、搜狐、新浪和腾讯为代表的综合性门户类平台；以人民日报、凤凰网、央视新闻网和澎湃新闻网为代表的传统媒体类平台；以今日头条、一点资讯、Zaker、UC头条为代表的聚合类平台；以36氪、钛媒体、汽车之家等为代表的垂直类平台，它们的共同特点是用户体量大、活跃度高、影响力强，因此在舆情监控过程中不可忽视。

2）电商类口碑媒体平台：主要指的是以美团、大众点评、小红书等为代表的电商类媒体平台，对于企业来说，这些平台如同一个口碑库，成为新的消费决策入口，因此在舆情监控过程中应该加以重视。

3）短视频类新媒体平台：主要指的是以抖音、快手等为代表的短视频平台，它们的共同特点是日活用户量庞大，愈加碎片化及轻松化的内容，很容易引发自传播。在过去，相关的舆情监测人员也许并未将之作为监测重点，但是在短视频时代的今天，很多舆情事件的传播源头就在于此。

4）传统的社交媒体平台：主要指的是以微博、微信、博客、论坛等为代表的传统社交媒体平台，其典型的特点是用户人数众多，用户自发传播（UGC，用户生成内容）。不仅制造了公众社交生活中争相讨论的一个又一个热门话题，更进而吸引传统媒体争相跟进。因此，不论信息传播载体变得多么丰富，对于传统社交媒体平台的舆情监控依然不会过时。

2. 识别、追踪热点网络事件

1）获取信息线索

通过主流微博、网站平台等搜索公众关注的新闻、事件线索。当前的主流平台有新浪、腾讯、搜狐、网易、凤凰微博等。

2）热点事件筛选

（1）事件在主流网络媒体的曝光量。主要表现为新闻采写量、转载量。当前的主流网络媒体有新浪、腾讯、网易、搜狐、人民网、新华网、中华网等。

（2）关注事件在主流论坛的热度。主要有热帖排行、事件是否置顶、帖子点击量、回帖量等。当前的主流论坛有天涯、搜狐、网易、新浪、凤凰网、强国论坛、百度贴吧、西祠胡同、知乎、简书等。

（3）通过搜索引擎找到关注焦点。主要从主流搜索引擎的关键词排行榜等发现网民的关注焦点，例如主流的搜索引擎有百度、Google、搜狗、必应等。

因此，根据以上3点对热点事件的网页收录量、主流网站的资讯量、论坛的发帖和跟帖量、微博话题量和转发量、博客量等进行统计排名，就可以发现当前公众关注的热点网络事件。

3）事件追踪

事件从新闻线索开始，随着报道的深入，网络与传统媒体的扩散、发酵，网民的持续参与，不断持续跟踪关注事件话题的影响力和影响深度。根据事件追踪情况提炼信息，对网络舆情走势、突发事件应对的主体、过程以及结果进行监测、数据分析和整理，形成网络舆情监测报告，供舆情管理主体决策参考。

3. 对网络舆情分析师的素养要求

（1）信息挖掘能力。互联网每天提供海量信息，面对海量信息，一名合格的舆情分析师要能从纷繁的信息中"去伪存真""去粗取精"，从中寻找出真实、客观的信息，同时善于借助各种互联网工具或者监测平台对事件进行深度挖掘，做到举一反三，窥其一而知全貌。

（2）概括剖析能力。在对海量信息进行筛选后，网络舆情分析师要对这些信息进行有序组合，一方面从新闻报道的传播路径来分析事件的传播规律，另一方面对新闻报道及网民观点进行合理的抽样，分析其主要观点倾向。

（3）抽样统计能力。网络舆情分析师必须掌握基本的社会统计学工具，能对海量报道及网民观点进行科学合理的抽样，从而最大限度地提升舆情分析报告的准确性和预测性。

（4）语言文字表达能力。网络舆情分析师的工作大部分情况下是通过分析报告来体现，这就意味着作为一名合格的舆情分析师应具备良好的文字表达能力，即学会平实的叙述，用相对简洁的文字清晰明了地进行表达。

（5）具备一定的专业学科背景。随着舆情产业的不断发展，过去能对各类报告进行简单分析的"万金油"式舆情分析师已经愈发不适应行业需要，而相对具有扎实专业背景的舆情分析师更加受到市场青睐。以企业舆情为例，金融行业、能源行业、食品行业的舆情各有特点，虽有共性，但更具特色，这就要求舆情分析师要在某一行业内有深厚积累，方能更好胜任舆情分析工作。

（6）熟悉体制内语言。舆情服务的对象如果是各级党政机关、政府或者央企、国企，这就需要舆情分析师熟悉体制内的语言表达范式，用领导看得懂的语言来进行报告撰写，这样才能更好地服务各级领导干部。

5.2 舆情研判工作机制

5.2.1 舆情工作机构

当网络舆情成为常态，政府公共管理和宣传职能部门机构改革也呼之欲出。现在，传统媒体时代的社会舆论格局已经被打破。古训云："穷则变，变则通，通则久。"网络舆情危机时有发生，政府和企业往往在舆情中缺乏有效的应对机制，陷入处处被动的局面。仅靠政府或企业战役式的"临时工作小组"，似乎完全是杯水车薪，领导和工作人员费尽心机，事倍功半。即使如此，也没有把握是否能赢得和网络舆论之间的赛跑。

舆情专门机构和工作部门的设立，已经是党政部门和企业机构改革的热门话题，并且以"加法"为主。纵观国内，近年来网络问政和舆情监测工作制度化进展不断取得实绩，一方面是各地党政部门思想观念的进步，另一方面是网络舆情的发展超过了民众的预期，进而引起党政高层的重视。

正式设立舆情监测、网络问政的常规部门，有利于提高网络舆情监测和应对的效率和水平，也有利于将网络舆情工作纳入地方官员的政绩考核体系。"名不正则言不顺"，建立健全高效的制度和机制保障，使网络舆情和网络问政工作成为和地方官员切身利益息息相关的内容，可以在广大党员干部思想观念和现实激励方面产生巨大的推动作用，极大地增强执政水平，客观上还能够增强网络监督和拒腐防变的能力，这将是扭转中国网络舆论形势的全局性重大举措。

舆情工作职能到底设在哪里好？党委和政府办公厅、宣传部、政研室，还是第三方监测机构？本身要根据政府部门的具体情况而定，基本上在舆情事件中，很多部门需要联动。因此，能设置舆情专门机构则最好设置专门机构，能设置舆情工作岗位的则有必要设置专门岗位，安排技能全面的舆情监测员和分析师，垂直领导，责任到人，反应迅速，灵活高效。

据调查，目前和网络舆情工作关系最密切的，或有直接领导和指导关系的党政机关主要有党委宣传部（网络宣传处）、外宣办（新闻办）、政府互联网信息中心、党政官方网站、网络问政平台、公安网监大队和各级各类党委政府职能部门网络宣传处（科）等。

而在突发事件网络舆情危机应对中，事件处置和舆情应对的工作人员里，基本包括地方或部门党政高层领导（组长）、党委常委兼宣传部部长（副组长或组长），由宣传部门、职能部门、公安部门、信访部门、纪检监察部门、办公厅等成立领导小组，办公室设在各级宣传部。与此同时，一般要求政府各部门和各地方也成立突发事件应急处置机构，责任到人，统筹协调。

政府横向和下属部门设立网络舆情监测和处置机构以后，在舆情监测机构部门设置上，要根据业务规模、人事编制、技术实力、经费额度等灵活安排处室和岗位。舆情监测部门下设监测室（动态）、内参部（文案）、编辑室（内刊）、研发部（理论）、会商室（研判）、数据部（数据）、技术部（平台）、采访调研部、培训部（教育）、行政人事部和财务部等不同部门，分工负责各项事务。各部门统一领导，有所侧重，互相支援，灵活组成任务团队。

由于网络舆情业务要求时效性强，监测面广，任务繁重，因此办公环境和办公条件应该实现网络化、流程化和自动化。另外，对于重大舆情监测项目，在硬件经费、平台研发、日常经费、专项经费和参观培训经费方面需要适当投入。电脑和网络是舆情分析的基础工具，高配置产生高速度和高效率，舆情监测机构应该从舆情工作特点上入手，电脑高速配置，防止网页浏览、软件平台安装运行和多文档处理出现异常情况，防止由于非人为因素延误工作效率，虽然问题不算重大，但也需要重视。

另外，在技术平台的研发和使用方面，除了互联网上的大众搜索引擎、站内搜索、新闻定制、微博关注和网页监测之外，舆情监测部门方面可以调集计算机程序员和网络工程师自主研发，确保监测高效与信息安全；另一方面还可以和技术实力全面的舆情专业软件公司合作，研发或购买舆情技术平台。经验表明，舆情监测的电脑软件和人工分析相辅相成，缺一不可。没有舆情软件，会大规模提高舆情分析师枯燥重复的网络搜索和抽样工作，人工成本也很高；而缺少人工分析的查遗补缺，则容易因软件平台机械的工作出现信息遗漏和研判错误问题。因此，在电脑软件尚处于有限人工智能的情况下，最科学高效的舆情工作基本模式仍然是软件和人工的紧密结合。

舆情研究机构、政府和企业共同设计和完善舆情监测模型、参数和工作方法、流程（如国家级软科学重点项目《科技舆情监测与形象传播研究》），具有重要意义。遇有突发事件，舆情机构能够迅速提供专项舆情监测报告和危机管理、媒体关系的咨询顾问方案，并在网络危机公关和突发事件应对上提供必要的协助。如人民网舆情监测室2008年5月撰写的《汶川地震舆情报告》，在网络舆情分析研判结论的基础上，向中央有关部门反映舆论要求"降旗""暂停火炬传递"等信息，受到采纳，引起了舆论的广泛肯定和支持。另外，在舆情会商机制的基础上，政府和企业更加重视舆情工作，在日常管理人员培训和组织学习中，也开始安排更多舆情专家讲座、业务培训和交流等。

5.2.2 突发事件危机应对机制

突发事件危机应对机制，是指舆情监测、危机预防和突发事件处置的各种制度及其运行规范的总称。一般包括舆情应对机制、事件处置机制和善后协调机制等部分构成。

1. 舆情应对机制

舆情应对机制的主要功能在于通过舆情监测及时发现突发事件和网络舆情（主要是

负面）的端倪，适时发布舆情简报和应对预案，为舆情的化解和妥善应对奠定基础，最大限度地避免无序管理现象的出现。

（1）舆情监测机制。舆情监测机制主要是对网络舆情走势、突发事件应对的主体、过程以及结果进行的时空指数、民意指数和社会指数研判。其客体构成包括有关事态处置结果网络言论的收集，舆情研判指标的确立，研判结果的利用和应对建议的提供。

（2）舆情会商机制。舆情会商机制又可称为舆情顾问机制，是对于舆情监测结果的更深层次的研判，政府和企业等在突发舆情危机应对中，常常引入第三方权威舆情机构专家和舆情分析团队，并通过组织内外各系统领域人员进行舆情会商，及时研究和制定舆情应对方案。会商机制的主体包括所有参与突发事件处置和舆情应对的系统，往往需要集合监测系统、信息系统、咨询系统、指挥系统、执行系统等领域的负责人和专家进行舆情会商，如党政职能部门信息员和舆情分析师、危机处理专家、相关领域的技术顾问、法律专家、具有丰富经验的政府职能部门工作人员等。

（3）社会协调机制。社会协调机制包括党政信息部门、舆情监测部门、职能部门网络宣传处、传统媒体、网络媒体等主要部门。另外，社区和村民委员会等基层社会组织通信员、党委政府直属或附属科研机构、第三方舆情机构、有关社会组织和行业协会宣传科，突发事件中的目击证人、事件当事人、基层干部和工作人员等都是信息沟通机制中的重要主体。

（4）应对预案执行机制。应对预案执行机制主要包括依据职能划分，承担在管辖范围内舆情监测工作的行政机关和事业单位，如群体性事件，公安部门、国家安全部门等应当承担较多的监测职能。任务执行系统的客体构成是突发事件处置和舆情应对预案。具体而言，就是要针对突发事件产生的原因，结合地区情况制定配套应急预案并形成预案体系和案例库。预案是政府应对突发事件的基础工作，应当引起高度重视。

2. 事件处置机制

突发事件一旦难以避免地到来，在舆情监测和引导工作进行的同时，还要启动事件紧急处置机制进行应对。2007年8月30日第十届全国人民代表大会常务委员会第二十九次会议通过的《中华人民共和国突发事件应对法》指出："国务院制定国家突发事件总体应急预案，组织制定国家突发事件专项应急预案；国务院有关部门根据各自的职责和国务院相关应急预案，制定国家突发事件部门应急预案。地方各级人民政府和县级以上地方各级人民政府有关部门，根据有关法律、法规、规章、上级人民政府及其有关部门的应急预案以及本地区的实际情况，制定相应的突发事件应急预案。应急预案制定机关应当根据实际需要和情势变化，适时修订应急预案。"

紧急处置机制的建设是应对突发事件的核心环节，直接关系着应对的质量与效率。

1）事件处置机制涉及的组织系统

（1）指挥机制。指挥机制由拥有法定权力的领导和部门负责人组成富有权威的指挥部门，负责统帅其他系统做好突发事件的紧急处置工作。指挥系统的建立一般有两种选择：一是借助常设机构；二是成立综合性的非常设机构。

（2）执行机制。执行机制由党政职能部门、司法机关、相关社会组织和事发单位组成并开展工作。执行系统应当是一支训练有素、反应灵敏、专业化程度高和富有战斗力的队伍。

（3）保障机制。保障机制负责人力资源、医疗、财政、金融、交通、通信以及其他有关物资、设施的后勤保障工作。

（4）支持机制。支持机制包括新闻舆论、当地民众及社会组织、地方政府等的态度、倾向等，是紧急处理机制中影响其他系统的一种工作环境。积极建立"统一战线"，争取支持，是突发事件应对的重要工作。

（5）后备机制。后备机制一方面是医疗卫生方面的充分准备，另一方面是公安、消防、特警、民兵和军事武装力量的预备。不论是自然灾害型突发事件，还是社会灾难型突发事件，后备系统的准备都是必要的。充分到位的准备，能够最大限度地减少人民生命财产损失，防止局势或灾情进一步恶化。

2）突发事件处置机制的主要内容

（1）预案启动条件与指标。事件处置要明确设立预案启动和升级、降级的数量和质量指标，指标的设立要切合实际、科学全面。

（2）组织机构和岗位设置。要迅速建立相关组织机构，并确定组织系统的基本结构。

（3）职务分工和业务协调。要就处置突发事件的总体职务进行科学分工和落实，设定有效的协调沟通机制。

（4）紧急决策和临时授权。根据突发事件的情况进行紧急决策和临时授权，组建工作小组，紧抓有利时机，协调有序，迅速高效。

（5）控制方式与力度的选择。要根据突发事件的事态和舆情走势，采取最有效的控制方式，选择与突发事件相应的控制力度，但也要慎用警力，保持信息通畅透明。

（6）资源调配和程序规范。力求最根本地解决问题，考虑人力、物力和财力的保障与调配，并严格规范其权限和程序，引入立体监督机制。

（7）新闻发布与网络问政。在应对突发事件的同时，进行舆情监测和舆论引导工作，主要的方面有舆情监测分析、新闻发布会、新闻通稿发布，网络发言人和网络问政等多个方面。

3. 善后协调机制

突发事件舆情的高涨期过后，为尽快恢复正常秩序，弥补耽误的日常工作，就必须适时运用善后协调机制。

（1）信息机制。继续追踪和掌握事态发展的有关信息，尤其要注意观察势态有无反复的迹象。

（2）指挥机制。担负善后工作指挥职责，统率相关系统开展扫尾工作。

（3）执行机制。负责善后工作的具体落实与执行。

（4）监控机制。由有关领导、新闻舆论、相关社会组织和利益集团组成，密切关注善后工作，监督有关政策和措施的最后落实情况。

善后处理工作机制需要重点确保以下几个方面：①善后人员，待大部分临时调集的人员撤离后，确定少数负责善后的人员；②资源调配，为彻底解决相关问题而调用必要资源；③协议执行，按照处置中已达成的有关协议进行落实；④责任追究，着手追究有关组织和人员的相关责任等，吸取经验和教训，避免类似情况的再次发生。

5.2.3 新闻发布机制

自从《政府信息公开条例》发布和实施以来，新闻发布机制已经在各级、各地方政府部门中普遍实施。网络舆论的兴起，舆情工作的加强，有力推动了政府和企业新闻发布制度的形成。新闻发布会和新闻发言人制度则是新闻发布机制最常见的形式，也是网络舆情应对的最重要形式。信息是否透明，是舆情应对指标的主要评估对象。另外，新闻发布还有新闻通气会、新闻调查会、媒体访谈、新闻通稿等多种形式。

1. 新闻发布的主要形式

（1）新闻发布会。新闻发言人向邀请的新闻媒体发布新闻或介绍情况，定期或不定期对外发布新政策、进行新闻背景介绍及通报有关重要工作和活动安排等信息。新闻发布会分为定期新闻发布会和专场新闻发布会。新闻发布应当坚持紧紧围绕全局中心工作，把握正确舆论导向，全面、正确、及时、主动地向社会介绍施政情况，用事实说话，以此获得舆论的肯定。在突发事件的舆情应对中，新闻发布会是普遍采用的信息发布形式，其舆论影响力最大，引导作用往往是最显著的，但也有可能因事件处置不力和新闻发言人存在不当言论而引发舆论下滑。随着网络舆论影响力的扩大，政府网络问政工作的逐步开展，网络新闻发布会也越来越多，如云南、四川和广东等地政府以积极态度，在网络舆论产生和发酵的网络平台上采取网络新闻发布会形式，受到不少网民的认可和欢迎。

（2）新闻发言人。新闻发言人一般由分管宣传工作的党政高层领导担任，或者由领导指定的人员担任，政府直属各单位、机关处室新闻发言人一般由部门负责人担任。新闻发言人的主要职责是审查本单位（部门）新闻发布的内容，确定宣传报道口径，向新闻媒体通报可公开传播的信息，审阅新闻稿件，安排和接受记者采访。新闻联络人员由分管新闻宣传的工作人员担任。新闻联络员要与党委宣传部、政府新闻办和新闻媒体保持经常性的联系，完成新闻发言人委托的事务性工作。

（3）新闻通气会。新闻通气会主要是向邀请的新闻媒体通报新闻信息。政府和企业新闻发言人以主持人的身份出席，旨在保证政府和企业相关信息的畅通，加强与新闻单位沟通，增进了解，增强与新闻单位的工作联络和感情联系。

（4）新闻调查会。新闻调查会又称新闻座谈会，是一种常见的集体访问形式，对于情况错综复杂、矛盾众多的问题，通过座谈会，各方面人士从不同角度、不同层次发表看法和意见，有利于把握全局，弄清事实真相。

（5）媒体访谈。媒体访谈是指召见新闻媒体发表谈话或接受记者采访发布新闻。此类新闻发布带有解释性，是以定向新闻媒体为主的新闻发布形式。近年来网络新闻访谈越来越多，政府及企业负责人和新闻发言人等通过网络媒体和网民在线交流，在一定程度上树立了开明积极的舆论形象，值得提倡。

（6）新闻通稿。新闻通稿是指可供新闻发布会和新闻单位使用的反映政府有关政策、措施、会议、活动和事件等方面工作的稿件。新闻通稿文字要严谨，内容要充实，数字要准确，应确保稿件的全面性、真实性和时效性。发布前须经新闻发言人和上级主管部门审核同意。

2. 新闻发布工作流程

（1）统一领导，统一口径，实行审批制。新闻发言人、联络员在对需发布的新闻材料进行汇总和整理后，由新闻发言人确定新闻发布内容，形成新闻发布会方案，经主管部门批准后组织实施。

（2）在举行新闻发布会前，有关单位和处室应认真准备新闻材料，并提前送政府上级部门。新闻发布会筹备材料一般包括申请表、新闻发布议程、新闻发布稿、新闻通稿、答问预案、主持词（主要介绍发布会主题、背景、发布人、议程）等。

（3）按照"谁召开，谁负责"的原则，新闻发言人可根据情况邀请局领导或单位、处室负责人出席，发布有关信息。

（4）新闻宣传部门负责联络邀请新闻记者参加，并配合相关单位和部门做好会务工作。

（5）在新闻发布会后，由召开单位负责将总结材料收集并上报宣传主管部门备案。

3. 突发事件新闻发布注意事项

（1）当遇到突发事件时，参与处置的各处室和单位负责协调现场记者，同时向上级部门报告情况。

（2）相关单位新闻联络员应立即向宣传部和新闻办提供基本情况和素材，在上级部门的协调和指导下，及时采取措施，选择合适的新闻发布手段，研究确定具体的新闻发布内容，在最短的时间内发布信息，防止出现信息真空和网络流言的产生。

（3）相关处室单位对新闻记者采访活动要认真对待，全力支持，一般不应拒绝媒体采访，甚至压制媒体、防范记者。

（4）接受记者采访的对象一般应为负责人，未经领导同意，一般工作人员接受新闻记者的采访时讲话要慎重。

（5）接受采访时，要严格按照要求发布新闻或信息，涉及政府尚未发布的有关政策、文件和信息，特别是涉及社会所关注的热点问题，要防止出现报道偏差和失误，防止造成舆情反弹。

更多详细内容参见第七章。

5.2.4 舆情引导机制

网络引导机制是舆情工作机制的重要内容，通过网络发言人、网络留言板、领导人网络信箱、官方机构与官员微博、网络信息员和网络评论员等网络沟通机制，针对舆情事件主体的积极评价和消极评价，比如怀疑、指责、猜测、反对的负面网络言论进行引导，主要包括对涉及舆情主体的各种网络言论的收集、分析、研判、互动、澄清、解释和疏导等。近年来，从中央到地方，从政府到媒体，各地"网络问政"兴起。在突发网络舆情的舆论引导中，各地政府以"网络问政"多样化、立体化的实践经验为基础，积极探索网络引导的新理念和新方法。

网络问政平台主要是指政府开设互动性的官方网站和Web2.0互动平台，加强官民互动，普通网民利用网络传播手段，参与或者影响社会政治，包括对代表委员提案的影响、对参政方式的改变，以及普通网民通过献言献策对城市发展的推动。目前网民通过网络问政平台可以实现对官员的博客进行跟帖、相关主题的大规模讨论、网上民意投票等。

目前，网络问政平台在中央和各地方官方网站中大量出现，在中国各地民众的政治、经济和社会生活中扮演着日益重要的角色，成为公民行使知情权、参与权、表达权和监督权的重要渠道。北京、广东、江苏、天津、山东等地都建设了网络问政平台，取得巨大成果。如南方网、奥一网都搭建了"网络问政平台"，吸引了不少网友为地区的发展建言献策。烟台"胶东在线"的"网上民生"栏目和人民网"地方领导留言板"都曾获得中国新闻奖。

1. 舆情引导理念

各种网络问政平台和方式的建立，有助于网络舆情引导的开展。在近年来各地网络问政的实践基础上，逐渐形成了一些网络舆情引导的新理念和新方法，值得注意和借鉴。

（1）把网络作为主场，抢抓时效，快速出击。从近年大量网络和社会热点来看，很多问题既然源于网络、扩大于网络，那么，就应该在重视传统媒体"一锤定音"作用的同时，把网络作为日常舆情监测和舆论引导的主场。网络舆情引导机制侧重澄清或有利于澄清事件真相的言论互动和表达，有利于扭转公众对负面事件或话题，及涉事主体的负面评价、陈述和表达，维护政府和企业等舆情主体的社会公信力。

由于网络舆论的发生与发酵极为迅速，很多突发舆情的监测和应对，却需要政府多部门的动态反应和协调应对，其中存在大量的中间环节和工作程序，甚至存在部门利益、地区利益或个人间不确定性矛盾，政府内部工作也需要磨合。另一方面，政府舆情应对理念和意识不断提高，第一时间快速反应，统一领导，尽快处置事态，进行舆情应对，防范负面舆情扩散和网络流言，形成稳定机制，反而能克服组织缺陷，发挥组织的巨大优势。

（2）就事论事，用事实说话。网络舆论引导的基础在于事实和说服力，没有事实的支撑，任何舆论引导都是苍白无力的。另外，处理网络事件注意不要泛政治化。首先要认清性质，就事论事，正确处理人民内部矛盾，尽量把问题和群众的利益诉求讲具体，用专业词说专业事。千万不要动不动就上纲上线，往意识形态上引，如果我们自己来上纲上线，岂不是授人以柄吗？尤其是在突发公共事件中，在和群众对话的时候，一定要实事求是，大事化小，小事化了。有媒体专家指出，"实话不一定全说，假话一定不要说，谎言即使是善意的也不要说。"善意的假话，被别人抓住，也下不来台、收不了场。

（3）双向互动原则。"网络问政"是个双向互动过程。网络问政的主角是各级领导干部和广大网民，应建立一个上下衔接的工作机制，使"网络问政"步入制度化、规范化轨道，形成网络信息督办联动机制，真正做到问政于民、问计于民、纳智于民。在突发舆情危机应对和网络舆论引导中，需要和网民深入互动交流，尤其是活跃和知名的网友，一方面是集纳民意，一方面是沟通引导，说明存在的困难和问题，对于偏激的观点，要进行平等、公开的辩论，对于极端和过分的言论保持冷静和克制，坚持文明上网，注意网络言行，体现良好的公共素质。如云南小学生卖淫案中，当地公安部门积极活跃地与网友展开对话，取得了较好的舆论引导效果。

（4）平民化的亲和力。平民化一方面竭力追求贴近、贴近、再贴近，精心组织内容、精心制作标题，恰到好处地应用最新网络技术，采用动漫、音频、对话、点评、精彩图辑、嘉宾访谈、网上直播等形式，迎合网民的兴趣爱好。如南方网实行"平民化"就取得很好的效果。另一方面，平民化是一种语言要求。政府和企业工作人员需要使用平民化、生活化、个性化和网友喜闻乐见的语言，摒弃空话、套话和耍官腔，以防给网民造成傲慢、推诿的"刻板印象"。俗话说，"态度决定一切"，对网络舆论引导来说，对立情绪更为普遍和常见，只要诚恳、亲切和宽容地对待，将会首先在印象层面给政府或官员形象增加亲和力。

（5）坚持理性和建设性，实现双赢。所谓理性，就是理智地发表言论、控制行为的能力，即在面临某种问题时，能够注重思考、讲究方法，尽量冷静审慎地发表意见和采取行动。而建设性是以积极、正面的心态去看待事物、解决问题，其核心在于利益相关方之间的相互理解、尊重及未来导向。一般来说，理性主要是指态度，建设性主要是指方式方法，二者是统一的。所谓"双赢"，显然是理性、建设性地处理人民内部矛盾的最佳选择。

网络发言人、网评员等一定要学会与网民打交道。特别是网评员，一定要有大局意识，对党的事业要有忠心，对群众的利益更要有责任心，及时发现存在的问题，并积极寻求问题的解决方式。对于社会热点负面舆情，我们不能仅仅止步于感性情绪的宣泄，更重要的是要探究问题产生的原因与关键，拿出解决问题的应对措施，要充分利用条件和创造条件，千方百计、不遗余力地寻求问题的解决方式。

理性和建设性最早由国内传统媒体所倡导，但党政领导者和执法机关掌握着公共权力，坚持理性和建设性尤其显得重要。改革和发展实践进程中的重大问题，有其深刻的历史根源和复杂的现实原因，客观真实有时难免会被虚假表象所遮掩。如果没有全面、准确地了解真实情况就轻率、鲁莽地发表情绪化言论，将使问题变得更为复杂。

面对严峻的国内外形势和错综复杂的诸多矛盾，对于现实生活中不同群体之间的利益矛盾，对于由某种偶然因素引发的群体事件，更要坚持理性和建设性，注重对话、沟通和引导，按照民主和法制的途径与方式去解决问题，决不能动辄采用行政强制手段，更不能轻率、粗暴地以专政手段处理人民内部矛盾。这方面的历史经验教训很多，一定要深刻吸取。

2. 网民留言板

网民留言板是指党政机关或新闻单位在网络互动平台上设置网友留言板块，汇集网络民意，吸引网民集中发布涉及地方政务的各种诉求和评价等，直接向党政机关主要领导陈述情况，发表看法。

目前我国最知名、最有影响的网民留言板是人民网品牌栏目系列党政领导人留言板，其中包括"地方领导留言板""直通中南海——中央领导人和中央机构留言板""部委领导留言板"等。受人民网网民留言板的影响，全国各地很多地方也出现网民留言板，通过加强网络互动，逐步建立健全了吸纳和回复网络民意的机制，网络问政水平和能力取得了重大的进步。

人民网于2007年开始着力探索"网友给领导留言"这一前所未有的官民交流模式。2008年7月，"地方领导留言板"全面建设完成，除台湾地区外全国22个省、5个自治区、4个直辖市及香港、澳门两个特别行政区在内，数千位各地各级党政"一把手"全部开通了专属留言板，网友既可以在留言板内以匿名方式自由发言，亦可随时浏览到其他网民发表的留言。留言板全面开通首月，网民月留言8850条，次月即增长至12250条。截至目前，"地方留言板"日均留言量已突破1100条，并仍在持续上涨。

作为唯一一家覆盖全国的互联网官民互动平台，人民网《地方领导留言板》在真实传递民情民意的同时及时传递高层声音，深受中央及地方党政领导与网民的信任。自2006年创办以来，全国累计有44位省委书记、省长，近160位地市级"一把手"持续通过这一栏目，对网友留言诉求进行公开回复，累计帮助各地网友解决问题12000多项。2009年，《地方领导留言板》获得第十九届中国新闻奖一等奖，被授予"中国新闻名专栏"称号。

"地方领导留言板"采取"网民匿名留言——领导或政府机构将回复传递至人民网——人民网确认来源及内容无误——由管理员统一发布回复"这一机制，凡党政部门发来的留言回复，在刊发前都经过多种方式进行来源确认，切实保障每条回复都具可信性、权威性，也充分保障网民的权益。

2010年9月8日，人民网中国共产党新闻网正式推出"直通中南海——中央领导人和中央机构留言板"。当时胡锦涛、温家宝成为民众最想倾诉的领导人，而中组部和中纪委则成为最受热捧的中央机构。留言中，涉及房价、教育、反贪腐、地区分配不均等问题最受关注，引起强烈的舆论反响。

3. 网络发言人

网络发言人是传统新闻发言人制度在互联网空间的延伸和拓展，其背后是一个完整的团队和制度，涉及网络信息的收集、整理、汇报、交办、回应等环节。其实质在有关部门针对网友的质疑，以实名方式进行直接和及时的解释与沟通。云南、广东、贵州、江苏等地方政府部门已经率先开展了网络发言人制度。据南京市委宣传部的经验，网络发言人机制，重在"说明大事，说细实事，说透难事，说清坏事"，这个原则适用于所有网络引导机制。

网络发言人的出现有两大原因。第一，政府（企业）主动发布本单位的相关信息，宣传政策，掌握话语权。对一些公众不明白的政策的解释，或者对一些事件的说明，官方信息通过网络的形式发布，以正视听。第二，针对公众提出的疑问和要求及时给予答复，满足公民知情权，疏通民意。目前社会出现的问题越来越多，而通过传统的反馈途径又很难得到解决。当传播过程中的反馈机制不畅通时，网友便期望诉求于网络。网络发言人的设立正是有关部门积极面对新形势、顺应民意的表现。

4. 网络评论员

目前，不少党政部门都组建了网络评论队伍，网络评论员是政府设置的以引导互联网舆论为主要职责的专门人员。网络评论员队伍建设是积极的舆情工作机制，网络评论员需培养成为拥有稳定理论、立场和价值观支撑的专业宣传人员。一方面，不回避网评立场矛盾和敏感问题，关注热点，切中时弊，有亲民意识，回应社会大众群体诉求；另一方面，要体谅政府，鼓励和支持政府开明、积极和负责的新政策、新做法。

网络评论员每天都活动在互联网上，对互联网上的舆情变化情况最为了解。培养一支业务过硬的网络评论员队伍，是正确引导互联网舆情最重要的组织措施。特别是，面对敌对势力在中文网站上大量派遣"网特"的严酷事实，中国政府必须培养一支能与"网特"做坚决斗争的网络评论员队伍。

网络评论员的工作能力主要表现为以下两个方面：

（1）议程设置。议程设置是媒体发挥社会影响作用的重要手段，也是互联网舆情演化的重要杠杆。在互联网舆情引导中，控制了议程设置，就控制了议程。网络评论员应该掌握议程设置的本领。首先，要善于组织议题。想让网民讨论什么，作为网络评论员要心中有数，能够提出题目来。其次，要善于纠偏。当网民讨论偏离预设轨道时，网络评论员要能够将意见拉回来。

这需要很高的技巧。有的时候可以先采取制造吸引眼球的意见、舆论等形式，转移网民的注意力，转移网民讨论的焦点。有的时候可以用提醒、打招呼等语言呼吁网民回到预设议题上来。有的时候则可以对有失偏颇的议论作为结论的办法，请网民停止这方面的讨论。要善于调动网民讨论的兴趣，不断地"烧火"。高水平的网络评论员，都非常善于运用鲜活的语言说事，说与网民利益直接相关的事，说充满着矛盾与冲突的事，因而能在很短的时间内组织大量网民讨论某一话题。

（2）善于说理。说理是网络评论员的基本职责。一般来说，网络评论员都是防守反击式工作，不主动挑事，而是对不正确的言论进行批驳，这就需要很高的说理技巧。现在网络评论员一般容易犯的错误就是不愿说理，而是沿袭政府文稿思维，用官话、套话"压人"。一个善于说理的网络评论员首先应当是能够分清是非的网民。是与非，界限分明，网络评论员对此必须坚持，自己的立场都不坚定，不能做到深信不疑，怎么能说服别人呢！其次要能讲清道理。要能将自己掌握的是非说个明白，而不能茶壶里煮饺子，有理说不出。这就需要透彻的逻辑力量，较强的条理化思维。要掌握较高的表达技巧。要有一定的文采，文章不能太干瘪，具有以形感人的力量。另外，在帖文写作上，视野要开阔，文字具有时代感；或谈感性认识，或谈深度解读，言简意赅，借鉴草根"地气"，灵活运用各种网络沟通技巧。综合这3个方面可以看出，实际上，做一名出色的网络评论员，就是要做一个坚定的、有能力的文稿写作者。

5. 微博问政

2010年起，微博异军突起成为备受追捧的舆论新阵地。日益重视"网络问政"的政府机构和官员此番亦不显落伍，许多机构和官员第一时间进驻微博，尝鲜网络官民互动新模式。时至今日，党政机构和官员微博已覆盖从中央到地方多个行政层级以及众多职能部门，政府机构与官员开设微博已然成为一种风潮与趋势。微博对于普通网友来说，是一个便于信息传播与情感交流的工具，属于个人表达的媒介。而对于党政机构特别是领导干部来说，微博则是一个与民众沟通、信息发布和倾听民声的重要渠道。对于实名开设微博的党政机构和领导干部而言，还有另一层意义——让群众了解、理解政府的工作，借此推进政府透明度，提高政府公信力。

党政机关和官员的微博由于受到公众，尤其是当地民众的极大关注，已然使得这种"自媒体"不仅成为信息发布和表达个人情感的场地，而且成为媒体和民众了解官员心态、品性、执政理念的媒介。网络是社会矛盾的"解压阀"，通过微博这种高效互动的载体在网络上及早发现问题、解决问题，进而疏导民怨，无疑会减少现实社会的压力，避免矛盾的积累和扩大升级。因此，微博也是突发事件网络舆论引导的重要平台。微博问政须注意的事项如下。

（1）可以将微博作为新闻发布会的补充。微博把互联网信息传播速度和广度体现得淋漓尽致，它可以高效的传播方式迅速把信息在互联网传播开来。在突发事件中，微博已经逐渐成为舆论传播的中心，其裂变式的传播往往给党政机关在处理突发事件时带来了巨大冲击，任何信息披露不及时或者不恰当，就会带来被动，甚至导致事件急剧升级。党政机关和官员的微博在突发事件应对中有着重要的作用。用好新媒体，将极大缓解党政机关的舆论压力，为圆满解决问题赢得良好的舆论环境。

一旦发生突发事件，几乎必定会有谣言产生。微博既是谣言产生的主要来源，也是辟谣的有力工具，如果党政机关和官员的微博运用得当，及时发布权威信息，可以让谣言没有生存和发酵的空间，从而成为新闻发布会的有力补充。

速报事实，慎报原因，再报进展。在突发事件中，不但要求信息发布得快，还要求信息发布得准，因此还要提倡顾全大局，谨慎发言，待事实清晰、意见统一后，再及时发布与本机构职能相关的信息。这样既能充分利用新媒体方便快捷的特点，又能避免因个别官员的不当言辞而造成政府公信力受损。

（2）处理好网友身份、公职身份的不同角色。党政机关和官员在使用微博时，要准确把握好网友个人身份和自己所代表的公职身份之间的关系。对于以官员真实姓名、身份或机构名称注册并接受了网站实名认证的微博，要避免发布与其身份存在价值观和公权职能相冲突的个性化观点，特别要注意不能挑战基本的社会常识、政治伦理底线。因为即使是官员个人微博，网民也会很容易地把其言论与公职身份联系在一起，任何不当言论影响的都不只是个人，而是其所在机构，甚至整个党和政府的形象。在这个问题上，既要克服因官气太重而致微博言论多空话、套话，也要防止因急于与网民套近乎，说话过于油滑，这同样会让网民感觉缺乏真诚。

机构微博要实施规范化运作。机构微博的开设须经过本级机构管理部门的批准。机构微博的维护，建议采取机制化的运作，指定专人负责，必要时组建一个机构微博团队。注意对机构微博维护者的培训，明确信息发布和管理的规则和流程，严格避免使用者在机构微博中发布个人的观点和看法，严格避免个人随意发布未经证实和许可发布的信息。

（3）改变官方话语体系，提升与网友沟通的技巧。经过认证的党政机关和官员的微博，直接代表党政机关和官员的对外形象，必须重视发言的语气、用词，并努力提升沟通技巧。坦诚、平等的态度是党政机关和官员在微博平台得到网民信任的首要前提，少说官话、大话、套话，才能赢得网民的好感，起到应有的沟通效果。

党政机关和官员微博的开设，就说明了相关机构和领导愿意将自己的信息公之于众，这本身就会赢得网民的好感。所以，党政机关和官员的微博要敢于说真话，敢于高姿态亮相。即使有些时候党政机关和官员的微博会与网友发生争辩，只要坚持理性，网民一般也会觉得该机构或领导已经把姿态放低，愿意与之进行辩论。因此，机构和领导大可不必有"与网友辩论有失身份"的傲慢态度。微博有一个重要意义就是提供了官员与民众沟通感情的桥梁，不在于能讨论出多少真理，而在于能与民众（网民）有一个讨论的过程。

坦诚面对网民的质疑和批评。互联网弱化了现实生活中身份、地位的差别。党政机关和官员开设微博的主要作用在于及时与民众沟通、发布信息、了解民情、倾听民意和问计于民等。在现实生活中，某些政府部门至今仍然存在一定程度的"门难进、脸难看、事难办"的现象，如果把这种心态带入互联网，后果将会非常严重。首先是树立平等交流的心态，其次才是上网"织围脖"。

（4）慎重处理网民对现实问题的诉求，微博不可能取代信访和司法。一方面，"有限回应"网民的利益诉求个案。对于网民个性化的利益诉求，首要的态度是倾听，并告知利益表达和维权的现实操作程序。在微博的"自我介绍"中，对相关机构的职能、联系方式和办事流程予以公布，便于那些反映问题的网民了解。必要时不妨直接告知网民，微博不是政府网站，不能完全等同于政府行政事务性工作的网上延伸，现实问题可以在网上反映，但问题的最终解决还得回到现实的行政程序中去，以期得到网民的理解，避免举报人过高的网络期待。

很多网民利用党政机关和官员的微博，表达对现实生活中具体问题的诉求，这一点类似于上访。对此，除特殊情况外，首先还是要努力引导网民通过现实中信访和司法等正常渠道解决问题。党政机关和官员的微博不可能取代信访，这既不符合现行相关规定，也不具备可操作性。所以，如果网民的举报内容不是非常清晰明了，还是要引导其通过线上或线下的其他正常举报途径进行举报。

积极面对网络举报中民众对政府的善意期待。党政机关和官员的微博是目前网络举报的途径之一，对于党政机关预防和打击贪污腐化和不正之风有一定的促进作用。相对于在公共社区或个人空间"爆料"，通过党政机关和官员的微博进行举报是一种更加理性和善意的举措，对此，微博管理者要保持一定的重视。对于举报人提供的较为具体明晰的信息，如涉及具体人物、具体地点、具体事件并表明掌握直接证据的，要密切关注并和举报人积极沟通，一旦线索明确，可以直接转给相关组织部门或纪检监察部门进行调查处理。

（5）微博在使用和管理中有如下5个注意事项。

① 不要组织工作人员进行一边倒的正面评论。互联网是有别于体制内媒体的另一个舆论场，在这里指望用某种既定的口径来自我应和以及自我炒作，逃不过网民雪亮的眼睛，而且只会激起网民的反感。

② 不要关闭微博的评论功能，不要轻易删除网民的评论。党政机关和官员的微博要直面批评，坦诚地接受各种意见。一般情况下不要关闭评论功能，否则容易给网民造成不好的印象。尽量保留评论的客观代表性，除了违法信息和人身攻击言论外，不删除网友评论。对于网友带有一定情绪性和主观性的观点，可以通过适当的态度和方式与之沟通，尊重并努力理解和排解其情绪。防止因只言片语引起误解，微博字数限于140字，其传播多呈现"碎片化"特点。政府机构与官员在撰写微博动态时，一定要注意每条微博尽量能够观点全面、自成一体，以防止因语言残缺引起网民的误解和质疑。若不能在一条微博中写完自己的意见，建议数字编号。

③ 避免与网民激烈争辩。党政机关和官员的微博要尽量避免与网民激烈争辩，当发现无法说明问题时，要主动"休战"、和解，求同存异。对于个别网民的长期恶意纠缠，也可以采取网络上的方法处置，例如"拉黑"。

④ 微博"关注"要谨慎。微博使用是一种透明化行为，用户的"关注"和访问都会留下痕迹。政府机构与官员在微博上添加关注、点赞动态时，需要考虑公共形象。对于明显有色情、暴力、商业广告等违反法律或功利性质的人物或机构微博，不适宜添加关注。

如 2011 年 1 月曾出现过实名认证官方微博"关注苍井空"事件，引发了网友的热烈围观和讨论，造成了负面影响。

⑤ 及时删除广告帖和违法帖。不仅如此，在党政机构和官员的微博中，如果出现商业广告的跟帖，以及某些色情、暴力等违法内容的跟帖，要做及时删除处理。这种必要的维护举动，将体现党政机构和官员对微博这个公共言论空间的重视。

5.3 网络舆情应对的原则与要求

5.3.1 网络舆情应对的基本原则

网络舆情应对的基本原则是网络舆情应对工作应遵循的准则、规范和要求，其内容如下。

1. 以人为本，生命第一

以人为本，就是要尊重人的特性和本质，把人民利益作为一切工作的出发点和落脚点；把人作为经济社会发展和现代化建设的动力和目的。以人为本，就是要求政府把关心人、尊重人、解放人、发展人作为社会经济发展的目的。

网络舆情的发生大多针对群众关心的重要切身利益或普遍公共利益，无论是自然灾害、生产事故，还是医疗事件、住房教育等，人民的生命和利益都是其核心诉求。公共利益高于一切。网络舆情的管理，并非为了消弭舆情，而是在充分展现问题的基础上，了解公众的情绪、诉求和关注的矛盾焦点，以恰当的措辞和真诚的态度，帮助人们缓释情绪，释放压力，最终推动舆情自然消失。这一切的解决就需要对人民的生命和利益进行真诚关怀，切实保护，并体现在信息告知上。

2. 真实客观，简单有效

舆情管理是通过与公众妥善沟通，满足利益相关方需求，最终获得公众的接纳和共识，推动事态的顺利解决。这就需要将真实、客观的信息告知公众，采取诚实、妥善的处理方式，才能取信于民。舆情管理中的信息处置需要技巧和策略，舆论引导需要恰当的原则立场，但并不等于罔顾事实、颠倒是非。实践证明，任何企图否认、忽视或取消客观事实，不遵循真实性原则的做法，都注定遭到失败。如"碳九"泄漏事故中，涉事企业要求中层以上员工统一口径，隐瞒泄漏数量，并恶意串通码头船只统一口径。2019 年 10 月 11 日，福建泉州市泉港区人民法院对泉港碳九泄漏瞒报事故一案进行一审公开宣判，涉事企业 8 人因犯重大责任事故罪、谎报安全事故罪，被判处至少 4 年 6 个月的有期徒刑。

简单有效是指在突发事件舆情管理中，信息告知、信息发布、答疑解惑应言简意赅，话语修辞应简明扼要，避免长篇大论。信息内容上应围绕公众关心的核心议题，有针对性地回应，避免在边缘性议题上纠缠不清，造成信息冗余。总之，一切回应方法、途径、策略，都应以有效性为检测标准。

3. 公共优先，公众至上

公共优先、公众至上是指危机管理者应将公共利益放在首要位置，在舆情管理中不能站在管理者的角度看问题，权衡利害，而是应将公共利益最大化作为危机处置、舆情应对的出发点和依据，将公众利益作为一切工作展开的出发点和落脚点。这是由舆论的本质和特征决定的。"舆论是用话语表达的，而且必须是公众或群体共同使用的、反映公共事务的话语，即公共话语。"《舆论学概论》作者刘建明如是说。公共话语是关注、讨论，并对公共利益的处置提出意见和主张的精神内容，也是舆论的主要内容。公共话语谋求公众利益最大化，这正是其公共性的来源。舆论管理者在舆情处置的任何阶段、环节中，都应将这一原则当作核心工作理念，方能做到正确处置、合理应对。

在现实工作中，一些舆情管理者忽视这一原则，其本能的反应和惯常的做法是从组织利害关系出发，考虑如何应对舆情，在实践中难免冷漠、粗暴的应对媒体和公众，其影响较为负面。如央视记者探访武汉红十字会遇阻事件及"口罩男"事件。这两起事件从舆情回应来看，都不理想。由于"郭美美事件"严重损害了红十字会的形象，公众对红十字会本身就缺乏信任，舆情应对更应慎重理性。央视记者探访武汉红十字会仓库被拒，说明涉事部门仍站在保护部门利益而不是维护公众利益的位置上，严密防范媒体而不是坦然接受舆论监督，从而引发更为严重的形象危机和公众质疑。这种部门利益优先的立场被公众与协和、仁爱两家医院在物资领取上的不对等待遇联系在一起，矛头直指红十字会工作漏洞乃至利益交换，进一步损害了红十字会的公信力。在"口罩男"事件爆出后，武汉市政府、武汉红十字会不应只是简单地辩称领取物资手续合规，而是应站在公众立场上，第一时间就该事件的涉事物资进行诚恳说明，并提供清晰可信的证据以示公众。后续相关事件更应本着客观、诚实、欢迎监督批评的立场向公众耐心解释说明。

5.3.2 网络舆情应对的具体要求

1. 快速发布，积极应对

2016年2月，中办、国办联合发布《关于全面推进政务公开工作的意见》，其中的第十三条"回应社会关切"指出：对涉及本地区本部门的重要政务舆情、媒体关切、突发事件等热点问题，要按程序及时发布权威信息，讲清事实真相、政策措施以及处置结果等，认真回应关切。依法依规明确回应主体，落实责任，确保在应对重大突发事件及社会热点事件时不失声、不缺位。该《意见》的第十一条指出：遇有重大突发事件、重要社会关切等，主要负责人要带头接受媒体采访，表明立场态度，发出权威声音，当好"第一新闻发言人"。2016年11月，国务院办公厅发布《〈关于全面推进政务公开工作的意见〉实施细则》规定，对涉及特别重大、重大突发事件的政务舆情要快速反应，最迟要在5小时内发布权威信息，在24小时内举行新闻发布会。

目前，许多省市应急管理部门都已建立了新闻发言人制度，在突发事件发生后，除迅速按照规定上报之外，还积极与政府、网信等部门联络会商，确定初步的舆情应对方案。在信息首发权上，应遵从《国务院办公厅关于在政务公开工作中进一步做好政务舆情回应的通知》规定，主要涉及本部门职责的较小生产安全事故舆情由本部门自己回应，较大的突发事件或生产安全事故引发的舆情由政府首发信息并统一回应。回应方式以地方政务窗口、应急管理局官方微博等线上回应为主，并根据事态进展和公众信息需求召开新闻发布会持续说明情况。

2. 分级应对，统筹协调，联动处置

2016年8月发布的《国务院办公厅关于在政务公开工作中进一步做好政务舆情回应的通知》指出,"对涉及地方的政务舆情,按照属地管理、分级负责、谁主管谁负责的原则进行回应,涉事责任部门是第一责任主体,本级政府办公厅(室)会同宣传部门做好组织协调工作……对涉及多个部门的政务舆情,相关部门按照职责分工做好回应工作,部门之间应加强沟通协商,确保回应的信息准确一致,本级政府办公厅(室)会同宣传部门做好组织协调、督促指导工作,必要时可确定牵头部门;对特别重大的政务舆情,本级政府主要负责同志要切实负起领导责任,指导、协调、督促相关部门做好舆情回应工作。"应急管理部办公厅《关于印发安全生产和救灾领域基层政务公开标准目录指引的通知》也规定,"一是建立重大舆情报告机制。对舆情影响程度及后续发展超出本单位处置能力范围或涉及多个部门的重大政务舆情,要及时向宣传、网信、应急、政务公开等有关部门报告,并提出回应处置建议。二是健全协同联动机制。各单位要与宣传、网信等部门建立快速反应和协调联动机制,坚持'谁主管谁发声、谁处置谁发声'的原则进行协同处置。"

这一系列规定是符合突发事件应对规律的。早在改革开放之前,我国就曾因自然灾害涉及的部门较多而成立了指挥部、委员会等议事协调机构。改革开放以来,"各类突发事件的频发促使中央和地方政府针对不同的公共突发事件设立了各种各样的议事协调机构。"2018年应急管理部的组建,也是出于对突发事件处置的综合管理职能需要。按照当前"全灾种、全流程和全主体"的现代应急管理模式,新时代应急"当务之急是要尽快整合应急管理系统内外部关系,妥善处理各主体机构、人员间关系和职责,强化应急部门协调联动。"

鉴于以上新形势,在复杂舆情发生后,应组建由政府牵头统一领导的舆情应对工作小组,由网信办、宣传部、应急管理局及其他涉事部门共同参与,共享各部门、各单位获得的舆情信息,会商、讨论后形成口径统一、措辞合理的舆情应对指导意见,政府统一组织、实施线上政务窗口信息发布,召开线下多场新闻发布会;由各部门根据这一指导意见各自面对媒体、公众回应质疑。

3. 前后一致,言行一致,以行证言

在突发事件发生后,政府突发事件处置领导小组成员、应急管理救援处置人员等的决策、部署、行动成为媒体和网民瞩目的焦点。在互联网传播、全民传播的时代,突发事件的发生、发展、高潮、结束全程及其所涉及的人物和事件都会全部被各类主流媒体、自媒体"记录在案",成为公众获知、讨论、评判事件的依据;不仅如此,事件中的个人、部门一旦成为舆论关注的焦点,网民还会对其进行时间和空间序列上的全面信息检索,最终构成无限延伸、不断衍义的背景信息库。在某些情况下,失控的舆论还会仔细比对涉事人物前后时期的相关言论或做法,从中深挖漏洞、失误和问题,并不断炒作新的话题热点,形成道德审判态势。因此,对于舆情管理者来说,必须以高度理性、前后一致、态度真诚的原则认真组织自己面对媒体和公众的措辞,以防之前的不当言论被舆论深挖起底,恶炒一番,造成舆情的异化发展。

此外,要始终以诚实的态度面对公众,以实情相告,言行一致,言出必行;绝不能虚与委蛇,敷衍塞责。尤其是在较为复杂的事态面前,面对媒体和公众发声时一定要严肃认真，展现积极的态度，绝不可草率、随意回应或消极回应。如2009年2月，云南青年李荞明死在看守所，警方面对媒体质疑时称其是"躲猫猫"时撞墙。一时间舆论大哗。很快"躲猫猫"一词被网友不断进行恶搞和符号衍义，火遍全国。2010年1月，该词被收入上海译文出版社新编的《汉英大词典》，译为"hide-and-seek"。由"躲猫猫"一词引发的"洗澡死、喝水死、激动死、睡觉死、抠粉刺死、上厕所死……"等热词接力和舆论狂欢，成为公众讽刺虚假官方话语的新符号。

在突发事件发生后，舆情管理者应紧紧围绕突发事件的应急处置、救援工作，不断将对公众重大利益关切的回应通过行动和话语两个渠道传播出去。要考虑应急处置工作和信息话语之间的高度统一，以行证言，方能取信于民，树立勇于担当、敢于负责、一心为民的良好形象。"在突发事件发生之初，由于事物的各方面细节还未充分展现，试图对事物的性质及原因进行界定是不智且危险的，此时的应急管理专业话语应简要概述'何事''何时''何地'，将重点放在介绍初步采取的应急救援和处置举措。"

4. 复杂事态，态度优先

突发事件的致灾因素错综复杂，且彼此相互联系，构成"平衡——不平衡——新的平衡"系统，突发事件的发生就是系统稳态的被打破。"复杂系统内部充满着难以察觉的相互依赖关系和非线性反应。"因此，导致突发事件的原因有一定的客观规律，但并不能被认识所穷尽且绝对掌握。尤其是在某些特殊的情境、环境、人与物的结合条件等因素不断变化的情况下，在一个时空点上必然发生的事故未必会在另一个时空点上发生。如在食品安全领域，"安全隐患的外延太广泛，不符合食品安全标准的属于'隐患'，存在安全风险的也可以称作'隐患'。绝大多数时候，'隐患'只有通过技术检测检验才能发现……食品药品安全隐患，很多情况下是不可控的，是监管人员无法察觉的。"因此，对复杂突发事件进行简单归因是不明智且有害的。

鉴于以上，在突发事件发生之初，事态并未完全展现且未经过详细周密的调查，就轻易对事件性质、原因进行判断是不符合客观规律的，也是有害的。这是因为，公众和媒体对突发事件的信息需求除了"是什么？""怎么办？"以外，还包括极其重要的"为什么"。在公开的社会信息平台上，一些媒体不仅急切地想从应急管理者和舆情管理者口中套出其关于事件原因的解释，而且运用自己的知识储备、态度立场、价值框架，对上述解释进行"再加工"，并在后期的新闻制作中冠以醒目甚至耸动的标题，以扩大新闻的传播效应。在这种情况下，且不说应急管理者和舆情管理者先期轻易做出的关于事故原因的判断是否正确，单凭某些媒体的片面视角、先入为主、有罪推定、断章取义、移花接木等加工手段，就足以使应急管理者和舆情管理者自陷轻率话语的牢笼。

因此，对于复杂事故的突发事件，千万不可轻易定性或给出原因，而是应该坦诚相告：关于事故的原因目前正处于调查中，哪些部门、哪些人员正以何种行动或手段进行事故调查，待有科学准确的调查结论出现后，会迅速向媒体公布事故原因。面对公众和媒体，应该展现老实、诚恳、负责的态度，表明迅速查明真相，争取获得媒体和公众的理解。

5. 尊重事实，坦承失误

随着人类文明的不断发展，人类社会规模的不断扩大，"人造的复杂系统往往会引发失控的连锁反应，它会减少甚至消除可预测性，并导致特大事件的发生。因此，现代技术性知识可能会不断地增加，但矛盾的是，它也会使事情变得更加不可预测。"随着高风险社会的来临，"黑天鹅"事件增加的概率在不断上升，而人们无法运用现有的知识对其规律进行准确地把握，所以"'黑天鹅'事件对历史、技术、知识以及所有事情的发展都有存在的必要"。正是在此基础上，人类智慧和人类文明才不断地演进到更高层次。

鉴于以上，任何突发事件的发生，都是人类历史中的正常过程。现有的科技、管理等知识和手段对其客观规律的认识都是有限的，不可能穷尽真理。对于舆情管理者来说，突发事件的发生，或者在应急处置过程中的失误，是我们不愿意看到的，但绝非不可以被理解的。实事求是，是马克思主义的认识原则。客观事物的存在、变动是不以人的意志为转移的，而承认事实是人类实践的起点，也是人类智慧的发展方向。离开了对基本事实的承认，应急管理科学与实践也就不可能获得其对事物规律的深入把握，从而无法提升应急管理者的实际工作水平。

因此，在突发事件发生后，无论是多么令人沮丧、难堪的事实，多么令人痛心疾首的低级错误，都应该老老实实地向社会公布信息，并认真耐心地说明后续措施，争取社会谅解。相反，矢口否认、颠倒黑白；瞒报虚报、粉饰太平只能是欲盖弥彰，只会招致更为猛烈的批评，也难逃法律法规的制裁。

6. 低调耐心，认清现实

当下高风险社会和全民传播、融合传播的语境下，各类风险叠加丛生、相互影响带来的复杂现实挑战；社会治理中仍然存在的困境、难点和矛盾；以及改革开放以来社会的深度利益调整长期累积形成的社会负面情绪；全民传播带来的意见观点表达的随意性、全天候和公众话语权、政治参与权的扩大，都会使持续频发的舆情事件成为一个越来越常见的社会现象。我们应该认识到，舆情的出现客观上充当了"减压阀"和"排气筒"的作用，可以释放社会负面情绪，检视和发现公共行政中存在的问题和弊端，促使政府不断提升制度的合理化、科学化，推进治理能力和治理水平的提升。

当然，对于应急管理者和舆情管理者来说，舆情中的尖锐批评、极端情绪甚至错误指责并不是一件令人轻松的事情。但通过各类媒体表达出来的舆情的本质，就是某些特定的社会框架对社会事物的理解和认识，难免会存在角度偏颇、认识错误的问题。"突发事件舆情存在两种矛盾：一是风险管理主体与客体间、社会公共利益与局部利益之间的矛盾。二是舆情主体永远与舆情涉及的事物相对隔离，公众和媒体对突发事件及其处置的意见态度，总是存在着主观与客观、主体与客体不统一的矛盾。相当一部分舆情主体对事物的了解、看法不是来自亲自体验、考察，而是来自于媒介信息所构建的认识框架。地方应急管理部门作为自然灾害和生产安全事故发生时社会公共安全的'守卫者'，经常沦为舆论口诛笔伐的对象。"

对于上述现实，舆情管理者应有积极正面的认识，主动适应形势变化。一方面，尊重公众的舆论监督权利，积极面对公众和媒体的批评性意见，认真仔细分析，并从中找出合理正确的成分，加以改正。避免将舆论视为"洪水猛兽"，对舆论态度冷漠，甚至仇视媒体，这种做法势必带来不良后果。如2017年12月4日，陕西台记者因采访医患纠纷涉及的"天价停尸费"事件，前往周至县医院，遭到李新房院长指使的10多名身着制服疑为保安的年轻男子拳打脚踢，后又被院方工作人员强行拘禁在太平间数十分钟。12月7日，李新房及其他11名嫌疑人因涉嫌非法拘禁记者被刑事拘留。

另一方面，舆情管理者应对媒体和公众的质疑保持低调耐心、真诚友好的态度，主动自觉接受人民监督，认真进行解释说明。总之，无论何时都应该对媒体和舆论施以尊重、配合的态度。现代社会，媒体和公众的舆论监督已经成为政治生活的常态，2019年3月5日十三届全国人大第二次会议上，李克强总理强调要建立政务服务"好差评"制度，服务绩效由企业和群众来评判。2019年10月28日党的十九届四中全会也提出要把"坚持和完善中国特色社会主义制度、推进国家治理体系和治理能力现代化"作为重要任务，特别强调要"建设人人有责、人人尽责、人人享有的社会治理共同体"。这都表明我国政府把公众和媒体的舆论监督视为提高执政能力的重要途径，对其寄予了新期望。

7. 专业话语，适时引导

当然，应急管理部门在舆情面前并不是无能为力的。相反，鉴于其在工作中的经验教训和利益需求，应该倡导应急管理等专业部门在不同阶段以专业性话语对舆论加以积极引导。

应急管理部门是突发事件的处置者、见证者，其对突发事件各方面事实要素、细节、动态发展过程观察得更全面、更细致，体验得更深刻。从理论上讲，他们对突发事件及其后续发展过程的反应、描述更符合客观实际，更接近新闻真实。长期以来，现行舆情管理体制隔绝了一些政府部门对热点舆情事件的专业性表达，避免了专业性话语对舆论运动的参与和建构，而是使其沦为对舆情被动应付的角色。在突发事件发生后，应急管理等专业部门一般只忙于救灾，不主动发声，或是只通过主流媒体进行符号的再编码，再建构，而公众正是通过媒体建构来认识突发事件及其救援处置的。由于主观框架和认识程度的差异，存在专业性话语被误读从而引发次生舆情。这不利于舆情的健康积极发展。

在突发事件发生后，应建立政府领导、联动处置的舆情回应机制，由所在地政府主要领导牵头，各相关单位参与成立舆情应对领导小组，统一调度、组织、指导相关单位开展具体的舆情应对工作。应急管理局等专业力量应积极与政府沟通，协商确定现场应急处置新闻报道的思路、角度，并安排专人负责突发事件应急处置现场工作过程的信息采集、内容加工、平台发布。在突发事件之初，借助媒体平台，迅速、及时地报道应急处置工作内容，引导舆论、树立形象、展现风采、普及安全生产和防灾救灾知识；如果是与多个部门共同参与应急处置，可采用联合报道的形式，介绍工作内容，展现良好合作和认真负责的态度。

8. 真情流露，避免"表演"

在突发事件发生后，媒体和公众极为关注应急处置和救援工作的进展，他们往往时刻聚焦现场，尤其会将目光锁定在忙于现场指挥的政府或相关部门领导者身上。在灾难现场，公众对领导者的形象、表情、姿态格外关注，任何与现场主题、气氛、关系不符的情况都会引起公众的不满情绪。2012年8月26日，陕西省包茂高速安塞段发生特大交通事故。一张新闻图片拍摄到了时任陕西省安监局局长的杨达才面带微笑出现在事故现场，这遭到了公众的广泛质疑。杨后来被网友冠以"微笑哥""表哥"的绰号，最终因被进一步起底挖出贪污受贿事实而锒铛入狱。

一些舆情管理者以此为深刻教训，十分重视树立在公众面前的形象，不仅努力防止出现上述失误，而且努力迎合受众心目中的危机管理者形象，从而出现了刻意"表演"的现象：如记者谈到死难者立刻"眼圈红了"，谈及救灾则语调高亢、壮志满怀，表示苦战到底绝不退缩；谈及工作人员则露骨地介绍其"先进事迹"，甚至企图帮记者策划一个典型人物报道……殊不知公众并非头脑简单，记者也极为反感采访对象将明显的主观框架加于客观事实之上。在突发事件现场，面对媒体时的形象管理应注意以下几点：真情自然流露，体现人文关怀；把重点放在外界事物和应急救援工作上，而不是采访本身；客观描述事实，态度不卑不亢，语言简洁准确；避免使用极端、夸张、具有明显倾向性的褒贬词汇，对人员和事件进行判断。

5.3.3 网络舆情应对的误区与问题

1. 不知所措，置之不理或随意应对

一些严重缺乏媒介素养和舆情素养的管理者，从内心深处抵触舆论监督，视舆情为敌情，一旦发生舆情，方寸大乱。其不当做法具体表现为以下几点。

第一种是应对滞后。舆情管理者具有"鸵鸟心态"，置之不理或拒不配合，记者来了躲着走，网上言论视而不见。甚至抱着尽快将突发事件处置完毕就能平息舆情的侥幸心理，只是忙于救援救灾，未按照国家相关规定发布权威信息或举办新闻发布会，沟通滞后导致造谣传谣、社会质疑、社会恐慌和负面影响。如杞县"钴60事件"，从2009年6月7日事发起到谣言出现的一个月时间内，政府一直不公开情况，直到网上炒成一片了，当地政府才在2009年7月12日第一次发布消息，虽然最终官方舆论占据上风，但是期间当地民众争相逃难的行为无疑给政府的工作方法敲响了警钟，舆情应对的滞后性显然增加了工作的难度。

第二种是生硬冷漠，欲盖弥彰，甚至造假作伪。有些舆情管理者毫无媒介素养，对待网络舆论只知生硬防范或拒绝，不懂有效沟通。

如2016年6月1日，甘肃陇南成县卫生计生局官微发布了一条纪念中国计划生育协会成立36周年的政务活动微博，引来一些网民的跟帖议论，结果官微管理员以过激的语言与网友打"口水仗"，双方互不相让。事发后，涉事微博管理员被批评教育，该条原创微博被删除。再如，2015年6月25日，一网友通过微博发帖，投诉陕西榆林市神木县公安机关存在警车私用问题。榆林市公安局官微如此回复："这个社会都像你一样无所事事，那咱们都去监督好了……家里人又违法了吧？找公安的茬。"事发后，榆林市公安局官微将该微博删除，并致歉称将提高管理人员工作水平。从舆情应对的目标来看，是要与公众建立良好的情感互通关系，并在维护公共利益的基础上，尽可能推动形成关于舆情事件的共识。无论是生硬冷漠、欲盖弥彰，还是造假作伪，都是不能正视舆情回应中公众主体地位的表现。这些做法是对与公众沟通的生硬拒绝，是对公众知情权的违背，不但无法掩盖真相、缓和事态，反而进一步损害了公共形象。

还有一种相反的表现，是面对记者采访时虚张声势，"过度表演"，言不由衷，导致记者的反感或是更多的追问，自乱阵脚。有的则自作聪明，打算瞒天过海，结果是必然失败。

还有一些人舆情应对过于随意，说话不合常理，疑点众多，易被"爆料"或"揭伪"；或是逻辑混乱，口径不一，矛盾点多，易被推翻或证伪。如 2018 年 11 月 4 日，"碳九"泄漏事故发生后，泉州市泉港区环保局发通告称"共有 6.97 吨碳九物质泄漏，第二天再发通告称已于前日下午基本完成海面油污基本清理，大气指标达到安全状态。"网民和自媒体纷纷爆料"空气难闻，令人不适"，管理部门公信力严重受损。11 月 25 日，泉州市政府召开新闻发布会称"东江石化公司一开始就刻意隐瞒事实、恶意串通、伪造证据、瞒报数量，性质十分恶劣"。坦承最初通报少报整整 62.1 吨。以真诚态度面对公众，才能赢得公众的理解和支持。

2. 消极避应，只知自保，不顾大局

一些舆情管理者将组织利益放在首位，罔顾事实，把舆情应对视作一个趋利避害的过程。面对媒体，只知道消极避应，推卸责任，想方设法避免损失。这种做法不但不容易让记者信服，而且容易招致反感，激发媒体进一步探寻真相的动机，从根本上损害了组织的形象。如 2010 年 3 月 15 日，新密东兴煤业公司发生火灾，25 名矿工遇难。3 月 16 日中午，媒体记者在矿难现场找到时任新密市安监局局长王某，问了王局长十多个关于矿难的问题，其中大都以"不知道"回答。

3. 盲目定性

突发事件发生后，公众除了关心事件基本情况、事态发展、救援处置等内容外，也会对事件性质、原因等有强烈的信息需求。当官方信息说明不明朗、不及时的时候，容易滋生谣言。因此，在突发事件发生之初，官方信息发布时一定要就事件性质、初查原因等给予恰当说明，以引导舆论的健康发展。但一些舆情管理者对定性缺乏认识和技巧，从实践中来看，容易出现以下 3 种误区：定性时捏造谎言，易被"辟谣""披露真相"；定性时半真半假，易被"追踪报道""知情人爆料"；定性时虽真但不全，易被"深度挖掘""内部爆料"。

这三种情况中，第一、二种是出于对公众利益和舆情应对的错误态度，未能将公众利益置于组织之前，未能将公共价值真正作为舆情应对的出发点和落脚点。第三种情况具有客观原因，即对突发事件性质的认识是一个由浅入深、由部分到全面的过程，在特定时限内可能还无法掌握更多的信息。也具有主观原因，即出于对组织和部门利益的考虑，避重就轻地说明事件性质。

如"8·11"和顺煤矿滑坡事故发生后，县政府外宣办两位负责人明确表示，吕鑫矿业发生滑坡，但无人员伤亡，也没有设备被埋。后矿主投案自首，和顺县人民政府发布消息承认 5 台挖掘机被埋，8 人遇难，同时对和顺县公安部门行政拘留的 1 名网上发帖者立即撤销案件，解除行政拘留。这种在定性时不实事求是，而后又迫于形势不得不承认事实的做法，是完全错误的。

在舆情应对中，这种对突发事件错误定性的做法，很容易引发次生舆情，在实践中要特别注意防止。正确的做法是：对突发事件的定性以及原因的说明，要随着应急处置工作的进展，紧跟对突发事件整体情况的调查和分析来进行。重大生产安全事故的定性尤其要在事故调查组发布的事故调查报告中做出准确说明。在此过程中，面对媒体和舆论的追问，应该谨慎给出结论，如实向公众说明目前应急处置工作围绕事件原因的调查做了哪些工作，根据现有的调查情况可以排除什么原因，然后随着事件处置的进展，持续性地进行信息发布，逐渐增加确定性，直至能够在科学调查的基础上得出准确、确凿的结论，最后再向社会公布。

4. 瞎承诺

当舆情发生后，考虑并确保利益相关方利益的实现是必要的。一些管理者急于平息事态而开"空头支票"，做出完全无法兑现的承诺，易被指责"不守承诺""无公信力"等。或是承诺中只有一部分可以兑现，对另一部分承诺则无兑现能力，易受到媒体追踪和社会监督。还有一种情况是，由于事件后期的情况发生变化而导致前期承诺无法兑现，同时未取得当事民众的信任，也未能说服公众，易被误解或"道德质问"。

承诺的前提是给予相关方利益。总之，对公众做出承诺必须建立在以下原则基础上：力所能及；承诺有利于实现某种公共价值，树立管理者的良好形象；尽快履行。如果不能做到以上3点，给公众的承诺只能是自毁形象，或易引发更多负面舆情。如海底捞在遭遇后厨食品卫生负面舆情后，向公众发出致歉信，第一时间承认错误，表示管理层承担责任并立即整改。此举令公众颇为感动，纷纷称赞海底捞是具有高度社会责任感的企业。

5. 乱道歉

按照危机公共关系的"承担责任原则"，公众很在意企业是否照顾自己的感受，因此企业应该站在受害者的立场上表示同情和安慰，并通过新闻媒介向公众致歉，解决深层次的心理、情感关系问题，从而赢得公众的理解和信任。不过，行胜于言，公众更在意的是事实和行动。舆情应对离不开传播艺术与宣传技巧，但如果以为仅凭传播艺术与宣传技巧就能争取公众、树立形象，那就失之荒谬了。道歉的初衷是维护公众利益与公共价值，但公共关系的目标是实现公众利益与组织利益的统一，两者统一在客观事实的基础之上。

因此，道歉并非不顾事实，一味迎合公众、牺牲组织利益。此外，道歉也受制于特定的社会情感氛围和媒体报道框架。出于礼貌的道歉，被群众误认为认错，易被社会心态"归因"并启动"追责""问责"机制。对部分失误的道歉，被群众误认为是全盘认错，易因极个别人或极个别瑕疵而被误认为应负全责。迫于舆论施压盲目进行礼节性道歉，被群众误认为是确责；在程序合法合理的情况下，易因结果不尽如人意而被质疑程序不合理。因此，无论在何种情况下，组织面向社会公众的道歉应该综合考虑舆情诉求、舆情发展态势、公众利益、社会情感氛围、媒体报道框架等因素来进行，并非简单地致歉了之。

6. 未"做好"求"说好"

一味"说好"，讲究所谓"舆情技巧"，易受社会监督，因"未做好"而向政府施压。"说好"未能与"做好"同步，易被曝光"漏洞"而受到指责。过分追求"说好"的成效，获取"当事人表扬"或"社会认可"，易被质疑甚至被曝光作秀等。

7. 只会"迎合式公关"

侧重"领导到场"。过分报道高级别领导亲临现场，违背科学救灾规律，既不利于应急，也对危机处理造成人为干扰。

强调"尽力救援"。过多宣传所谓"先进人物"和"英勇事迹"，导致效仿，甚至层层"加码"，最后适得其反，不利于公共关系的处理与危机的化解。

突出"灾民表扬"。过度报道"灾民感谢"，易被批评为"自卖自夸"，也会被质疑作秀，甚至损害自身的公信力。

【案例 5-1】杞县 "钴 60 事件"

2009 年 6 月 7 日，开封市杞县利民辐照厂发生卡源故障，6 月 12 日—7 月 12 日的 1 个月间，与核泄漏相关的不同版本的流言、谣言不断，但政府一直封锁消息，沉默不语，搞得民心惶惶。2009 年 7 月 12 日，开封市政府就杞县利民辐照厂卡源故障举行首场政府新闻发布会，表示卡源情况不属于辐射事故。在此期间，"杞县发生核泄漏""杞县核泄漏造成多人死亡""辐射源晚上爆炸""杞县核泄漏了，人一碰到就得怪病，治不好，可能要爆炸""爆炸起来比原子弹还厉害""连机器人都被熔化了"等谣言，通过互联网、手机短信大规模流传，并于 7 月 17 日达到负面舆论高潮。当天下午，一些群众从多个方向离开杞县。2009 年 7 月 17 日晚 9 时，开封市政府就卡源故障再次举行新闻发布会，并通过网络、电视、宣传车、手机短信等多种途径辟谣。17 日晚 7 时许，杞县当地百姓收到了政府的辟谣短信。"中国原子能科学院辐射安全中心主任研究员、博士生导师陈凌在现场发布，我们和国家环保部的领导都在杞县钴 60 辐射源现场，现在的情况是：不存在辐射源泄漏，没有对周边造成污染，肯定没危险。请不要传谣信谣，安心生产生活。"

【案例 5-2】"我不是局长"

2015 年 11 月，贵州省贵阳市"3 万套保障房闲置"由审计署披露，之后媒体记者发现，一些小区房子虽已建好，但是水、电等还不能入户。11 月 20 日左右，记者就此采访贵州省贵阳市住建局。最初，记者来到贵阳市住房保障中心，但负责人称采访须取得贵阳市住建局办公室同意。记者来到住建局办公室，办公室主任表示"3 万套闲置"的具体情况，他们无法解答，具体得找局领导。最后，记者来到住建局局长办公室，说明身份和采访意愿后，办公室一位工作人员（实为住建局局长）表示，自己不是局长，他只是别的办公室叫来看规划图的。2015 年 11 月 23 日左右，媒体报道贵阳市启动问责程序将该局长免职。

【案例 5-3】"8·11"和顺煤矿滑坡事故

2017 年 8 月 11 日，晋能集团山西煤炭运销集团和顺吕鑫煤业有限公司发生边坡滑坡事故，8 月 13 日 6 时左右，吕鑫煤业负责人杨亚军向记者明确表示，吕鑫煤业发生滑坡，但无人员伤亡，也没有设备被埋。和顺县人民政府、国土资源局也通过互联网平台发布通告，确定未造成人员伤亡和机具损坏，和顺县政府外宣办宁海军也向记者确认这一点。

2017 年 8 月 13 日，和顺县政府外宣办两个负责人明确表示，吕鑫矿业发生滑坡，但无人员伤亡，也没有设备被埋，请网友不信谣不传谣。随后又有人通过热线向媒体反映，已经挖出 6 具遗体，至少十几人被埋，据爆料人反映，挖掘抢险工作直到 13 日晚还在进行，矿方要求现场救援人员严格保密，并尽可能满足遇难人员家属的要求。

2017 年 8 月 14 日上午，和顺县警方发布公告，网民郭某因在网络上传播吕鑫煤业发生滑坡造成多人死亡的不实信息，而被警方依法行政拘留。记者在走访中发现，事故现场停有多台挖掘机，矿方在近百公里外的平定县金源国际酒店第 8 层包下全部客房，用于安置遇难者家属。

2018年8月15日凌晨0点52分，矿方负责人投案自首，证实并非谣言。当日，山西省和顺县人民政府办公室发布消息称："该县吕鑫煤业四采区A6-1采区8月11日15时至17时发生边坡滑坡事故，经初步询问矿方负责人，当时5台挖掘机被埋，8人死亡。"8月17日，前期带队到滑坡现场调查的和顺县煤炭管理局局长张瑞清被免职，和顺县公安部门行政拘留的1名网上发帖者，立即撤销案件，解除行政拘留，并依法启动相关程序。8月18日，山西省政府成立晋能集团山西煤炭运销集团和顺吕鑫煤业有限公司"8·11"边坡滑坡事故调查组，后来的国务院通报称："最终确认8人死亡，1人失踪……事故后吕鑫煤业有预谋、有计划、有组织地瞒报事故，和顺县政府相关部门在接到事故举报信息后，在未认真核查取证的情况下，做出了没有人员伤亡的结论。"国务院最终做出了严肃问责相关责任人的决定。

【案例5-4】央视记者探访武汉红十字会遇阻事件

2020年新冠肺炎疫情肆虐我国，湖北武汉成为重灾区，口罩等防疫物资供应紧张。2020年2月1日下午央视记者探访武汉红十字会。记者试图探访仓库物资分发处受到保安阻拦。交涉过程中直播被切断。在探访途中，记者巧遇一位从协和医院来取定向捐赠物资的工作人员。协和工作人员称防疫物资均紧缺，昨天只领取了两件防护服。此事迅速引发网络热议。

【案例5-5】"口罩男"事件

2020年2月1日14:30左右，武汉市红十字会借用的武汉市国际博览中心临时仓库外，一名男子从国博中心提出一箱3M口罩，放入一辆车牌为鄂A0260W汽车后备厢，司机称，领取的物资是给领导配的。记者多次追问男子及司机所在单位，司机拒绝回答，男子则径直进入临时仓库。2月2日，武汉市政府官网通告称，经核查，系防疫专班工作人员领取防护口罩。通报还称，涉事物资统一办理过登记、审批等手续。此番回应未能令人信服，公众对武汉红十字会的质疑仍在继续，后又与武汉红十字会配发武汉协和医院防疫物资严重不足、配发仁爱医院物资充沛等的舆情争议交织在一起，使涉及武汉红十字会的负面舆情持续高涨，公信力进一步降低。

【案例5-6】原新密市安监局局长"十不知"的失态

记者："昨天是几点钟接到报警的？"
王局长："我不知道。"
记者："昨天20点20分发生矿难，咱救护队是几点钟知道的情况？"
王局长："这个我不知道，我是零点来的。"
记者："为啥不知道？你是安全生产的主管。"
王局长："没人给咱报，我不知道。"
记者："救护队队长叫冯雄健，在哪儿呢，电话是多少？"
王局长："我不知道。"

记者:"20多具尸体是啥时候被运上来的?"

王局长:"这个具体时间我不知道。"

记者:"下面的20多具遇难矿工(尸体)当时升井了吗?"

王局长:"当时啊,恐怕是拉走了,我没有亲眼见到。"

记者:"当时你到了之后没有问井下是什么情况吗?矿工的状况怎么样?"

王局长:"因为省市领导都在这里。我是配合着服务,就没有(问),我们不会指挥的,因为有领导。"

……

原新密市安监局局长面对记者提问回答出十多个"不知道",是"自保却不顾大局"的本能反应,易被质疑失职、渎职。突发事件发生后,面对公众和媒体的关注和监督,管理者应该按照国家相关规定,"说好"并"做好",科学应对。2010年3月19日,中共新密市委、市政府经研究决定,免去新密市安监局局长王某职务。

【案例5-7】海底捞后厨卫生负面舆情应对

2017年8月25日,媒体曝出海底捞北京劲松店、太阳宫店有老鼠爬进食品柜,店员在清洗打扫卫生时用的簸箕与餐具同池混洗、用顾客使用的火锅漏勺掏下水道等现象。舆论一片哗然,海底捞正面网络口碑由涉事前的74.75%下跌到11.07%。

2017年8月25日海底捞连发两次声明,称"情况属实,十分愧疚,表示诚挚歉意;难过和痛心,惭愧和自责;感谢媒体监督,愿意承担经济和法律责任。"接着,海底捞又向社会承诺"涉事门店主动停业、全面彻查;国内外所有门店立即排查、整改。欢迎舆论检查监督",以及"涉事两店干部职工只需按要求整改和承担相应责任,主要责任由公司董事会承担。"海底捞的舆情应对中,既包括承认错误、积极整改、欢迎监督的良好态度,也包括管理层勇于担责、体恤下属的包容精神,最重要的是还建立在立即排查整改的承诺履行上。在这里,承诺与履行、利益与价值有效融合,既有对公众利益的无条件维护,又有实事求是的态度、知错就改的勇气,以及责任担当精神。因此,在海底捞连发声明后,舆论的导向开始迅速发生变化。8月26日,针对海底捞的负面信息占比降至25.93%,正面信息占比则大幅度升至33.92%。8月27日新公告发出后,正面评价升至46.95%,负面评价下降到19.05%。

【本章重点】

1. 舆情重点监测的媒体群体主要有新闻资讯类媒体平台、电商类口碑媒体平台、短视频类新媒体平台、传统的社交媒体平台。

2. 舆情风险管理应遵循共赢、量化和协同这3项基本原则。

3. 大数据技术是指运用搜索引擎、社交媒体、各类网络数据库,实时聚集文本和图像,用一种搜索、分类分析的软件,通过高速的计算机运算和业内专家的研判,精确描绘现状并预测未来。

4. 本章梳理了舆情工作机制,其中,具体分析了舆情工作机构的组成、突发事件危机应对机制、新闻发布机制和舆情引导机制。

5. 网络舆情应对的基本原则：以人为本，生命第一；真实客观，简单有效；公共优先，公众至上。

6. 网络舆情应对的具体要求：快速发布，积极应对；分级应对，统筹协调，联动处置；前后一致，言行一致，以行证言；复杂事态，态度优先；尊重事实，坦承失误；低调耐心，认清现实；专业话语，适时引导；真情流露，避免"表演"。

【本章习题】

1. 请选择一个热点事件，试开展人工抽样网络舆情监测，并说明你是如何开展抽样的。
2. 如何理解舆情研判的工作机制？
3. 网络舆情应对的基本原则是什么？
4. 网络舆情应对的基本要求是什么？
5. 结合实例说明网络舆情应对的常见误区。

6 舆情评论报告写作

准确的舆情分析向决策者提供客观、准确的舆情信息,有利于决策者做出正确的决策。本章节主要通过介绍舆情评论的定义和范围及其题材类型和常用模式、舆情分析报告基本规范和撰写的基本注意事项及其相关案例分析等内容,使读者充分了解并学习舆情评论撰写的基本规范形式,以提高撰写舆情评论分析报告的质量,为决策者提供全面系统的舆情信息,为后续准确、快速的舆情趋势研判提供重要的分析依据。

6.1 舆情评论的体裁特征

6.1.1 舆情评论的定义与范围

1. 舆情评论的定义

舆情评论的定义非常多样化,人们都意识到舆情评论的重要性,但是对于什么是舆情评论却并没有形成统一的定义。人民网舆情监测室编著的《网络舆情分析教程(初级)》一书将舆情评论定义为:舆情评论指围绕舆情事件或舆情人物,在以舆情分析的方法进行解析之后,明确提出自己的观点、发表意见的评论文章。简称舆评。

在学术界,一般情况下把"舆情评论"和"舆论""社情民意"等相提并论。舆论学对舆情评论存在的一种定义是:舆情评论是指在一定社会范围内,消除个人意见差异,反映社会知觉和集合意识的、多数人的共同意见。也有学者认为舆情评论是在特定的时间和空间里,公众对特定的社会公共事务公开表达的、基本一致的意见或态度。舆情评论被认为是公众对于现实社会及社会中各种现象、问题所表达的信念、态度、意见和情绪的表现,是实现社会调控必不可少的制约力量。舆情评论是对社会舆论的估量,是人们对社会舆情价值的反映,即对社会舆情价值在思想观念上予以判断、评定,包括对不同舆情的度量、分析、比较、选择等。

2. 舆情评论的范围

舆论评论的范围从内容上包括两个方面:一方面搞清人们发表了什么意见、这些意见形成的原因及其内容指向;另一方面搞清这些意见是否正确、作用如何,哪些意见有价值并值得重视与采纳，哪些意见没有价值、不值得重视、不应该采纳，还有哪些意见有负面价值，应该加以反对。

舆情评论的范围从篇幅上分为较长篇幅和较短篇幅两类，通俗地讲即所谓"成文的"和"不成文的"。较长篇幅的包括发表在各种报刊、网站、博客和自媒体上的评论文章，较短篇幅的包括发布在社区、论坛、微博、微信的精巧帖文以及在新闻后面的跟帖。较长篇幅的可以是数千字，较短篇幅可以是三言两语。

6.1.2 舆情评论的体裁

舆情评论与新闻报道导致的舆情事件与社会现实关联，作为一种现象或问题，影响网民对社会事件的认知和媒体的报道策略，并影响着政府或者涉事主体的行为选择。伴随着突发事件类型和社会热点的不同，或在单一热点社会现实事件演化过程中，舆情引发的网民评论也会牵扯出许多相关主题，因此引发许多不同的舆情评论。

舆情评论根据不同的方法可以划分为不同的类别。

1. 以内容划分

中宣部舆情信息局以内容为标准，将其分成政治性、经济性、文化性、社会性以及复合性等几类舆情评论。

（1）政治性舆情评论一般包括国家制度、政权、政治事务以及民族关系等，并且也包括政治活动、事件、问题等，从中可以看出公众的态度，也能知道公众对政治事件的认识、反应以及看法。

（2）经济性舆情评论主要涉及经济政策、经济活动、经济现象和经济事件等与经济相关的内容，随着我国经济的发展，经济性舆情评论正日益增多。

（3）文化性舆情评论主要涉及文化、艺术和思想理论领域的问题。

（4）社会性舆情评论主要涉及社会生活领域中的各种社会事件、社会现象、社会问题，如教育、医疗、就业、房价、物价等。

（5）复合性舆情评论主要涉及的内容包含多个领域，如同时涉及经济和文化领域。

2. 以舆情信息的生成过程划分

在学术界关于舆情评论的体裁，有学者将舆情评论按照舆情信息的生成过程分为自发性舆情评论、引导性舆情评论、自反性舆情评论。

自发性舆情评论是指网民个体在网络媒介场域进行自主生产的评论，而不受外界影响所产生的舆情。

引导性舆情评论以官方组织为出发点，深入研究舆情之后给出的相关信息，并且其信息能够引导公众的一种舆情评论。

自反性舆情评论一般表现为外界信息对人造成了刺激，使其做出认知和判断，通常表现为跟帖、评论以及点赞。

按照舆情的持续时间和周期将其划分为阶段性舆情、周期性舆情和长期性舆情。

（1）阶段性舆情的意思是指对于一件事情无法进行长久的关注，随着时间的流逝会逐渐淡忘，这类舆情又由无先兆的发生和有先兆的发生两种构成。

（2）周期性舆情的意思是指对某些事件进行周期性的关注，即对某些事件的关注会逐渐淡然消失，但经过一定时间的酝酿后，又会再次引发公众对这些事件的高度关注。

（3）长期性舆情是指对某些具体事项有一个长期的关注度，这种关注度可能会保持一定的强度，也可能会在一定阶段内降低，但是不会消失，即任何时间都处于关注范围之内。

6.1.3 舆情评论常用模式

舆情评论常用模式从战评的角度可以分为攻其一点、由此及彼、娓娓道来、深入浅出和推陈出新。

1. 攻其一点：集中优势兵力打歼灭战

这种写作手法仿佛在战场上用兵，即找准时机，集中大部军力，攻其一点，直击要害，使敌崩溃。中国青年报评论员曹林谈"时事评论"时说："要将有限的文字用在与紧扣论点相关的说理上，在概念上绕来绕去，在抽象的事物上打转，问题没说清楚，读者也一头雾水，越读越迷糊。"

这个道理，放在舆情评论"攻其一点"的写作上同样受用。

2. 由此及彼：挖掘事物间差异

舆情评论中"由此及彼"的写作手法，常见的有两种：一种是由现在的 A 联想到历史上的 B，我们将其称作"类比"的手法；另一种是把眼前的 A 与历史上相似的 B、C、D 全部列出来进行类型化分析，我们将其称作"归纳"的手法。剖析一个或几个事件某些相同、相似的性质，或找出事物的差异，或总结出类型规律，不仅有助于理清自己的写作思路，也可以帮助读者拓宽思考范围、提高阅读的愉悦性。

3. 娓娓道来：透视舆情发展的态势

这类写法，如同战场上的阵地战，全面展开、依次推进、刚柔兼具、巨细靡遗。因为篇幅一般较长，就要处理好事实叙述与评论的关系，"述"和"评"穿插进行，使两者结合为一个有机的整体。若非有对业界长期的洞察和清晰的思路，写作起来将会感到十分吃力。

4. 深入浅出：舆情评论中的专业知识

一位资深舆情分析师的养成绝非一朝一夕，舆情监测入门虽然容易，但需要把握政府和企业发展的脉搏，了解他们在社会转型期的"痛点"和"痒处"，精确研判网络舆论的发生、发酵和消解的拐点，及时提供应对建议，就需要舆情分析师具有专业的知识、丰富的社会经验和足够的判断力做支撑。特别是撰写行业或领域的舆情评论，更有赖于他们对金融、能源教育、食品、司法、卫生、纪检监察等领域长期的观察、积累，因为这些行业的舆情是各具特色的。但是写作时要注意把握"深入浅出"的原则，在行业专门知识和公众普遍呼声之间找到共鸣之处，这样才能做到既让企业或部门理解到危机所在，又避免让更多的读者感觉雾里看花、故作高深。

5. 推陈出新：舆情分析师眼中的"旧闻"

英国历史学家霍布斯鲍姆说："解构披着历史外衣的政治和社会神话，长期以来一直是史学家职业义务的一部分。"舆情分析师是新兴的一个职业。他们不仅需要从纷纭复杂、乱象丛生的网络舆情中理出头绪、还原本真，他们也需要从扑朔迷离、跌宕起伏的历史现象中梳理关联到今天一些问题的脉络，尽管他们不是史学家。

6.2 舆情分析报告格式

6.2.1 舆情分析报告的基本规范

网络舆情报告规范要求质量与效率并重，坚持形式为内容服务，总体上应满足"言简意赅，美观整洁，深度解读，精益求精"的要求，实现舆情分析报告的科学化、标准化、高效化和形象化等。

舆情分析报告规范一般分为内容规范、形式规范等。首先，在内容规范上，包含样本抽取原则、数据分析模型、媒体来源分类和观点概括规范等，内容规范的各个要点会在稍后的章节中着重分析。

其次，舆情分析报告文案的形式规范包括页面设计、Logo 标志、字体、字号、字数、色系、图表类型、美编原则等。而在文件规范中，针对网络时代的多媒体传播特点，结合社会受众或客户需求，可以将同源的舆情分析报告文本转化成 Word 文档、网页、Excel 表格、PPT、动态视频等多种格式的文件形式。

6.2.2 舆情分析报告撰写注意事项

一份完整的突发事件舆情分析报告至少要具备舆情概述、数据分析、数据来源、舆情走势、舆情分析及媒体评论摘要、舆情点评等几个部分。舆情分析报告基于对新闻信息的总结，层次与格局要高于一般新闻。从舆情报告的内容分析而言，报告具有新闻性、综合性和反思性。它们一般选择主体观点不太一致及发展过程较为复杂的重大新闻事件进行综合描述，选择事件的关键节点进行辩证分析，从而让公众整体感知事件的发生、发展和变化过程，最终让公众更加合理地、理性地反思新闻事件发生过程中各类主体可能存在的认知、态度和行为层面的不当之处。

1. 撰写舆情分析报告撰写注意事项（宏观层面）

（1）报告内容要实事求是，尊重科学。实事求是，是唯物辩证法的基本要求。舆情报告是以舆情为依据的，即报告中所有观点、结论都有大量的资料作为根据，在撰写过程中，要用资料说明观点，用观点概括资料，二者相互统一。舆情分析报告需要以第三方的角度对舆情的发展、应对和处理进行分析与总结，在分析中应利用科学的方法，保证报告中的数据与资料的科学性，使分析报告符合客观真实，实事求是的要求。

（2）语言简明，善于利用图表。在舆情分析报告的撰写过程中，报告的语言应简明、准确、易懂，尽可能减少那些专业性术语的使用。做到形式上层次分明，语言表达上言简意赅，在叙述事实时不要做过多的描述，在阐述观点时不要做复杂的论证。同时也要善于利用图表将舆情分析中的有关数据及资料进行直观地展现。这样不仅可以清楚地展现分析的结果，而且使分析报告更加简洁明了。

（3）论述应全面，观点应鲜明。舆情分析报告一般以分析舆情信息透彻、深入为优，因此必须收集全面的数据，运用大量丰富的资料，进行多角度、多层次的描述，充分表现舆情信息的全部内容和由此引发的思考。同时，撰写舆情分析报告时，要考虑读者时间宝贵、工作繁忙。因此，所撰写的舆情分析报告除了做到论述深刻、充分，还要做到观点鲜明。

（4）理论阐述与素材鲜活相结合。撰写舆情分析报告不仅要有科学的理论阐述，还应该有来自于现实社会和普通群众的语言，这些语言表现了群众的思想、情绪和建议等，可以最大限度地体现分析报告的真实性、生动性，提高报告今后的参考价值。关于最后的总结和客观评论部分，应重视新闻、媒体评论、重点网民观点倾向性分析、舆情服务部门相关机构和人员观点等写作素材。在总结时一定要注意舆情事件在全国的地域分布情况，服务部门属性，特殊环节的分布状况，以及舆情事件区域分布情况。多方的去考虑去思索，然后再去总结。在评论时也要多参照新闻或是重点网民的观点。

（5）总体态势分析与突出问题分析相结合。舆情分析报告的一个重要任务是对一方面的舆情进行整体分析，揭示和概括舆情的总体态势，帮助领导从整体上掌握舆情状况。除此之外，舆情分析报告还应展现出舆情中存在的主要矛盾和突出问题，这样既可以从总体上了解舆情态势，又可以表达具体问题的分析，有效帮助领导在整体掌握舆情情况的基础上准确把握突出问题。

（6）政治意识、大局意识。"讲政治""知大局"同时对党和国家大政方针有较为熟悉的把握，方能真正让舆情报告契合改善社会治理、提升企业管理的需求，并实现此目标。舆情分析报告中不允许夹杂反党反社会的言论倾向。

2. 撰写舆情分析报告撰写注意事项（微观层面）

（1）宏观有视野，抓立意和布局。舆情话题或事件不是孤立的，也不是静止的，它们有现在的状态，也有过去的演变轨迹和未来的可能动向。不光在此处，还有可能是一系列变化的一个局部的节点。舆情分析报告的宏观视野，要能跳出事件和议题，从更为广泛的视角审视。

（2）中观有线索，抓趋势和特点。舆情报告的顶梁柱是对舆情话题或事件环境、趋势、特点的准确把握。环境、趋势、特点构建起了舆情报告对事件和话题分析的边界和框架。

（3）微观有内容，抓观点和数据。人们对事件和话题的看法，即公开自主充分的表达，是舆情的先决条件。观点的倾向，渠道和载体、发展路径等，是支撑舆情报告的基础，各类数据则是量化分析的必要方式。

（4）洞察互联网舆论生态变化。舆情分析报告撰写时，撰写者要对互联网舆论生态、新媒体融合变化趋势、社会心理动态，有着敏锐的洞察力和观察力，要善于结合依据互联网、社会热点，及时总结提炼互联网舆情规律。

（5）舆情概述。①概述分为事件概述和舆情概述等。事件概述主要为简单描述事件的5要素（何时、何地、何事、何因、何人）即可，可不做深度阐述。时间应该精确为年、月、日，不使用类似"近期""最近""上周"这样的模糊表述。舆情概述必须包括的要素有：时间、地点、人物、起因、经过和结果。复杂的事件要说明必要的背景、事态变化或转折的重要节点、对当事人各方态度与重要讲话的陈述、媒体评论重要观点的概述、网民言论重要观点的概述（列举至少两种主要不同观点及其比例）、社会思潮、社会现象。建议多采用事件发展流程图、结构比例图、适量新闻图片或漫画表现事件、现象或话题。②在舆情概述中,要对各项统计数据有一个简要的陈述,给读者一个较为直观的感受。统计数据可以从几个方面来说,传统纸质媒体对事件的报道量有多少?网络媒体的报道量有多少?微博上的信息数是多少?相关的论坛帖文数是多少等?此外,还应该注意这个统计数据要有准确的时间段作为节点。③在舆情概述中,需要把媒体对此事件的主要评论观点告知读者,同时告知网上主流民意。这里应该注意,无论是媒体评论倾向还是网民观点,只需要告知最为主流的观点即可,不必一一展开。

(6) 媒体关注度分析。媒体关注度分析包含3个要素:媒体报道量的统计,关键媒体报道节点,媒体报道的关注点。通过媒体关注度分析,可以对突发事件的发展态势有一个较为清晰的把握,对事件传播的重要节点有充分的认识。①媒体报道量统计主要包含两个部分,一是传统媒体对事件的报道,一个是网络媒体对事件的报道量,通常网络媒体的报道量包含转发数量。此外注意,在对报道整体总量进行统计的同时,需要做好每日报道量统计,这样可以呈现出一个报道量走势图。这两个部分内容可以通过百度高级搜索、Google搜索、自主研发舆情监测平台等来搜集。②媒体报道量进行数据统计后,下一步要针对所有的新闻报道进行传播分析,指出其中几个媒体的报道对事件的发展传播产生了重要作用。③当分析媒体关注度时,舆情分析师需要掌握科学的抽样方法以面对大量的媒体报道。抽样的权重上,中央媒体优先于地方媒体,体制内的媒体优先于市场化的媒体,转发评论多的新闻评论优先采用,采样数据通常要大于50篇。

(7) 网民观点分析。网民观点抽样一般来自新闻跟帖、论坛、微博等平台。网络言论分析侧重根据网友观点的分类、网友地域的分类。在对网络舆论进行抽样和分析统计之前,进行事件和舆论的主体对象和客体对象分类十分必要,这样有助于把握舆情各方的立场、态度和观点分布。网民观点的主体对象包括媒体人士、当事人、网友和意见领袖等。舆情分析反应的事件本身的主客体对象则包括党政部门和官员、名人、法院、警察、检察院、第三方机构和当事人等。政企机构和网友的言行往往是舆情分析的主要对象,这部分内容与政府和企业的舆情应对举措是密不可分的。网民倾向分析的观点在设置时要注意以下几个重要方面。①针对倾向性的4种最基本态度:"支持、反对、中立、不关心",应该针对每一种主观性态度,设置更为具体的观点项。②防止出现观点内涵和外延上有相互交叉的情况。③如果以言论个性化主题词为观点项,应该在备注中进行说明,声明结论和图标中可能会出现观点交叉的情况。④有关数据应该参考国民经济与社会发展统计公报,并和网友言论抽样统计进行对比,纠正网络偏差,把握全部社会舆论真实构成。

(8) 标注备注与说明。为了给读者阅读带来方便,有必要在报告中增加专业术语与知识小贴士,对报告中涉及的新闻传播学、社会学、法学、政治学、历史学方面的知识或背景进行注释说明。为了维护舆情分析报告的科学性、严谨性、规范性,增强结论的说服力,要对每个流程图、图标、列表和重要文献的信息来源做出必要的交代,对舆情抽样、数据统计、观点分析的方法做出说明。

(9) 舆情分析的观点参数设置与数据分析框架应注意表述的内容为事件发展概况与脉络,民众的主要观点与情绪是什么,民众处于认知、态度表达还是处于行动阶段;引起民众从认知到社会运动、甚至社会骚乱的程度如何;组织化程度与有无行动计划性;慎用政治化解读，分析有无明确的利益诉求；事件是否对现存社会体制构成巨大冲击；事件被反华势力支持或利用的可能性有多大；行动的对象目标明确与否，其具体指向是哪些部门甚至现存体制等。

6.2.3 舆情分析报告的定义与构成

众所周知，舆论有静态舆论和动态舆论之分。这在热点舆情个案中体现得尤为鲜明。一些重大突发事件、大案要案的舆情，甚至会因官方回应、当事人表态或媒体追踪监督，而出现"一日一变"的舆论格局，舆情态势变化多端，多元复杂。

有鉴于此，通过舆情报告，将最新舆情走势和数据摆上案头，用数据说话，便于更加直观地了解舆情动态，有助于在舆情应对全程更加牢固地把握舆论引导的主动权。

1. 舆情分析报告的定义

舆情分析报告，是针对某一件具体的舆情事件进行深入调查、分析、研判后，对事件做出全面、综合的评价，然后加以系统整理，形成的具有防范舆情风险，能够为解决舆情危机提供决策参考的一份综合性的报告。对于舆情管理工作者而言，通过撰写舆情分析报告，可以帮助企业和各级政府部门解决问题，树立良好的口碑，提升形象。

由此可见，舆情分析报告的重要性不言而喻。那么，舆情分析报告应该如何撰写呢？

1）做一个事件回顾（舆情事件简介）

在舆情分析报告的开头需要做的是一个综述式引入，对舆情事件进行回顾，总体梳理事件的前因后果。

2）对舆情的发展进行介绍

主要是对当下舆情事件的发展进行叙述，尤其是需要突出当下的舆情特点。

3）舆情事件分析

以舆情监测数据为基础，对具体的传播情况、热议人群地区分布、网络情感等进行分析，需要注意的是对于具体的监测时间段、监测到的数据总数以及数据的媒体来源要明确。

4）罗列一些具有代表性的舆情观点

主要指的是一些网络声量比较大，或者属于某个行业的意见领袖（KOL）的一些观点，大致推测出舆论的走向和可能的趋势变化。

5）点评与研判

点评与研判可以从"宏观有视野（立意和布局）、中观有线索（趋势和特点）、微观有内容（观点和数据）"来说明。此外，还可以从行业背景及固有特点、整体的舆情环境等多维度进行点评与研判。

舆情报告的最基本分类是周期性报告和一事一议的专项报告。各类周期性报告从综述、舆情趋势、观点分布到典型案例分析和研判建议，其结构没有明显区别，无非是时间周期的长短对于报告时效和分析深度的不同要求。一般来说，"舆情应对和危机公关建议报告"偏重危机的应对研判和建议，倾向短平快；"舆论宣传效果评估报告"偏重舆论宣传引导个案的评估，倾向用数据说话；"新媒体传播排行榜单"偏重对新媒体传播力、互动力、影响力传播情况的排行，倾向全面的新媒体大数据分析。

舆情分析报告根据报告需求有多种类型，但各类报告在内容组织上是相通的。再简单的报告，都跳不出"数据支撑""图表运用""典型案例""分析研判"4个方面。报告的规模取决于这4个方面内容的丰富程度，报告类型的区别则表现为这4个方面内容的侧重。

舆情研判是对事件或议题从开始形成到发酵到平息整个过程中，对传播者议程设置、受众反馈、当事人回应等方向进行的渠道、内容、行为和策略的分析。舆情研判是舆情分析报告的纲领与精华。舆情研判的重点与方向，决定了舆情报告的主要形式与内容。

如果将舆情研判聚焦于主要涉及渠道、内容的传播者议程设置与受众反馈分析，那么舆情分析报告相应地需要对舆情事件或议题相关的媒体报道、社交媒体传播、活跃网民介入、网民评论做详细的梳理归纳，分析其特点。若是将当事人回应作为舆情研判的主要内容，舆情报告就需要对舆情当事人面对的舆论环境、舆情回应内容、舆情回应策略等进行分析，以考察当事人的舆情回应能力。

2. 舆情分析报告的构成

1）舆情基本要素

舆情研判首先要对信息源、时间、地点、传播者等舆情的基本要素有较为精确地掌握，厘清事件或议题在全媒体的传播量与关键传播点，归纳新闻媒体评论、业内专家观点、活跃网民评论和普通网民跟帖评论的数量与倾向性分布。在此基础上，舆情研判还可以从舆情环境、行业特点、政策背景、历史沿革、关联话题这5个角度拓展研判分析视野。

2）舆情研判的维度

从不同的角度和侧重出发，舆情事件或议题的研判可以从传播、受众反馈和舆情应对这3个方面的维度进行分析。

首先是传播分析。传播分析主要是传播路径分析、传播渠道分布分析。关键事实的披露、权威媒体的报道评论、活跃网民的转发等都能推动形成舆情走高的传播节点。传播渠道分布分析，研究的是舆情事件或议题在不同传播渠道的分布情况和特点。传播渠道分布的比例意味着舆情事件或议题的主要舆论场域，也意味着不同传播渠道所代表的舆情主体的议程设置能力。

其次是受众反馈分析。在网络舆情中，受众反馈分析主要针对网民关于舆情事件或议题的评论。网民观点的倾向性分布，是受众反馈分析的首要任务。在大部分网民观点的统计分析中，分层抽样数据能够支撑对于网民意见倾向的判断。但如果想让意见分布分析得更加准确，则需要依赖对网民跟帖的大量抓取与文本分词。

受众反馈的渠道，既反映了事件本身的特征，也折射出网络舆情生态的变化。例如，网民评论聚集在论坛贴吧，表明舆情事件或议题有较强的地域或行业属性，受众群体相对较小且彼此具有较多的相似背景。网络热词与政治隐喻是受众反馈分析较高层面的内容。随着网络的变迁，网民的"口头禅"也在不断演变。网络语言通常跟随社会热点事件集中出现，与网民的生活常识观感契合。在一些热点舆情中，带有政治隐喻的词汇被大量使用，是舆情研判需要予以关注的。

3. 舆情应对分析

舆情应对分析，主要是通过观察舆情案例中舆情应对当事人判断和化解舆情危机的能力与水平。可以从官方响应、信息发布、公信力、动态反应、行政问责、应对技巧这6个角度梳理舆情应对的特点、经验、教训、态度、策略，提出建议。

一看官方响应。舆情应对的核心是"时度效"，即时机、程度和效果。在这一前提下，官方回应不再是片面的"唯快不破"，真正决定官方响应成败的因素并不是静态的时间点，而是效果。二看信息发布。在突发舆情应对时，信息发布可"多报事实，慎报原因"，抓住舆论核心关切，在事件原因及责任追究的定性上持开放态度。三看回应主体公信力。公信力既来自于平时的舆论影响力与声誉，也受舆情应对表现的直接影响。公信力的评估，主要来自于当事方的舆情引导能力和公众支持程度。

其他诸如动态反应、行政问责、必要的应对技巧等也是分析舆情当事方应对水平的可用维度。突发舆情应对的水平，体现在内容准备、信息发布、应对媒体采访、新媒体运用等各个环节和方面。在舆情报告写作中，对舆情应对水平的研判，应当将抽象的概念和术语置于具体的情境，充分梳理舆情发展的阶段、事件各方矛盾关系、媒体环境和社会心理，对舆情应对技巧的实际效果进行客观评估。

【案例6-1】文章《网络舆情倒逼"官方发布"话语体系转换》

2015年1月19日《学习时报》登载了袁崇安的文章《网络舆情倒逼"官方发布"话语体系转换》。作者发现，哈尔滨"1·2"大火后，该市公安局官方微博1月3日最早发布的585字通稿中，用258字排列9个各级"重要"领导的姓名和职务，表明其如何"高度重视"，而对牺牲和失联的消防指战员则一笔带过。这则"官微"引起不少网友的质疑和批评。作者通过梳理网友质疑的4个方面，如领导"高度重视"凌驾生命之上、体现官本位意识等，之后分析道：那则"官微"，在无意识中将官本位文化发挥到了极致，故而引起了广泛的质疑与谴责。在官本位传统中，缺失的是对生命、民生价值的尊重。这样的官话说多了，会使群众离我们越来越远……一些地方的媒体，官本位文化依然根深蒂固，一些地方的媒体，特别是官方网上发布平台还没有学会少说官话，多说群众话、人情话、现代话、鲜活的话。此种官媒话语体系必须加快转变。

文章最后提出加快转换官媒话语体系的3个设想。全文不拖沓、不旁骛，举事实、列影响、话危害，紧紧抓住哈尔滨"1·2"大火"官方发布"表现出的官本位意识予以痛击，并且给出了解决问题的建设性意见，属于比较典型的"集中优势兵力打歼灭战"之范例。

【案例6-2】文章《从"酒瓶子"到"醋坛子"》

2011年8月6日，媒体爆料，山西省醋产业协会一位副会长说，市面上的山西老陈醋95%都是勾兑醋；醋精本身不含营养成分，勾兑比例掌握不好的话，还会对人体造成伤害。一石激起千层浪，具有3000年历史的山西醋业被打翻了"醋坛子"。当时舆情分析师韩长青在《网络舆情》杂志写了一篇《从"酒瓶子"到"醋坛子"》的文章，对比此次山西"老陈醋勾兑"事件与1996年山东白酒的"勾兑门"事件。文章分析了"老陈醋勾兑"事件中，各地媒体记者纷至沓来，山西各大醋企采取积极坦诚的态度，接受媒体采访，或发表"郑重声明"，澄清事实；或敞开生产车间，邀请媒体和游客参观访问，查看生产流程，了解酿醋工艺，力求还网民以真相，抓住了走出危机的关键。两件事情，相同的是都说到"勾兑"，不同的是事件出现的社会背景与舆论背景，最大的不同是在舆情应对方面的差异。作者通过类比的手法，富于启发性，写来不板结、不拘泥，文章显得思路活跃。

【案例6-3】文章《"胃口"太大，"小官巨腐"何时休？》

舆情分析师声永春在《网络舆情》杂志的文章《"胃口"太大，"小官巨腐"何时休？》，从原秦皇岛市城管局副调研员、北戴河供水总公司总经理马超群贪腐案说起，放眼到2013年以来，全国各地公开村干部违纪违法案件171起，涉案总金额高达22亿元，提出了一个类型化的问题："小官巨腐"为何屡屡不休？文章总结了基层"小官"的贪腐规律：历时较长，少量多次，手法隐蔽，容易躲避监督和约束。针对"小官巨腐"这个媒体大量报道、网络频频热议的话题，作者明确提出自己的观点：祸患常积于忽微。"小官巨腐"存在的地方，总是或多或少地负面影响着群众的价值观、幸福感，社会的和谐度、公正度，这都关系着党的执政基础。查处"小官巨腐"案绝非"小事"。运用"由此及彼"的手法要注意的是，对于眼前的、暂时没有清晰结果的事件，我们搬出历史上的事件进行类比或归纳，仅仅是作为预判的参考，而不能轻率做出"以前如此，今天一样"的结论性判定。

【案例6-4】文章《打击谣言背景下的网络舆论新格局》

人民网舆情监测室秘书长祝华新的文章《打击谣言背景下的网络舆论新格局》（2013年10月11日发表在人民网）全文1万余字，文章论述了自2013年8月下旬起，政府号召开展网上"舆论斗争"，敢于"亮剑"，牢牢掌握意识形态工作的"领导权、管理权、话语权"，从互联网治理到社会管理，一些新的理念、思路和格局正在形成的网络舆论态势。文章列出了5项对网络谣言的行政管理和法律处罚需要规范的突出问题，评估了近一个月来集中打击网络调研的进展和效果，在文章最后还对政府网络舆论的治理提出建议。

【案例6-5】文章《中石油的迟钝与傲慢让诚信掺了水》

人民网舆情分析师芦珊《中石油的迟钝与傲慢让诚信掺了水》（2014年1月28日人民网）分析了中石油的一个舆情事件——黑龙江省尚志市苇河镇中石油加油站油质严重不合格。作者注意到：近年来，天价灯、（大连、青岛）安全事故、海洋污染、腐败案等事件，一次次打击着人们对"三桶油"的信任和信心。更为严重的是：继2012年"洛阳掺水油"事件后，油品质量再次成为公众关注的焦点，本次陷入油品质量问题的是能源央企中石油，让其舆情持续发酵的则是它的后知后觉和不算高明的应对手法。

其实，类似信息早在新浪微博上有所传播，但未引起中石油方面的重视，最终导致了负面舆情的蔓延。在事件发生后，中石油试图遮掩的态度迅速引起网友的不满，让负面影响进一步扩大。

作者在文章结尾处，对中石油如何改善公众形象、提升企业声誉提出了自己的看法：首先，中石油要扭转态度和思想，摒弃逃避与躲闪，正视油品质量问题。其次，体谅、安慰曾在此加过柴油的车主,无论是诚恳的道歉,还是对中石油而言,均是挽救企业形象的良好开端。最后,贯彻"以人为本的服务理念"。归根结底,掺水油是服务质量差的表现,希望公众的无奈情绪可使中石油警醒。无奈只因宽容,却不希望再出类似事件。

对于哈尔滨市一个加油站油质严重不合格的危机事件,作者没有就事论事而是列出天价灯、(大连、青岛)安全事故、海洋污染、腐败案以及2012年"洛阳掺水油"事件等,剖析中石油舆情应对方面的问题和错误理念,追溯中石油在网友心目中负面影响一步步扩大的过程,使全文顺理成章地回归到"掺水的不只是油品,还有中石油的诚信"这个主题。可以说,没有对行业长期耐心的浸润,作者就不可能信手拈来似的写出这样的评论。

【案例6-6】 文章《错案追责,从呼格吉勒图案说起》

舆情分析师刘聪的文章《错案追责,从呼格吉勒图案说起》(《网络舆情》杂志2014年第97期)关注了内蒙古呼格吉勒图案。作者发现,舆论在感叹"正义虽迟到却最终来临"之时,也指责当年的办案人员草菅人命。自2014年12月15日至18日,与改判本身相关的媒体报道评论共计13208篇,其中,涉及追责方面的言论占比高达38%。作者认为,对于是否所有冤假错案都需追责、错案又该如何追责,以及错案追责与其他司法改革间的关系,公共舆论尚需有更加清晰、理性的认知。作者通过呼格案和赵作海案当事人的陈述和判案的过程,摆出自己的结论:呼格案追责无可厚非,但并非所有冤假错案都要追责;唯有实现"由审理者裁判、让裁判者负责","错案终身追责"方能"治本"。作者最后说:新一轮深化司法改革方案旨在确保办案人员"权责统一",已然针对上述掣肘因素开出了针对性"药方":法院、检察院人财物统一管理改革、领导干预司法追责制度,无疑将会减少司法地方化干扰;主审法官负责制等改革举措,又能减少办案的行政化干扰。新的改革措施如若能试点、推行到位,则将极大地实现"由审理者裁判,让裁判者负责",在此背景下,再结合推动实行错案终身负责制,就可真正"把板子打到点子上"让追责推动司法公正的效果实现最优化。

舆情分析师刘聪长期关注司法领域的舆情事件,将舆情理念、数据分析的方法与司法领域的改革大势、专业知识结合起来,对业内人士可谓"不说外行话",对普通网民来说有助于起到理性引导舆论的作用。

【案例6-7】 文章《步鑫生神话:成也媒体,败也媒体?》

舆情分析师韩长青的文章《步鑫生神话:成也媒体,败也媒体?》(2014年4月1日人民网),取材并不是时下最新最热的事件,而是20世纪80年代的新闻人物步鑫生。在当时媒体的镁光灯下,步鑫生几乎成了一个"神话"。文章简述了步鑫生先被新闻界捧红、又被棒杀这一现象,最后引出对今天新闻改革的思考:新闻亟须改革。如果说步鑫生事件反映了新闻工作者陈旧的思维方式、非此即彼的偏狭评价的话,那么在互联网时代,一些媒体在突发事件报道的观念、命题等方面表现出的浮躁、盲目和媚俗倾向,难道不应该引起重视吗?

回顾历史的目的,是"旧闻新读",是有感而发。在舆评中适当引述史实,可以增强文章的厚重感,扩展读者的视野,加强对眼前事物思考的深度和广度,同时也是对舆情分析师的学识领域、文史观念的检验。

【案例6-8】"地摊经济"走红舆情分析报告案例

2020年5月26日,央视《新闻联播》播报,中央文明办在今年全国文明城市测评指标中,明确要求不将占道经营、马路市场、流动商贩列为文明城市测评考核内容。随后全国多地纷纷出台相关政策引导"地摊经济"发展,相关舆情量于2020年6月4日达到顶峰,如图6-1所示。

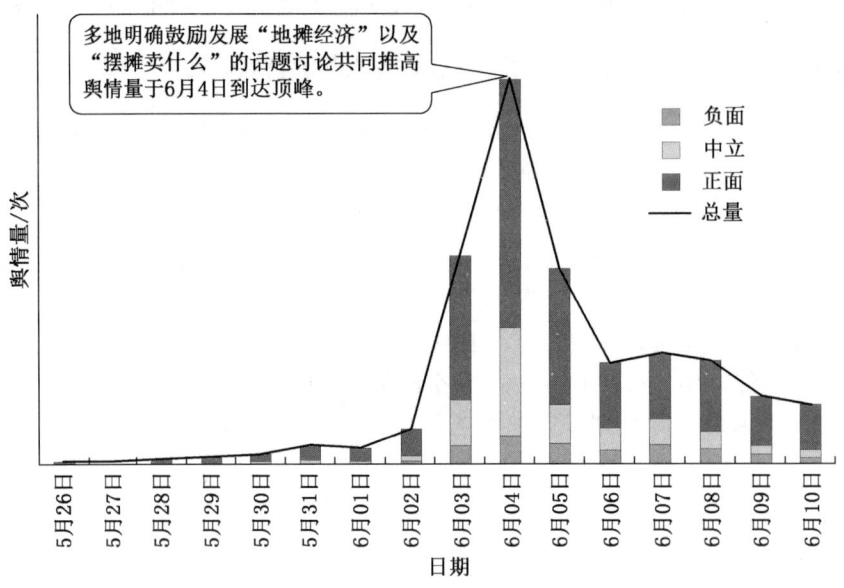

图6-1 "地摊经济"事件舆情趋势

1. 热点事件(表6-1)

表6-1 "地摊经济"事件舆情热度

序号	事件名称	地区	舆情热度
1	五菱推出"地摊神车"	—	5星
2	江西九江瑞昌市城管打电话喊商贩去摆摊	江西瑞昌	4星
3	腾讯总监摆地摊招聘	广东深圳	4星
4	李克强总理考察山东烟台称赞"地摊经济"是"人间的烟火"	山东烟台	4星
5	河南郑州一90后摆地摊卖"孟婆汤"走红	河南郑州	4星
6	北京日报刊发评论文章《"地摊经济"不适合北京》	北京	4星
7	辽宁大连夜市因脏乱被叫停	辽宁大连	3星
8	山东潍坊一名援鄂医生摆地摊普及急救知识	山东潍坊	3星
9	北大研究生路边义务辅导学生习题	北京	2星
10	河南郑州夜市复工商户实行单双号出摊	河南郑州	2星

表6-1（续）

序号	事件名称	地区	舆情热度
11	云南昆明一公园要求豪车才能摆摊	云南昆明	2星
12	深圳特区报发文称深圳不宜一哄而上发展"地摊经济"	广东深圳	2星
13	四川成都一女子摆摊一个月买宝马车	四川成都	2星
14	水滴公司创始人兼CEO摆摊宣传水滴保险商城	北京	2星
15	河南郑州现"后备厢集市"	河南郑州	1星

2. 舆情趋势

2020年3月15日，成都市城管委发布新规，允许商户摆地摊、临时占道经营。消息一出收获大部分网民点赞，称政府是"非常时期行非常之事""顾及底层民生""人性化管理"。此后，有关"地摊经济"的讨论"暗潮涌动"。两会期间，全国人大代表杨宝玲建议，在规范城市管理的同时，释放"地摊经济"的最大活力；5月26日，《新闻联播》播报，中央文明办明确不将马路市场、流动商贩列入2020年文明城市测评考核内容，自媒体纷纷以《路边摊回来了？中央明确，重大调整》《重大调整！中央文明办明确：允许摆地摊！》《终于，中央定调了！》为题进行传播，舆论普遍认为该消息释放出官方对发展"地摊经济"认可和支持的积极信号。政策的松绑促使摆摊成为一种风尚潮流，线下摆摊轰轰烈烈展开的同时，线上的讨论汹涌而至，舆情量开始暴涨并于当年的6月4日达到顶峰，相应的舆情热度见表6-1。

2020年6月6日，《北京日报》刊发题为《"地摊经济"不适合北京》的评论文章；6月8日，《深圳特区报》发文称"深圳不宜一哄而上发展'地摊经济'"，一系列呼吁理性看待狂飙突进的"地摊经济"的分析文章以及网民讨论，丰富了观点多元的舆论场。除了重申发展"地摊经济"在拉动经济、促进就业等方面的正面意义，反思其对城市交通、社会治安造成负面效果的声音始终存在。总体来看，舆论对于"地摊经济"基本持欢迎支持的态度，主要是侧重发展"地摊经济"在拉动经济、促进就业等方面的正面意义，但担忧其冲击商业地产，使卫生文明城市建设成果付诸东流，影响社会秩序等负面声音始终存在。随着各地陆续出台规范地摊市场的政策文件，"因城施策"地对地摊进行有序管理，有关"地摊经济"的讨论热度持续较长时间。

3. 媒体报道

1）传播"地摊经济"松绑

自中央文明办明确要求不将占道经营、马路市场、流动商贩列为文明城市测评考核内容的信息经传播后，"新京报网""澎湃新闻"等媒体纷纷发布解读性文章，视其为"地摊经济""马路经济"复苏的信号。随着"地摊经济"的走红，成都彭州作为推行"地摊经济"的先行者，其成功示范引发媒体集体点赞。后续，济南、郑州、石家庄等城市也相继发布通知，启动了结合自身特色的"地摊经济""夜市经济"计划，各地特色经济的异同引发媒体对比报道。此外，各地明确鼓励发展"地摊经济"及为有序开放"地摊经济"而开展的专项活动也在相关报道中占据较高比重。

2) 肯定"地摊经济"的积极作用

媒体肯定"地摊经济"的积极作用并进行多角度阐述,称 2020 年我国第一季度居民消费支出实际下降 12.5%,4 月全国城镇调查失业率为 6.0%,发展"地摊经济"能够有效拉动就业、刺激消费。也有媒体报道从"地摊经济"的特征出发,称"地摊经济"具有创业门槛低、失败风险低、商品价格低的三低特质,既能为以街边小店、路边小摊为主要业态的个体工商户快速补血,也有利于盘活万亿市场。还有媒体称,"地摊经济"能够使城市具有烟火气,提高城市活力。

3) 探讨如何促进"地摊经济"良性发展

如何促进"地摊经济"良性发展也是媒体关注的焦点之一。"人民网"发文称,在帮扶路边经济时要善用科技的力量,比如,用互联网思维进行管理,用大数据技术进行分析。《中国妇女报》指出,不同的城市有不同的定位和发展要求,"地摊经济"要"一城一策"。《中国经营报》发文称,"地摊经济"要做出有益探索,如给流动摊贩颁证、合法经营等。在"地摊经济"一片大热的情况下,《北京日报》在《地摊经济不适合北京》一文中称,发展"地摊经济"与否要根据城市的定位做出判断和选择,《人民日报》《央视新闻》也发文为"地摊经济"降温,指出"地摊经济"存在卫生安全、环保等问题,建议各地对地摊有序收放,回归理性。

4) 关注相关企业入局"地摊经济"

一方面,媒体聚焦互联网企业入局"地摊经济",腾讯、阿里、美团、京东、百度、拼多多等互联网巨头纷纷入局"地摊经济",对地摊及小店等进行服务和扶持。另一方面,"地摊经济"概念股的涨跌情况也备受媒体关注。2020 年 6 月 3 日,迪马股份、华斯股份、小商品城等 9 个上市公司股价一度涨停。在股价暴涨的企业中,五菱汽车因推出"摆摊神车"而受到舆论追捧,媒体除点赞五菱汽车"人民需要什么五菱汽车就造什么"外,还关注五菱汽车是否能从长期的亏损中翻身。后期,地摊概念股股价集体下跌,媒体多认为与"地摊经济"降温有关。

4. 网民言论

1) 支持发展"地摊经济"

网民普遍对"地摊经济"持肯定态度,并分别从增加收入、刺激消费、稳定就业等角度进行阐述。一部分网民认为摆地摊可以增加居民收入,缓解自身经济压力。还有部分网民认为近几年政府禁摆地摊后,购物只能去商场超市,发展"地摊经济"可以增加城市的生活气息,以较低的价格买到合适的商品。此外,还有网民认为摆地摊没有店铺租金的压力,对学历和技能也没有太高的要求,能够拉动低学历群体就业。

2) 讨论城管和摊贩的关系变化

随着"地摊经济"的复苏,城管和商贩关系的改变引发网民讨论。如近日"城管打电话邀请摊贩摆地摊"一事盛传网络,网民多以调侃的口吻评论此事件,如一部分网民认为城管手中商贩的联系方式都是往年罚款时登记下来的;还有一部分网民则吐槽需要商贩摆摊时,城管一个电话就轻松解决,不让摊贩摆摊时,城管就追着摊贩满街跑,有时还会出现城管打砸地摊的事件发生。城管和摊贩"对立"关系的急剧改变,让不少网民对此感到不适应,甚至有网民在网上对城管喊话"把去年抢走的西瓜和秤先还我",戏谑的口吻中夹带着少许心酸。还有部分网民认为城管打电话邀请摊贩摆地摊的做法不够规范，容易引发商贩误解城管在"钓鱼执法"，如果在电话通知摊贩摆摊的同时出具相关政策文件，便可大大减少摊贩们的疑虑。

3）关注多地叫停摆地摊

"地摊经济"走红后，北京、深圳、大连等地的多个夜市及地摊摆放点被叫停整改，不少网民对此举表示支持，认为"地摊经济"需要因地制宜，实事求是，不能盲目跟风，不同城市可以有不同的政策，"烟火气"不只体现于"地摊经济"。很多地方不适合发展"地摊经济"，尤其是北京作为国家政治、金融中心，"地摊经济"不符合首都形象。部分网民分析叫停摆地摊的根源是地摊脏乱差和占道经营问题，该问题折射出了部分地方政府开展"地摊经济"前期工作部署和预判不到位，盲目跟风，其次是摊贩自我约束意识不强。网民称，若此类问题得到妥善解决，很多地方是适合发展"地摊经济"的。

4）消极看待"地摊经济"

部分网民认为发展"地摊经济"只能解一时之困，并不是促进经济增长的长久之计，只有正规的企业才能有力推动国民经济，况且现阶段推行的"地摊经济"在管理上很不完善，容易引发食品安全、社会治安等各种各样的问题。部分网民担心"地摊经济"的复兴只是临时政策，很可能在某一天相关部门又会突然禁止摆地摊，发展"地摊经济"的政策会出现反转。还有部分网民认为地摊不是经济，而是生计，其本质是失业人群和生计艰难人群的自救，并且大部分人摆地摊的收入并没有网络上宣传得那样高。此外，还有部分网民认为"地摊经济"会冲击正规的零售业，让本就经营困难的零售业雪上加霜。

5. 问题反馈

"地摊经济"事件问题反馈汇总见表6-2。

表6-2 "地摊经济"事件问题反馈汇总

类别	问题
环境卫生	增加环卫部门的工作压力
	经营者和消费者素质良莠不齐
	给部分实施垃圾分类的城市带来了挑战
	噪声影响周边居民正常生活
	露天烧烤烟气排放处理不规范
质量安全	给假货和"三无产品"提供了市场
	食品安全问题缺乏有效监管
	产品的售后问题难以解决
城市交通	经营区域规划不合理，极易造成城市交通拥堵
	无序占道经营，会增加交通安全隐患
市场监管	易发生摊位垄断情况
	易出现恶性竞争，影响市场秩序
	商家与消费者发生纠纷无法得到有效解决
	商品价格体系缺乏有效监管

表6-2（续）

类　别	问　题
社会治安	存在私自销售国家管制类物品的隐患
	"偷窃""寻衅滋事"等治安事件频发，增加警方工作压力
	人员密集，增加了踩踏事故的风险系数
	摊贩使用的液化气罐有较大的安全隐患
其他	对实体店造成巨大冲击
	经营者收入不稳定，流动性大，无法从本质上解决就业问题
	政策推行时间仓促，各地政府缺乏合理的规划和引导
	"地摊经济"过热，影响国家税收稳定
	人员密集，会增加疫情防控压力

6. 舆情总结

随着"地摊经济"的走红，各地纷纷出台相关政策支持"地摊经济"发展，现就"地摊经济"发展过程中已出现的问题或可能遇到的瓶颈提出以下建议。

1）如何避免"地摊经济"变成一地鸡毛？

虽然2020年的全国文明城市测评指标未将占道经营、马路市场、流动商贩列为文明城市测评考核内容，但中央并未发布政策文件鼓励"地摊经济"，此外，考虑到全国文明城市测评指标存在变化的可能性，地方政府对"地摊经济"需审慎对待。因此，如何辨别全国文明城市测评指标放宽是权宜之计还是长久之策，如何防止"地摊经济""大风刮过，一地鸡毛"，如何促进"地摊经济"长稳发展，这些都需要地方政府仔细考量。

避免"地摊经济"一地鸡毛：一是要避免盲从，在"地摊经济"舆论场中，前期部分媒体迅速占领舆论高地，称"地摊经济"体现了城市的"烟火气"，是"下一个风口"，有试图影响其他城市经济规划之嫌，后期经降温后，各市亦需回归理性；二是要"因城施策"，"地摊经济"对于大型城市综合体而言稍显多余，可从人文角度出发，转变"地摊经济"思路打造夜间经济、小店经济、特色经济等，可助力强化城市特色；而对于偏远落后地区而言，"地摊经济"在集市的影响下又略显鸡肋，可将"地摊经济"与集市融合，将工作重心放在优化商品种类、集市硬件改造等方面，增加潜在客群；三是要避免政策朝令夕改，对于二、三线城市来讲，"地摊经济"的响应度虽然较高，但也易受"文明城市""卫生城市"评比影响，因此要制定长效政策，防止"地摊经济"起反效果。

2）如何防止地摊乱象死灰复燃？

2008年起，我国实行"全国文明城市"建设、评选制度，各城市为提高城市形象，纷纷出台相关政策规范"地摊经济"，地摊乱象得到有效遏制。今年，自部分省市放宽"地摊经济"后，从业人员蜂拥而至，部分"尝鲜""玩票"人员也为市场管理埋下隐患。另一方面，"地摊经济"易放难收，如何防止12年的努力功亏一篑也是相关工作的重中之重。

防止地摊乱象死灰复燃，各地虽出台有效政策，但总体还需立足于以下几点：一是加强政策宣传、政策规范，避免群众走入"'地摊经济'等于全市地摊"误区；二是划定摆摊指定片区，实行统一管理；三是做好地摊片区的配套服务，解决停车困难、交通阻塞、垃圾排放等问题；四是相关部门通力协作，防止违法犯罪事件发生；五是制定摆摊文明公约，约束摊主不文明行为；六是加强巡查，打击游击摆摊行为等。

3）如何保障"地摊经济"惠民利商？

虽然舆论普遍认为发展"地摊经济"能够稳定就业、拉动消费、促进发展经济，但也出现了一些不和谐声音：一是认为"地摊经济"意在"去库存"，是将企业的库存压力转移至摊主；二是指责媒体炒作"摆摊致富"，引导"全民地摊"；三是怀疑"地摊经济"走红是资本运作，表示地摊概念股暴涨后下跌是在"割韭菜"；四是担忧实体店受到冲击，认为"地摊经济"是在牺牲实体店利益；五是认为"地摊经济"商品同质化严重、热销商品跟风严重，热销商品及其制造商易陷入恶币驱逐良币的恶性循环等。

保障"地摊经济"真正的惠民利商，除了警惕恶性炒作，引导舆论良性发展外，最主要的是加强立法，遏制违法违规行为。自全国文明城市测评指标放宽后，各地如火如荼开展"地摊经济"，也有"倒逼"中央出台配套规范之势。而对于"地摊经济"中存在的普遍问题或地域性问题，不管是"避免地摊片区与成熟商业区重合"还是"允许商铺店外经营"或者是"打击假冒伪劣"，从根本上讲，还是要因地制宜优化营商环境。

【本章重点】

1. 舆情评论的定义：舆情评论指围绕舆情事件或舆情人物，在以舆情分析的方法进行解析之后，明确提出自己的观点、发表意见的评论文章。

2. 舆情的分类：中宣部舆情信息局以内容为标准，将其分成政治性、经济性、文化性、社会性以及复合性等几类舆情评论；舆情评论按照舆情信息的生成过程分为自发性舆情评论、引导性舆情评论、自反性舆情评论；按照舆情的持续时间和周期将其划分为阶段性舆情、周期性舆情和长期性舆情。

3. 舆情分析报告的规范：在内容规范上，包含样本抽取原则、数据分析模型、媒体来源分类和观点概括规范等；在形式规范上，包括页面设计、Logo标志、字体、字号、字数、色系、图表类型、美编原则等。

4. 突发事件舆情分析报告的内容包括：舆情概述、数据分析、数据来源、舆情走势、舆情分析及媒体评论摘要、舆情点评等。

5. 舆情分析报告的撰写步骤：①做一个事件回顾（舆情事件简介）；②对舆情的发展进行介绍；③舆情事件分析；④罗列一些具有代表性的舆情观点；⑤点评与研判。

【本章习题】

1. 舆情评论的定义是什么？其常用手段有哪些？舆情评论的体裁有哪些？
2. 简述舆情报告的基本规范。
3. 舆情评论的常用模式包含哪几种？如何区分各种模式？
4. 在撰写舆情分析报告时，有哪些注意事项？
5. 如何撰写一个完整的舆情分析报告？
6. 以新冠疫情事件为例，撰写一个舆情案例分析报告。

7 突发事件的新闻发布

各类突发事件往往是媒体报道和网络舆论关注的重点,因而做好突发事件的新闻发布工作尤为重要。在突发公共事件应急响应与处置的全过程,要把握好信息发布的时效度。及时、准确、客观、全面地发布突发公共事件的相关信息,尊重公众的知情权、参与权、表达权和监督权,既是新闻发布工作的重点,也是提升突发事件应对效果的关键因素。因此,本章将对突发事件新闻发布的种类、形式、原则、操作实务等内容进行梳理和介绍,结合新闻发布实际案例示范新闻发布会的注意事项和技巧,帮助读者学会与媒体打交道,提高新闻发言人的基本素养。

7.1 新闻发布的种类与主要形式

7.1.1 新闻发布的分类

新闻发布主要可分为两大类:常规的新闻发布和非常规的新闻发布。

1. 常规的新闻发布

常规的新闻发布是指经常或者定期举办新闻发布活动,如外交部、卫生部、教育部、公安部都是定时、定点例行召开的新闻发布会。再如,一些机构定期更新网站上的新闻,然后在每年或一个季度召开新闻发布会,像我国的商务部、统计局等单位。

常规的新闻发布,新闻发言人可以精心设置议程,选择需要的信息主动发布,并且按照新闻稿的要求提供给媒体。为了吸引媒体的注意力,发言人需要几天甚至几个月的时间准备。

2. 非常规的新闻发布

非常规的新闻发布是指在突发事件发生时召开新闻发布会,将事件的相关信息通报给媒体。这类信息一般对记者有着天然的诱惑力。

非常规新闻发布是对新闻发言人应急处置能力以及平时危机预警工作的考核。突发事件后的新闻发布常常属于非常规的新闻发布。

7.1.2 新闻发布的主要形式

不同的发布形式会在很大程度上影响发布效果，只有灵活运用新闻发布的各种形式，才能获得良好的传播效果。新闻发言人不仅要细心甄别和考虑各种发布形式的适用范围和实际操作效果，还要在新闻发布前根据即将发布信息的特点和舆论焦点、记者需求等选择适合的发布形式。

新闻发布的主要形式有以下7种：新闻发布会；吹风会；组织记者采访；新闻公报、声明；电话、传真、邮件答复记者问询；官方网站发布；微博、微信等新媒体发布。不同的新闻发布形式在正式性、灵活性和操作性等方面各有不同，也因此带来了适用情况的区别。

1. 新闻发布会

新闻发布会是指党委、政府新闻发布机构举行的向媒体介绍党和政府立场、观点、态度和有关方针、政策、措施等信息的新闻发布活动，是回应社会关注的一种重要形式。

特点：形式正式，权威性高，公开面广，互动性强，常以广播、电视和网络直播的形式出现，便于与诸多新闻媒体进行直接双向交流。一般来说对所有具有采访资质的媒体开放。准备程序相对复杂，发布要求较高。发布会时间可长可短。

适用范围：只有当发布主题足够重要、内容足够丰富、对记者具备足够吸引力时，才适合举行新闻发布会。

2. 吹风会

吹风会是新闻发布非常独特的一种形式。与新闻发布会相比，吹风会的发布内容更多侧重政策解读和背景介绍。吹风会分为可以报道和不可以报道这两种形式。发布人可以在报道中被提及，也可以是匿名的。吹风会的内容可以要求记者不作报道或不透露发布内容。国外经常使用吹风会，吹风会对中外媒体开放。

特点：灵活性较高。易于与媒体互动沟通。

适用范围：吹风会常被作为正式发布活动的前奏或补充，特别适用于一些重大政策、法律法规出台前后的政策深度解读。

3. 组织记者集体采访或单独采访

组织记者集体采访或单独采访是指通过主动约见（或应邀约见）、安排多家（或独家）媒体采访来发布信息。

特点：灵活机动、时效性好，可体现主动性，可以有选择地接触媒体，交流互动更加充分。

适用范围：集体采访可就发布主题为媒体安排现场感较强的实地采访，同新闻发布会相比，气氛比较轻松，答问也可以详尽些，由于范围比新闻发布会小，记者有多次提问机会。单独采访一般来说是记者更愿意采取的独家采访形式，因为可以获得更多独家新闻。有时可以把两种形式结合起来，先安排集体采访，结束后再安排某家媒体做单独采访。值得注意的是，当遇到突发事件和重大敏感热点问题时，最好安排两家或两家以上的媒体同时采访，避免因单个媒体报道的偏颇而造成严重后果。

4. 新闻公报、声明

新闻公报、声明是指新闻发布机构由党和政府授权，郑重宣布某项新闻事实，或者就某些事件或问题向社会表明本部门、本单位的立场、态度、观点等，这是一种正式和严肃的新闻发布形式。

特点：正式、严肃、采用书面和官方用语。

适用范围：公报、声明和谈话可以在报刊登载，也可以通过广播、电视播发。

5. 电话、传真和电子邮件答复记者问询

电话、传真和电子邮件答复记者问询是指遇有热点新闻出现或媒体需要求证某些新闻信息时，新闻发布机构常常需要用电话、传真和电子邮件等方式来及时回复记者问询的一种形式，该种形式常常用于突发事件后的新闻发布。

特点：及时、简便、灵活、需要快速回应。

适用范围：当一些重大突发公共事件和社会热点、焦点新闻发生，或记者需要求证某些重要信息时，利用电话、传真和电子邮件答复记者问询这种新闻发布方式的用处很大。公开新闻发言人的名单和联系方式，开通媒体与相关部门联系的快速通道，本身也是党和政府透明、开放的一种重要体现，而且对那些需要异地采访的外地或是境外记者而言更是非常方便。政府热线电话应当加强建设和管理，确保热线电话有人接、能及时答复公众的问询。关于问询，可根据媒体的和可供发布的具体情况，提供书面采访稿。电话、传真、电子邮件的回复应注意时效，尽可能在媒体要求的时限内回复。

6. 官方网站发布新闻信息

随着互联网的迅速发展，党委和政府新闻机构在官方网站上发布重要信息、文件、档案、报告和其他信息，上传新闻发布会的多媒体记录等，成为当下我国新闻发布运用电子政务平台进行发布的重要形式。

特点：即时发布，滚动发布，具有交互性，便于媒体和公众主动搜索获取。可以以数字化图表、音频、视频等方式呈现信息，具有可视性、可读性、可感性。

适用范围：在日常工作中，党政机构等官方网站要力图构建起一个权威、丰富、及时、准确、便于查找的信息平台，在网络领域传播主流声音。官方网站要建构一个平等、交流、互动的信息平台，了解民意，答复记者或公众的问询。

在突发公共事件暴发时，充分利用网络传播在时效性、广泛性和互动性的特点，第一时间表明态度，可以展现出主动沟通、积极应对的姿态，有效稳定民心，最大限度地减少不实报道带来的负面影响。

7. 通过微博和微信（公众平台）等新兴媒体平台发布新闻信息

通过微博和微信（公众平台）等新兴媒体平台发布新闻信息是发布机构发布信息的新形式。

特点：针对性强、扩散面广、影响力大。

适用范围：在日常新闻发布工作中，党政各部门应构建及时、准确、简洁的微博、微信（公众平台）发布平台，并链接相关新闻发布活动的现场情况。在突发公共事件暴发时，充分利用微博、微信（公众平台）传播广泛、互动性强、舆论生成迅速等特点，第一时间给出积极正面的态度、措施，展现出党和政府主动沟通、有效应对的姿态，有利于稳定民心，激发群众积极性，共度危机。当使用此种方式发布信息时要充分尊重社交媒体的传播规律。开通政务微博、微信要制定完善的管理办法，规范信息发布程序及公众提问处理答复程序，确保政务微博、微信安全可靠。

7.1.3 新闻发布前的准备

在突发事件发生后，具体的新闻发布准备工作包括以下几点。

1. 确定媒体沟通目标、发布口径和发布形式

首先，应当快速地确定媒体沟通的目标以及新闻发布的内容和形式。媒体沟通目标是指新闻发布方代表事件处理的主体想要告诉媒体和公众什么样的信息，希望媒体和公众做出何种反应。例如这次新型冠状病毒肺炎暴发时，首先应该确定的媒体沟通目标是，呼吁公众保持适度的警惕，以免新型冠状病毒肺炎的大面积传播，并确保公众知道相关部门已经投入了大量的人力和物力用以防治和控制新型冠状病毒肺炎的传播。当然媒体沟通目标在突发事件的不同阶段要有相应的调整。例如在上面的例子中，当新型冠状病毒肺炎得到初步控制后，应当将媒体沟通目标转为消除公众的过度恐慌心理，引导公众积极有效预防病毒；在整个局面完全控制之后，媒体沟通目标可调整为修补突发事件带来的负面影响。媒体沟通目标的调整应该因时而变，如果一成不变或者次序颠倒，则会造成极大的负面效果。

在确定媒体沟通目标之后，就要考虑对外发布的形式和内容。在通常情况下，突发事件的新闻发布都会以新闻发布会的形式呈现，有些情况下会选择集体采访的形式。同时，要充分发挥新媒体在时效性、传播范围等方面的优势来配合并开展相关发布工作。可根据情况具体灵活运用。发布内容的确定是一件非常具有基础性和技巧性的工作，首先要对突发事件目前掌握的情况有充分的认识，并对媒体沟通目标有清醒的认识。要结合媒体沟通目标，确定相关发布内容。其中有以下几点必须要认识到。

（1）一定要实事求是，任何时候不能说假话。
（2）必须清晰简明。
（3）一定要包含事实信息。
（4）信息传播的预期效果与媒体沟通目标是一致的。
（5）说话要留有余地，不要说得太满，以免带来工作上的被动。

2. 立即指定新闻发言人，并让其参与到事件处理的决策当中

在事件发生后，立即指定应对该突发事件的新闻发言人。发言人最好符合以下几方面的条件。

（1）根据突发事件的严重程度，确定相应职别的新闻发言人。
（2）有权威性和专业性，有媒体沟通经验，熟悉媒体运作，如果有媒体从业经验更佳。
（3）在突发事件处理中，能参与决策或者列席决策会议。
（4）形象稳重，有较好的表达能力。

根据突发事件的严重程度，确定相应职别的新闻发言人。一定职别的新闻发言人，有利于媒体和公众认知党政机构对突发事件的重视程度。具有媒体沟通经验可以使新闻发言人依照媒体运作的规律来处理问题，更易于与新闻界打交道。发言人此时代表党和政府形象，较好的表达和形象能建立起公众对党和政府的信任感，另外新闻发言人还要亲自参与到散发材料的写作当中，要求发言人要具有较好的书面表达能力。最为重要的是，新闻发言人一定要能够参与到突发事件处置工作组中，参加各种级别的决策会议，有权查看各种汇报资料和数据。这样，新闻发言人才能更好地掌握情况，并对决策提出舆论引导和公共关系方面的参考意见。

在确定新闻发言人之后，要对媒体宣布此新闻发言人是已经授权的信息发布人。这样会避免记者在采访中出现内容上的混乱、事实不一致、态度不统一等问题。否则，会造成媒体和公众无所适从，质疑政府发布信息的真实性，从而降低政府的公信力，不利于突发事件的处理。

3. 组织新闻发布团队，实时掌握事件进展、舆情现状

因为需要第一时间召开新闻发布会，所以以上这些工作都要在很短时间内完成，这是一系列非常具有挑战性的工作，也是一个团队合作的过程。由于突发事件的涉及面往往十分广泛，需要对众多信息进行总结、梳理，并强调其中的核心信息。同时，对舆情现状的把握也十分必要，了解公众的主要信息需求方向，甚至是公众出现误读信息等情形，才有可能作针对性的传播。这需要一个成熟的专业化团队支撑，仅凭新闻发言人一己之力，难免会有错漏和误判，而这很有可能造成公众不必要的误解。因此，应当注意提升新闻发布团队成员的政策把握能力、舆情研判能力、解疑释惑能力和回应引导能力。

7.2 新闻发布会的组织

7.2.1 新闻发布会的策划与筹备

新闻发布会的策划和筹备是指新闻发布会前要考虑和安排好发布主题、发布形式、发布人选、发布对象，并选择好发布时机、发布地点，有准备地进行新闻发布活动。这些环节都有重要的原则和技巧。

1. 确定发布主题

确定发布主题，即解决新闻发布活动"说什么"的问题。突发事件本身就构成了新闻主题。新闻主题要切合3个"要点"，即"政府要说的、媒体关注的、公众关心的"。如果发布的主题不符合这3点，新闻发布的吸引力就会减弱，传播面就会变窄，传播效果就不会好。

新闻发布的主题要有新闻性。可以从下列5个标准来衡量。

（1）重要性。所要发布的新闻事件是否对当前的社会生活、公众利益产生重大影响。影响越大，所要发布主题的新闻性越强。

（2）时效性。所要发布的新闻事件是否是最近发生的。事件发生离新闻发布的时间越短，所要发布主题的新闻性越强。一般突发事件新闻发布会的召开要越快越好。

（3）接近性。所要发布的新闻与公众是否有地缘上或者心理上的密切关系。地缘接近性是指新闻事件是否为发生在公众身边的事情，心理接近性是指新闻事件是否在经济、文化等诸多方面与公众有密切关系。例如上海发生的新闻对上海市民体现出地缘接近性，

而对在北京生活的上海人会体现出心理接近性。

（4）显著性。著名人物、单位、团体的动态往往引人注目，具有一定的新闻性。

（5）人情味。富有人情味，能引起人们情感共鸣的事件通常也具有新闻价值。

任何一个事件，只要兼具时效性和以上其他任何一个特性，就有成为新闻的可能。当然，其所符合的要素越多，事件的新闻价值越高。一般重大的突发事件所引发的社会关注与讨论往往是空前的，其本身就具有时效性和重要性，具有新闻发布的价值。

2. 确定新闻发布人，对会务工作人员进行分工

新闻发布人通常情况下是本部门的新闻发言人或是相关领导。对于突发事件来说，由突发事件应急处置指挥部领导发布显然更具有权威性。也可以考虑引入相关领域的权威专家，对发布内容进行补充，与发布人共同答问。

当然在考虑新闻发布者权威性的同时，也要考虑到其政治素质、新闻素养、语言与知识素养、气质外形等条件。

在正式的新闻发布活动中，考虑某些突发事件的涉及面比较广泛，可以邀请多人参与，各自负责属于自己领域的问题，避免仓促上阵，如果准备不足、配合不好很可能出现口径不一致的情况。对发布人选进行精心选择，发布席上人数尽量不超过3人，除了主发言人至多再有1~2人作为补充答问。要避免把一些没有发布任务的领导安排陪坐，不要形成传统会议中的主席台列席的模式。事实证明这样的模式效果并不好，往往是最高领导或某个关键部门分管领导被记者一再追问，而其他人只是陪坐，甚至一个问题也没被问及。

召开新闻发布会，除了先期的策划之外，周密的筹备工作也十分重要。作为活动负责人的新闻发言人最好有3个以上的助手，分别负责以下3组工作。

第一组负责活动资料的准备工作，包括会议日程、活动指南、新闻稿、图像资料、纪念品等。这项工作一般由具备一定媒体经验的策划人员完成。

第二组负责来宾的联络工作，包括致辞领导、演讲嘉宾、记者、参会者的邀请、确认，有时还要为领导起草讲话稿供其参考。邀请领导时通常需要提交一份正式的邀请函，包括活动的意义、时间、地点、其他嘉宾和与会媒体的情况，最好还能向领导或领导的秘书提供一份其个人在活动中的时间表。

第三组负责会务工作，主要包括会场布置、设备调试、现场分工。

总之，会务工作是一项烦琐的工作，对细节考虑得越周到越好，这些工作更多地集中在活动开始的前一天和活动期间。如果人手不足，会务工作也可由第一组和第二组来分担；但不管怎样，每一件工作不论大小都应责任到人，在新闻发言人的统筹下各组通力合作，严格遵守时间进度完成任务。

3. 研究舆情，预测关注问题

新闻发布人确定后，要抓紧研究舆情，预测关注问题。一般记者参加新闻发布会前都会对发布主题做快速研究，搜索自己的资料库或是参考舆情相关主题的报道，然后结合自己的经验得到问题列表。那么作为新闻发布会的策划方就需要对突发事件相关舆情进行搜集，研判和总结媒体和公众关注的焦点问题。所以说准确的舆情搜集、研判可以有效帮助新闻发言人判断记者们可能会问到的问题。

接下来，新闻发布会的工作人员要根据突发事件舆情，预测关注问题，准备一份问题清单，也就是本次发布会可能会被记者问到的问题列表。问题清单要尽可能地涵盖搜集的舆情中体现的媒体和公众关注的热点问题，同时也要预测本次发布会中可能会出现的热点问题和敏感问题。

问题清单的准备者除了要深入了解所发布的突发事件和相关舆情的搜集，还要有相当扎实的媒体专业知识和经验。因为突发事件发生后舆情搜集时间有限，发言人的经验及平时的积累就显得格外重要了。比如，一定要了解参会记者发问的习惯、问题设计的技巧，以及问题之间的关联。

4. 确定口径，准备答问参考资料

这个工作就是要解决"发布方想让媒体知道什么"的问题。口径是指发布方对某个问题做出权威、准确、一致的回答。确定口径包括两方面内容：①通过前面的舆情调研，总结出记者可能会问到的重要问题，发言人根据掌握的媒体情况，针对它们关心的问题代表官方给出权威准确的回答；②尽管记者会问到很多问题，但是新闻发言人不能被记者的问题牵着鼻子走，要在发布会前明确这次新闻发布会的主题，即刚发生的突发事件，并且围绕这个突发事件确定口径。

确定口径需要考虑的问题如下。

（1）新闻发布会的主题以及想要传递的核心信息是什么？
（2）目前已掌握的相关信息有哪些？还缺少哪些信息？
（3）决策领导对新闻发布内容的意见，尤其是对敏感问题的意见如何？
（4）还有哪些遗漏的问题没有确定口径？

新闻发言人应把重要问题的口径牢记在心，或者制作成方便查找的小册子。发言人还可以为一条敏感问题的口径准备几种不同的表达方式，在新闻发布会过程中用变化的语言不断重复同一个意思，从而加深记者的印象。

5. 选择新闻发布会的时机

突发事件的新闻发布，原则是越快越好，要善于在第一时间抢占舆论制高点，越快越主动，千万不能拖沓观望。不论在什么时间都可以立即召开发布会，向记者通报最新情况、澄清事实，以免谣言泛滥。等到小道消息或者非官方消息"满天飞"时，再作补救式的新闻发布，会让本部门处于极端被动的状态，造成信任危机。

在具体考虑新闻发布活动的召开时间时，还要适当照顾各类媒体的发稿时限。例如大部分新闻机构的截稿时间在中午以后，黄金时间的电视新闻在下午截稿，日报一般在晚上截稿。为了给记者留出充裕的时间消化发布材料、编写新闻，发布会最好安排在上午10点，最晚也不要超过下午3点。当然，发布会时间也不要太早，早上容易堵车，而且记者通常下班比较晚，早上起床也就晚一些。

突发事件的新闻发布会可以时间很短、多次召开，一有新的情况就向记者透露，抓住他们的注意力。

6. 确定新闻发布会的地点

确定发布会的地点主要是考虑给记者创造各种方便采访的条件，包括以下几方面内容：交通比较便利，能够解决停车问题；会场设备齐全，如满足拍摄需要的辅助灯光、网络直播所需的网络插口、扩音设备、电源插座等,尽可能照顾到各种媒体的技术需求;会场应相对封闭,以免因外人走动、说话干扰发布会。

常规新闻发布会一般都在专用的新闻发布厅举行。发布厅的布置相对固定,设备齐全,运作方便,在准备阶段可以节省很多精力。但突发公共事件的新闻发布有时也会在现场进行。现场发布极具新闻性,有极强的吸引力和感染力。突发事件发生时,记者往往蜂拥而至,事件现场发布有强烈的临场感。

7. 确定媒体名单并邀请记者

尽量提早通知与会媒体,不能晚于1小时,但又不可太早。在突发事件发生后,最好根据事件进展情况不定期安排新闻发布会。可以利用媒体公告向各媒体发出邀请或者在其官方网站上发布新闻发布会的通知,同时用电子邮件群发给记者;采访通知应包含发布会主题、时间、地点、发布人、联系人电话等基本信息,既要简短,也要起到吸引记者到场的作用。采访通知上可以简要地透露发布会内容,如果不希望记者提前报道出去,那就在通知上标注"请勿在某年某月某日某时前发表"。根据发布内容可以确定5家左右的重点媒体,以传真的形式发送采访通知并电话确认,向媒体阐明发布会的重要意义。发布会前新闻发言人应主动与记者接触,了解他们关心的问题。媒体一般都希望得到提问的机会,尤其是重要的新闻发布会,提问实际上也是给自己做广告宣传,这时新闻发言人可以安排记者的提问,关键是记者感兴趣的问题正是自己希望回答的问题。一些关系紧密的记者,新闻发言人还可以事先布置给他们几个问题,这些问题是发言人需要说明又碍于主动发布时间有限,于是借助记者提问时发布。尤其当遇到难缠的问题时,发言人给这些记者提问机会,能够缓解一下气氛;当冷场的时候,还可以活跃气氛。

但是这种安排不能太多,不要超过所有问题的1/3,否则会使发布会显得十分枯燥。发言人在回答这类问题时要特别注意简洁,切忌抓住一个称心的问题就长篇大论。其实对于优秀的新闻发言人来说,越是有挑战性的问题越能够激发他们的兴趣,做出精彩的回答。

7.2.2 新闻发布会的模拟演练

新闻发布会正式召开前还有一个非常关键的环节就是"模拟演练",尤其对那些很少举办媒体活动的部门或是没有参与过组织工作的人员,更需要进行演练。

演练有以下3种形式。

(1) 全程演练。就是完全按照新闻发布当天的程序做一遍,就像文艺演出前的"走台"。

(2) 对活动的关键部分进行演练。例如,在准备媒体自由提问环节时,可请几个关系不错的记者或公关专家事先模拟一下;在演练时多提尖锐问题更有助于新闻发言人做充分准备。这种形式效率高,效果也比较好,最为常用。

(3) 口头演练。就是在活动前夕召集所有工作人员开一个会,分配活动期间每一个人的任务,最后按照活动日程口头走一遍。比如从来宾的迎接、记者签到、主持人宣布开始、新闻发布、提问及回答、主持人宣布结束、送走嘉宾和记者,还有中场茶点和宴会等工作安排。口头演练是在准备一次新闻发布时须达到的最低标准。

模拟新闻发布会的记者应由专业培训机构人员或可信赖的职业记者扮演，提出的问题越尖锐越好，这样可以使发言人意识到在现场可能会出现的危机。

模拟新闻发布会最好在正式的发布厅进行，布置摄像机和灯光，制造出现场气氛。一个人到了新的环境开始总会有些不适应，但当镜头、聚光灯、观众被你心理上视为常态之后，你就会自如地发挥了；有时这些还会令你感到十分兴奋，盼望着正式的发布会快点开始。模拟发布会可以提高发言人的熟练程度，增强发言人的信心，确保发布会的成功。

7.2.3 新闻发布会的正式召开

这是最为重要和关键的环节，所有的策划方案、筹备工作的成果都要接受新闻发布会的实践检验。

1. 会务组筹备会

新闻发布会开始前一小时（根据会议的规模、规格而定，可能需要更早）全体工作人员到达会场，再次确认当天每个人是否明确自己的岗位，是否清楚自己的工作内容及要实现的目标，手中是否有《发布会议程》《工作人员联系表》，有无遗漏或需要补充的事宜等。

2. 会务人员各就各位

会务人员要各就各位。外围人员负责交通疏导、车辆停放；专人负责入场登记、资料发放、引领来宾入座；技术人员再次确认场内灯光、音响、电子设备运转正常，同时协助媒体安放录像、录音设备；会务总管保持与各个岗位人员的及时联系，掌握各环节的运行状况。

3. 主持人与发言人提前进入候场区集合

主持人与发言人要提前进入候场区（最好在发布会现场的休息室或者会议室）集合，再次进行充分的交流，统一口径，商讨应对预案；熟悉会场情况，比如摄像机的分布、翻译的位置、记者座位图、麦克风的位置、发言人的具体位置、台上有无分布的电线或台阶等细节，都应有所了解，以防出现意外或尴尬的情况。

随时与会务总管保持联络，了解来宾的具体情况，特别是媒体到场的人员状况，做到心中有数，从容应对。

主持人向发言人简单介绍到场媒体的特点。

4. 新闻发布会准时开始

若无特殊的情况，则按照预定的时间准时召开新闻发布会。

主持人与发言人上台、入座。

主持人宣布新闻发布会开始，介绍每一位发言人的姓名、身份。说明发布会的主题和大致背景，请发言人发布信息。这个过程最好不超过3分钟，主持人要稳重得体，不要喧宾夺主。

进入新闻发布的主题，如果是突发事件，应该对所发生的事件作个简单介绍。这个环节时间不应过长，一般不超过8分钟。发言要做到重点突出，删去套话，用语通俗易懂。念稿子会显得比较庄重，但也不要总盯着稿子，应时常抬起头与台下记者有目光交流；脱稿发布会显得比较随意、气氛比较轻松，发言人可以举些例子、讲个故事加强传播效果。

主持人邀请记者提问，然后根据问题的内容邀请相应的发言人回答。发言人每次的回答以不超过3分钟为宜。

问答阶段如果发言人缺乏新闻发布的经验，主持人指定的第一个提问记者可以是事先安排好的，这样给发言人以适应的时间。

主持人邀请记者提问应顾及分布，既有国内记者，也有国外记者；既有全国性媒体，也有地方媒体；还应注意到现场位置的分布，前后左右都要照顾到。

有时主持人还需要"救场"，当遇到记者提出刁钻问题时，主持人可以通过转移话题、补充回答、指定下一个提问记者等方式化解紧张气氛，比如说："对此我有一点疑惑，请问发言人您刚才说到的那个术语可以进一步解释一下吗？"把一个敏感的问题转移到对一个名词的解释上去，还有"对这一点我所了解到的是……好，下一个问题。"通过补充回答结束在某一问题上的纠缠。

主持人要控制问答的节奏和时间，不要在一个记者的问题上停留太久，也不要让整个发布会的时间超过一个半小时（一般在一个小时之内），否则，发言人和记者都会感到疲惫。

在还有最后两个提问机会时，主持人要提醒记者。

发言人作为发布会的主角要准备好答问参考，并且能够在会上熟练地查到相应的答案，不要用过长的时间或是慌乱地翻找。

发言人在回答记者提问时要直视提出问题的记者，目光在他身上停留一段时间，之后可以将目光转移到另一个方向。不要频繁地转移目光，也不用在一个方位上停留太久。整个发布过程中要照顾到左、中、右的记者，与他们有眼神的交流。

如果遇到没有准备的问题，发言人要沉得住气，运用发布技巧转移话题或者坦诚地告诉记者："我现在不了解情况，会后我将去调查此事，有何进展我们会及时与你联系。"

如果记者的提问超出发布会的既定议题，发言人、主持人可以酌情控制是否回答；面对难缠的记者，发言人要保持冷静，"微笑是面对记者最好的武器"。

发言人一旦意识到回答出现错误，要马上更正，多数记者能够体谅发言人出现的口误。

主持人宣布提问环节结束。较为精练的结束语是记者所喜爱的，以便其快速回单位整理发稿。

5. 发布会结束的善后工作

发布会结束后，一些记者为了获得独家新闻围住发言人继续提问，这种情况最好不要超过10分钟，在混乱的情况下发言人容易出错。

发言人应该任何时候都保持耐心，不为指责甚至谩骂所激怒，使用群众的语言诚恳地交流对话。

对待媒体，如果记者已经进入现场报道，不要试图阻止他们。

不要在媒体上出现暴力的场景。抓住与媒体记者沟通的机会，站在公众的立场上讲话。

对于冲突的解释应清晰，不用辩解，多传递正面信息，如措施、行动。

利用媒体新技术快速、广泛地传递信息，如通过网站和手机短信，注意遵循这类媒体的特点——发出的内容一定要简洁。

7.2.4 新闻发布会后的总结评估

新闻发布会后，需要对整个活动过程进行一次认真的总结评估，通过研究新闻发布会的效果，总结经验以供后续工作参考。

1. 总结经验

场内负责人和参与各个岗位的工作人员及时汇总交流发布活动流程和各岗位的经验，并将经验汇总到工作备忘中，提高工作水平，供以后工作参考。

2. 汇编报道

在发布活动翌日，通过网络检索和查阅报纸等方式搜集新闻发布活动相关报道，编辑成报道汇编存档。在搜集过程中发现报道中的问题，例如报道量偏少、报道失实或偏差等情况，也要及时向新闻发言人反馈，以便快速做出回应。

3. 全过程动态评估与反馈

要对新闻发布进行全过程的动态评估，并适时反馈，以把握和提升新闻发布的效果。发布机构要安排专门力量从新闻发布活动的主题选择、时机安排、策划准备、发言人现场表现、广播电视网络直播、翻译质量、境内外媒体报道、社交媒体的反应情况等方面进行综合性的评估。与此同时，也应根据舆情做出研判，提出下一步的策划建议。这些评估和建议要形成具有现实意义和理论深度的书面报告，供发布活动的组织者和发布方以及新闻宣传有关部门研究和参考，不断改进和提升新闻发布的质量，提升发布活动的传播力。

7.3 新闻发布的原则与技巧

在当今的社会环境下，不进行新闻发布是可怕的，但是发布不当会带来更大的麻烦甚至灾难，一旦因此酿成真正的危机——媒体事件，将会付出惨重的代价。因此，掌握新闻发布的原则与技巧是一门必修课。

7.3.1 新闻发布的原则

1. "第一时间"原则

"第一时间"也被称为"黄金1小时"。就新闻发布而言，大多数人在接受信息时有"先入为主"的趋向。换言之，人们更愿意接受第一时间得到的消息。如果人们首先接收到的信息是"地球是平的"，再说"地球是圆的"当然会遭到反对和抵制。政府向公众传递信息的速度，其实是政府应对突发事件的反应速度的一种象征。这说明应急预案已经启动，事态正在逐步得到控制，这一点在"新闻以秒来计算"的社交媒体时代尤为重要。如果公众没有得到任何消息，人们就会认为政府未能对突发事件做出及时的反应，从而对政府失去信心，而这种公信力是需要政府付出百倍的努力才能够挽回的。

2. 真实准确原则

真实、准确是新闻发布要遵循的基本原则。真实是新闻的生命。无论何种借口下的谎言，都会激怒媒体和公众，导致党和政府官员的诚信受到质疑，造成对党和政府形象的严重损害，同时非常不利于突发公共事件的解决。真实准确包含以下几个方面。

（1）构成新闻要素的时间、地点、人物、事件等都要真实可靠。

（2）新闻所反映的客观事实，包括事情发生的环境和条件、过程和细节、人物语言和动作，原因和结果，都必须一是一、二是二，不能添枝加叶、合理想象。

（3）新闻引用的各种资料，如背景材料、数字等，都必须确切无误。

（4）新闻的观点必须从材料中来。认识的高度，事物发展的程度，都要按实际情况，讲究分寸，留有余地，防止片面性、绝对化。

3. 以人为本，坦诚开放原则

从新闻学的角度考量，突发事件具有很高的新闻价值，也是公众广泛关注和迫切需要了解的信息。自2003年"非典"事件以来，政府对于突发事件新闻传播规律的认识越来越深刻，禁止编造、传播有关突发事件的虚假信息。这对及时公开突发事件及处置信息提出了更高的要求，因为信息的发布和透明是处理突发事件的关键，新闻媒体传播信息所起的作用十分重要。通过新闻媒体公开突发事件及处置信息，不仅是让公众知道事件的真相及其进展，消除不必要的恐慌心理，满足公众的知情权，而且更重要的是让公众了解事故发生的原因，从而防止类似事故的再次发生，使公众在社会生活中行使好监督权和参与权。因此，政府在应对突发事件中要做到相关信息的"4个公开"，即事件过程公开、处置措施公开、事故原因公开和责任承担公开。在突发事件的新闻发布工作中，还要坚持以人为本，将公众利益放到第一位，对事件中受到影响的人群要进行充分的人文关怀，向公众信息公开的前提始终是保障公众的利益。比如新冠肺炎疫情暴发，最初只是公布确诊人数，也是为了保障确诊人员的隐私权，但后期随着疫情的发展公布了确诊人员行动轨迹也是为了保障其他绝大多数公民的安全。

4. 适度紧张原则

突发事件的新闻发布既要保持公众对事件的关注又要将公众的紧张保持在一个可接受的范围之内。过度恐慌会造成社会骚乱和不稳定，但突发事件面前让公众完全放弃警惕心理也可能导致新一轮的危机。因此，在突发事件的新闻发布工作中，要避免造成公众的过度紧张，但也不能让公众放松抵御危机的警惕，而是保持一种适度的紧张，这样有助于危机在公众的配合下顺利解决。例如我国在新冠肺炎的防治过程中，公众在适度紧张的状态下能够既主动配合防治而又不会打乱基本的社会秩序，从而影响经济发展和人们的生活。

7.3.2 新闻通稿的写作技巧

要让你的新闻稿变成明天报纸上的头条，需要发言人具备较高的新闻敏感和消息写作技巧。

一篇优质的新闻发布稿的前几行必须独立成章——有信息量、吸引力，能以最快速度抓住读者的眼球。其原因是大多数发布稿都是电子版，发布稿在新闻中心的电脑上排列在一起，记者在清单上挑选稿件时，通常只能看到稿件来源和最重要的开头几句话。因此，新闻发布稿必须具有以下特点：及时；结构合理；清晰；简练；不含糊其辞；完整。

（1）新闻稿的写作顺序。最重要的东西放在最前面，细节内容根据重要性由高到低的顺序排列。好的新闻稿可以从最后往前删。因此，如果新闻稿的开头很乏味，记者有理由猜测稿件的剩余部分毫无价值。更重要的是这也会损害公信力，公信力是公共传播的基础，失去公信力要比得到它容易得多。

（2）标题。标题是吸引读者的标签。应该尽可能的简短，不超过一行，尽量不要超过18个字，包含主动动词。

（3）语言。要使用新鲜的语言，不要写泛泛的道理，避免用感情色彩过于鲜明的词汇，避免用形容词和副词，慎用敏感的词语、提法。

（4）段落。新闻报道使用的句子和段落较短，每个段落只包含一个要点，当谈到另一个观点、人物或场景时，要另起一段，总之段落应该越短越好——一般来说两到三句话一段，分段是一种视觉辅助手段，帮助读者把一大块文字分成小段。避免用连词、长句、复句，尽量用单句。

（5）直接引语。直接引语应该有趣且有力——这是文字版的"同期声"。用它们来把报道变得有声有色。因为大多数报纸上的消息都只会采用一到两句引用语，所以应该保证前两句是最好的。

（6）在发布稿中披露坏消息。处理坏消息是对新闻发布稿写作者和发言人的考验。永远不要将坏消息藏在新闻发布稿的角落里或放在发布稿的最后。因为总会有人发现这些内容，并会很高兴地把它放进标题里。处理坏消息，首先要使用诚实的语言。突发事件的新闻稿要把人们关心的伤亡人数、财产损失之类的坏消息放在导语里。

（7）给编辑的备忘。供编辑参考的备忘中不应包含新闻。这些备忘仅提供背景信息，如过去发表的相关声明的细节，参考消息和网络链接等。

（8）联系方式。和发布稿有关的联系方式应该标注在发布稿的底部。联系方式应该包含相关新闻官员的电话号码、发布机构的办公电话、非工作时间联系电话和相关网站的网址。

（9）校对。校对工作非常重要，而且须有两个人参与。校对稿须用最终发布的版面格式，以查找是否有不恰当的分隔，校对错别字、漏字、病句等。有一个简单而有效的新闻发布稿检测方法，将它大声读给另一个人听。你应该觉得它朗朗上口，而听者也能够立刻明白它的意思。简言之，发布稿不仅要是好的文稿，还要是好的广播稿。

（10）核心信息。新闻发布稿的目的是为了将要发布的核心信息传达到公众脑海里，并使得这些信息尽可能少受到改动。应该避免一些发言人最容易产生的错误想法，就是"如果他们（媒体）搞错了（发布稿的阐释），那是他们的问题"。这种想法是错误的，发言人的工作就是为了避免这种偷懒而不专业的态度，并保证新闻发布的传播质量。

总之，好的新闻稿件应该清楚、通顺、生动，具有一定的信息量、既有知识性又有趣味性，用最少的文字表达最丰富的内容。

7.3.3　与媒体之间的互动技巧

1. 熟悉记者常提的问题

新闻发言人在学习如何回答记者问题之前，首先需要熟悉媒体记者通常会问什么样的问题，例如：

① 究竟发生了什么事情？

② 相关领导是什么时间、在什么地方知道的消息，反应如何？
③ 事情发生的经过，到目前为止的进展情况如何？
④ 对于这件事，采取了哪些对策和决定？
⑤ 责任人是谁？
⑥ 他将担负怎样的责任？

当然，这只是一般性的问题。新闻发布会上，记者会利用提问的机会，不失时机地表达媒体的立场和公众的立场；新闻发言人也要运用新闻传播技巧，恰当地对媒体和公众的疑问做出回应，同时还能够巧妙地把记者的注意力转移到自己所要强调的核心信息上来。

2. 回答"敏感"问题的技巧

在各种问题的应对中，"敏感问题"是最难回答的，也是发言人与媒体争端和分歧的导火索，因此，发言人要特别谨慎对待，善于疏导，能够化"危"为"机"。在回答各类问题，特别是"敏感"问题时，有两种实用、有效的方法可以借鉴："桥梁法"和"旗帜法"。

（1）所谓"桥梁法"，就是发言人利用恰当的过渡性词句将记者所提的问题与自己需要表达的核心信息进行有效的对接，确保发言人始终把握话语主动权，不让记者牵着鼻子走，从而达到与记者进行顺畅交流和沟通的目的。具体如下：

① 如果发言人对记者的提问没有异议，可以这样回答："是的。但除了你说的这种情况，还有……（转移到发言人需要表达的核心内容上）"。

② 如果发言人完全不同意记者的问题，可以这样回答："不，情况并不是你所说的那样，请允许我解释一下……（转移到发言人需要表达的核心内容上）"。

③ 如果发言人对记者的问题没有明确的答案，可以回答："关于这一点我还没有得到更多的信息。不过，据我所了解的情况是……（转移到发言人需要表达的核心内容上）"。

（2）所谓"旗帜法"，就是突出和强调新闻发布的重点，间接影响媒体的"议程"和记者的报道角度。常用的"旗帜语"有：

① 今天我谈了不少问题，我想重点可以归纳为以下3个方面……。
② 最为重要的是……。
③ 请大家一定不要忽略了这一点……。
④ 我想再强调一下这个问题……。

3. 发言人说"不"的技巧

发言人要尽量不说或少说"无可奉告"，但也并不意味着任何时候都不能说"不"。要求发言人什么都知道，什么事情都要"知无不言，言无不尽"是不可能的，也是不允许的。按照国际惯例，发言人所说的内容是有一定权限的，特别是涉及保密、未公开的、隐私、敏感等问题，不允许发言人向记者提供更多的情况或发布评论。如何说好这个"不"字，对发言人也是一种考验。以下提供一些实践中的表达方式，仅供参考。

发言人常用应对句式：

① 这个情况我不太清楚，为了给你一个负责任的答案，我愿意在了解清楚情况之后再回答你。

② 这个问题我只能说这些。
③ 我没有什么新的东西要说的。
④ 我没有什么东西要补充的。
⑤ 这不是某某部发言人要回答的问题，请你向有关方面询问。
⑥ 请问你能告诉我消息的来源吗？
⑦ 这个问题不属于我回答的范围，但我愿意了解后通过发言人办公室向你做出回答。

4. 发言人要恰当地表达情感

突发事件的新闻发布，特别是那些天灾人祸、车毁人亡的恶性事故，新闻发言人应表达出难过、沉重的心情，使用语言也要格外地慎重、恰当使用每一个词语。任何违背自己身份、违背公众期待的表现都是失职的。

5. 发挥声音的力量

新闻发言人要善于通过悦耳的声音表达信息内容。情绪是通过语言的声音表现出来的，因此，发言人要能够根据发布会不同的主题，自如地控制语调、语速，使自己所说的话能够很好地增加力度、话语色彩和感染力。

6. 表情要真诚

真诚的表情，如眼神、笑容、皱眉等，在公众见到发言人的 10 秒钟之内就给他下了定论。因此，保持自然、真诚的表情，会容易让受众产生亲近感，放松心情，从而有利于发言人传达信息。

7. 保持正确的站姿和坐姿

发言人应该保持端正、挺拔的站姿和坐姿，正确的站姿和坐姿给人一种安详庄重的印象，从而在新闻发布时表现得更加完美。

8. 恰当的手势

科学家研究发现，恰当的手势有助于思想感情的表达。人们在说话的时候会不自觉地使用手势，手势与人们的日常交流和表达关系紧密，一方面为自己所传递的信息提供一种视觉上的辅助，同时可以帮助受众记住更多的信息。通常来说，人越是处于活跃的状态中，使用手势就越频繁。当人们在兴奋、生气或者下定决心的时候就很难控制手势的使用。一般情况下，人们更容易记住他们所看到的而不是所听到的。

9. 用眼睛与观众交流

发言人应该通过长期的训练和实践，形成自如地与他人进行眼神交流的习惯，这不仅是对对方的尊重，也可以使其更加集中注意力，倾听你的谈话。

7.3.4　新闻发言人基本素养

新闻发言人必须具备 4 项基本素质：政治思想素质、部门或行业的业务素质、新闻发布的专业素质以及心理素质。这 4 项素质各有偏重又相互交融，只有具备综合素质的新闻发言人才能担负起新闻发布的这项极具挑战性的工作。新闻发言人只有不断在实际工作中培养和提升自身素质，才能更好地完成这项光荣的使命。

1. 政治思想素质

新闻发言人可谓身兼二职，即是公务员、国家干部，又是党和政府的代言人和媒体重要的新闻源。新闻发言人应该严格用"政治强、业务精、纪律严、作风正"的要求来指导自己的行为。

维护国家和人民的根本利益是新闻发言人的基本立场。新闻发言人的工作,既不是为个人赚取政治资本,也不是为某个部门牟取短期利益,而是为国家和人民的根本利益,这个立场绝不能有任何动摇。

新闻发言人必须对自己的言论负责,认识到自己的每句话都可能与国家利益、人民利益和中国的国际形象联系在一起。

在重大突发事件发生后,新闻发言人要快速反应,及时邀请权威部门召开新闻发布会,向国内外媒体和公众开诚布公,发布信息,防止出现民心混乱、谣言四散的局面。

2. 业务素质

在新闻发布中,发言人如果能对本部门的相关情况烂熟于心,娓娓道来,其所传达的内容也就更容易为媒体和公众所接受。新闻发言人应该对本部门的日常工作、运作机制、政策法规、发展方向等各方面情况了如指掌,对自身专业领域的现状和未来趋势有深入洞悉,这样讲起话来才能胸有成竹,有理有据,权威可信。

3. 新闻发布的专业素质

要有深厚的媒介素养,深刻把握和运用新闻传播规律,了解当前国内外媒体发展现状,谙熟媒体运作的基本模式,只有这样,才能在与媒体的合作与交锋中沉着应对,胜券在握。

新闻发言人要注意与媒体保持长期的良好关系。公共关系看重的是持久而稳定的关系维持,而不是"一次性处理",要与媒体以诚相待,只有这样才会使公共关系手段产生真正的效果。

另外新闻发言人要具备知识和语言素质,要立足本地区、本部门,熟悉具体的业务状况,更要具备广博的知识结构和深厚的知识积累,要"内知国情、外知世界"。只有如此,才能在应答记者时信手拈来,旁征博引,为新闻发布锦上添花。

新闻发言人高超的语言艺术是其知识、气质、学识的外在表现,需要长期的积累和沉淀,只有这样才能将技巧有机地融会在新闻发布中,实在地提高传播效果。

4. 心理素质

新闻发言人要有较强的心理承受力,在当今信息传播时代,新闻发言人的一举一动都可能影响其所代表的国家和地区的公共形象,对党和政府方方面面的工作产生影响。所有这些都会给新闻发言人带来一定的心理压力,加之新闻事件往往无法预料,需要快速反应以应对媒体的采访,这对发言人的心理承受力提出了巨大的挑战。

要具备主动的现场掌控力,新闻发言人面对记者时,就像是进入了一场拉锯战,发言人首先必须成功地控制好自己的情绪,既不会被对方咄咄逼人的提问激怒,也不要因对方的恭维而忘乎所以,偏离主题。新闻发言人要保持清醒,用自己的方式,将传达的内容限定在预期的范围之内,不能被记者牵着鼻子走。

要具备灵活的随机应变能力,新闻事件往往事发突然,记者提问的角度也常常难以估量。因此,新闻发言人的随机应变能力便十分关键,这是一种在原则性和总目标不变的前提下,针对具体问题来具体分析和解决的能力。

【案例 7-1】2020 年 1 月 26 日湖北省人民政府关于新冠肺炎新闻发布会

主持人："……首先，请周先旺市长介绍情况，有请周先旺市长。"

周："……到目前为止，我们的防护服，我们的 N95 口罩和护目镜已经得到了很大的缓解。"

……

王晓东："谢谢你提出了一个非常关键的问题，医用防护服，口罩等这些防护物资，现在是紧缺的。尽管刚才周市长讲通过各方面努力有所缓解，但是仍然是当前疫情防控工作面临的最突出，最紧迫的问题之一。……三是发动本省企业开足马力生产，我们省仙桃市的防护服和医用口罩的生产是具有一定优势的，比如说年生产各类口罩是 108 亿只，其中民用是 8.8 亿只，医用是 9.7 亿只，有两家企业，生产欧美标准的医用防护服，现场的生产能力不是很大，7000~8000 件，……据我了解到，武汉市还有一家企业在新洲生产防护服，好像产能是 5000 件，我明后天到现场办公……。"

周先旺："……疫情一发生，国家卫健委的专家组也就提醒我们对这些口罩要按照规范处理好，所以我们的城管在垃圾分类中特别把口罩作为一个类型，分出来以后运到医用垃圾的焚烧厂去焚烧，目前这项工作存在的问题，因为大家丢弃口罩的习惯和垃圾分类不完全一致，还没有达到 100%，这是下一步要抓的一个事……"

记者：……

王晓东："……刚才关于口罩的规模数字有点出入，口误，不是 108 亿只，是 18 亿只，更正一下。"

记者：……

周先旺：……

记者：……

周先旺：……

记者："农村的疫情如何防控？"

王省长："谢谢这位记者提问，在回答你的问题之前我还是要把刚才我的口误完整的纠正一遍，我们省的各类口罩生产能力是 108 万只，其中民用是 8.8 万只，医用是 9.7 万只，对不住先纠正一下。刚才记者朋友提到农村成为疫情防控薄弱环节，的确是这样，农村的医疗条件相对薄弱，农民的防范意识也相对薄弱，如果疫情在农村蔓延开来，后果是很严重的……"

案例提示：2020 年 1 月 26 日，湖北省召开新闻发布会通报疫情和防控工作情况，发布会时长约 1 小时 16 分钟。发布会内容以疫情信息通报和介绍政府防疫工作为主，对病患收治情况、物资状况、医疗支援情况和市民生活保障等信息进行了发布。新闻发布会共计回答了来自 8 家媒体的提问，媒体的问题大多围绕现阶段政府具体工作展开，包括：物资分配问题、口罩处理问题、病患收治问题、医院交叉感染问题、市民出行问题、农村地区防疫问题等方面。该案例在分析时可以从下面几方面开展。

（1）信息发布内容的准确性方面。对于新闻发言人两次改正口罩产能数值，数值差距巨大。

（2）新闻发言人口径一致问题。关于物资数量问题，则出现了两个新闻发言人信息自相矛盾的情况。发言人称防护服问题"已得到很大缓解"，而后续回答记者关于物资问题的追问时，另一名发言人则称物资问题仍然是当前"最突出、最紧迫"的问题。

（3）新闻发言人言行问题。关于发言人不戴口罩、错误佩戴口罩问题成为发布会备受瞩目的热点。

【案例7-2】2020年2月10日湖北关于新型冠状病毒感染的肺炎新闻发布会

图7-1　2020年2月10日湖北关于新型冠状病毒感染肺炎新闻发布会

这次新闻发布会（图7-1）全部采用网上记者提问，避免了现场集中感染的可能性。

主持人："新型冠状病毒感染的肺炎疫情防控工作指挥部召开第20场新闻发布会，今天我们邀请到省委副书记，武汉市市委书记马国强先生，武汉市卫生健康委党委主任张红星先生，武汉市金银潭医院党委副书记、院长张定宇先生。请他们来介绍情况并回答记者和网友的提问。首先请马国强先生介绍武汉市疫情医疗救治工作的有关情况。"

马国强：……

主持人：……

记者：……

马国强：……

记者："我们知道昨天武汉拉响了应收尽收的总攻战，这几天也确实有很多确诊患者也陆续入院了，但是我们还接到很多家属的电话，很多患者床位困难，请问下现在具体存在多少患者还没有入院治疗，就总数有没有摸清楚，下一步如何实现应收尽收的目标。谢谢。"

马国强："我刚才回答通过我们区的摸排和街道社区的摸排，确诊的重症患者1499人，通过我们的摸排还有疑似的患者当中的重症没有得到入院治疗，通过昨天和今天的努力，这些疑似的患者当中的重症能够到我们非定点医院进行简单的治疗和隔离，同时加快检测确定其是否确诊，确诊以后随着病床的扩展我相信他们的收治会加快，入院会加快。

谢谢。"

记者：……

张定宇："新冠肺炎实际上是一种自限性疾病，目前在我们医院的治愈率还是很高的，目前我们医院收治的新冠肺炎患者累计超过了1500余例，绝大部分患者包括重症及危重症患者经过氧疗、免疫调节治疗以后均可以顺利出院，请广大市民不必过分恐慌，谢谢。"

记者：……

马国强："我们公布疫情期间在外人员返汉工作实施方案，其中很重要的是要解决两个方面的问题，一个是籍贯或者常驻在武汉由于春节的原因到了外地，现在希望回到武汉来的人员，对这样的一些人我们是欢迎的，会协同现在这些武汉人所在地的当地部门做好对接，来保障他们安排顺利返回武汉。另外一些人在武汉工作，由于春节前赶回自己家乡过春节，现在需要返回武汉进行工作。大家知道，现在疫情防控正处在焦灼状态，之所以出台保障城市运行和居民生活密切相关人员的返汉要优先安排，是因为现在药房、超市、酒店如果要正常运转起来，满足武汉市民的生活需要，需要这些人返回武汉。具体落实要通过用人单位，尤其在武汉的各个用人单位的人员，由用工单位提出需求，由政府来保障交通，确保他们能够顺利安全返回武汉，投入到武汉的各项工作当中去。"

记者：……

张红星：……

记者：……

张定宇："目前在我们医院出院患者当中，包括重症和危重症患者没有出现复发和再次感染的病例，因为所有患者出院治愈以后体内会产生一段时间的抗体，但是至于是否能达到终身保护还有待进一步研究。国家卫生健康委员会和中医药管理局根据临床治疗进展也在不停地反复完善新冠肺炎的诊疗方案，目前已经出了第5版，每一版都有完善与修改，现在的方案与早期比较有了一定进步，一是在诊断方面，在我们湖北省不再强调核酸检测作为唯一的确诊标准，二是在临床分析上增加了轻型这个类型，三是确诊患者推荐用药有所增加，四是出院标准也有所规范，患者临床症状消失，核酸检测两次阴性，肺部影像学显示肺部炎症明显吸收方可出院，谢谢。"

主持人："记者提问就进行到这里。很多网友也十分关心武汉市的情况，请发布人回答两个大家比较关注的问题。第一个问题：从现在的治愈病例来看，对新冠肺炎来说，除了医疗救治之外，还有什么是比较重要的治愈因素，对患者有什么建议。请张定宇先生回答。"

张定宇："一个是要早发现早治疗，发现症状的患者需要及时就医，积极对症治疗，不要过度恐慌，二是加强隔离保护措施，家中发现有疑似病例或者确诊患者时，一定要将患者送到指定的医疗机构进行隔离或治疗，并且做好室内的空气、物表地面的消毒，加强自我防护。三是要保持积极乐观的心态，因为目前没有特效药，治疗过程中更多的是靠患者自身的免疫机制，所以患者增强战胜疾病的信心也尤其重要。谢谢。"

主持人："第二个问题：我们关注到武汉市防护服每日还是存在缺口，防护服进行消杀后能否进行循环使用。请问这样是否具有可操作性，消杀后的防护服防护效果是否影响防护。"

张定宇:"关于防护用品如果是一次性防护服使用基本要求是不能反复使用的,例如现在使用的防护服、口罩、手套、靴套等均不能消毒后重新再循环使用。但是有些比如护目镜、胶鞋等防护用品经过消毒灭菌达到相应的消毒规范以后是可以循环使用的。谢谢。"

案例提示:2020年2月10日,湖北省召开新闻发布会通报疫情和防控工作,发言人除了地方政府及主管部门的领导外,还邀请了当地医院的院长,时长约18分钟。发布会互动环节采用媒体线上提问形式,总共回答了6名记者的提问,问题围绕"应收尽收"排查工作、治愈率问题、疫情复发问题、返汉问题展开。同时,发布会还收集了两名网友的问题进行了解答,网友问题主要围绕医疗专业问题展开,均由医院院长回答。可以从以下方面考虑该案例。

(1) 新闻发言人构成有专业人士参加,有利于提升新闻发布会的专业性。

(2) 新闻发布会形式利用网络视频,符合新冠肺炎防治要求,不进行人群聚集性活动。

(3) 新闻发布会互动沟通维度拓宽,回答网友的提问拓宽了新闻发布会互动沟通的渠道,切实回应了民众的关切,起到了较好的效果。

【案例7-3】副市长哪里去了?天津是座没有"爆炸新闻"的城市

2015年8月12日22时51分46秒,位于天津滨海新区吉运二道95号的瑞海国际物流有限公司所属危险品仓库最先起火,23时34分06秒发生第一次爆炸,23时34分37秒发生第二次更剧烈的爆炸。事故造成165人遇难,截至2015年12月10日已核定直接经济损失68.66亿元。天津港爆炸事件发生后,自媒体反应敏捷;海外新闻媒体也及时对事件予以关注。官方媒体在事发后12天内举行了14次新闻发布会,将事件信息动态地予以披露,公开事实真相,满足公众的知情欲望,力争阻遏谣言和不实传闻,但在该事件发生后,新闻发布最初也存在不尽人意的地方。

1. 事件新闻发布概况

为了对事件新闻发布进行更好的分析,笔者将整个事件中政府新闻发布情况大致分为以下几个阶段。

政府沉默期(事发当天—8月13日16时30分):当晚有关部门迅速做出反应,积极展开救援。但所有关于事件的主要的信息来源都来自以自媒体为主的网络消息,官方并没有发布任何权威消息。

政府新闻发布危机爆发期(8月13日16时30分—8月17日11时):2015年8月13日16时30分召开首次天津港爆炸事件新闻发布会,到8月16日第六次发布会,不断出现会议延迟、直播中断、发言人念稿、责任官员缺席或失语等问题,再加上天津市各级政府有关部门并未在第一时间进行信息反馈,使得谣言开始传播,搅乱了舆论环境,舆论引导相对被动,受到舆论的猛烈抨击,事件有升温趋势。不少网友讽刺"世界在看天津,天津在看韩剧""天津是座没有'爆炸新闻'的城市""副市长哪里去了"。

政府新闻发布危机消减期(8月17日11时—8月23日16时):8月17日11时,天津市分管安全生产的副市长何树山首次参会，并对前期未回应的问题做出回复，从而平息了大部分"次生舆情"。在第九场新闻发布会上，天津港股份公司董事长郑庆跃首次露面向公众致歉并回答了记者的提问，此后，"次生舆情"开始逐渐消退。8月23日16时召开最后一场新闻发布会，而后的8次新闻发布会政府逐渐主动控制话语权，谣言逐一澄清，质疑声消解。

2. 事件中政府新闻发布的经验总结

此次事件中政府新闻发布的以下做法是值得肯定的。

1) 多部门、多机构负责人共同进行新闻发布工作

鉴于天津港爆炸事件涉及的方面很多，情况十分复杂，天津官方举行的新闻发布会，没有采用新闻发言人一人发言的方式，而是主要采用市委宣传部副部长兼市政府新闻办公室主任参加和主持、邀约有关方面人士（包括官员和专家）出席发布新闻及回答记者提问的方式。由相关负责官员和专家出面，就自己管辖、熟悉的领域进行新闻发布和回答媒体记者的提问并与之交流互动，较之于一位新闻发言人自始至终唱"独角戏"，有突出之处。天津港危险品爆炸事件发生以后，新闻发布会由多个方面的负责人出席，由他们发布自己管理或熟悉的某一方面的工作信息，效果更好些。

2) 高频率地举行新闻发布会

连续式、系列化的新闻发布会，有利于及时地、动态地发布关于这场灾难的各个方面的重要信息，对于澄清事实真相、遏制谣言和传闻的扩散、避免由哗然的舆论引起次生灾难，都是颇有裨益的；同时，也有利于更加有针对性地发布信息，占领舆论制高点，牢牢掌握话语主动权和主导权。

3. 事件中政府新闻发布的反思

1) 首次新闻发布会不够及时

新闻发布会的原则要遵循"黄金1小时"。天津官方于事发的第二天下午4时30分举行首场新闻发布会。首场新闻发布会在这场特大灾难发生后17小时举行，难言及时。在重大突发事件发生后，政府在发布关于事件真实、确切、权威的信息方面，必须有争分夺秒的意识和行动。这既是对社会负责、对公众尊重的表现，也是消除谣言和不实传闻、维护人心稳定和社会安稳的良方。错失事件信息传播的黄金时间，其结果是公众中的不信任情绪不断发酵，其代价是政府的解释受嘲弄、诚信受质疑、形象受损害，以此为迟到的新闻发布买单。

2) 主要负责人"出场"太迟

第二次新闻发布会，分管安全的副市长和安监部门的负责人理应出席而并未出席。他们是公众期待出场的人物，然而没有及时出场。其实，以上两个角色迟早是要出场的。从赢得公众信任和获得话语主动权，与其迟出场，不如早出场，早出场总是比迟出场更主动。作为事故责任方，天津港集团直至第九次新闻发布会才出场，虽然有种种理由可以推脱，但其实际效果只能是挑战公众的忍耐力，从而也丧失了话语主动权。

3) 新闻发布会不"准时"

按照新闻发布会的一般规则，"准时"是一个起码的要求。然而，在"8·12"事故后有3场新闻发布会因故推迟。其中，第二场发布会延迟了10分钟，第六场发布会延迟

了 20 分钟，第七场发布会甚至整整延迟了 1 个小时。政府新闻发言人却并未就此做出解释，从而引发了媒体和公众的各种想象与猜测，进而导致"次生舆情"的出现。

4）在媒体和记者面前屡现"本领恐慌"

一些出席新闻发布会的官员，在媒体及记者面前显得能力低下，陷入了频现"能力恐慌"的尴尬境地。具体表现是：①不敢说话。胡言乱语当禁绝，说话谨慎是必需的，但慎言不等于喏嚅、噤声，也不等于可用"不知道"来消极应对。该说的话不敢说，是对党、政府和人民不负责任的表现。②不会说话。不清楚哪些该说哪些不该说，也不清楚该说的话应当怎么说。③不善说话。不知道怎样才能把话说好。相关人员的一句"见到大家很高兴"的开场白，虽属平时的客套话，但是在那样一种特定场合和气氛中说这样的话显然是不恰当的，引起了公众的不满和非议，理所当然地被耻笑。其道理很简单：因为说话人缺乏场合感，说的话很不得体。以上种种，都是"本领恐慌"的表征。

5）前几场新闻发布会几乎每一场都有瑕疵甚至是比较大的不足

例如，过多使用否定词。否定词在新闻发布会上的运用要讲究技巧，不能使用过多。在首场新闻发布会上，对于具体起火爆炸原因，给出的回答是"不清楚"；在第二次新闻发布会上，就消防具体处置方法的问题，给出的回答是"目前不清楚"。在第三次新闻发布会上，新闻发布官员在回应问题时使用了"这个情况不了解，需要下来问一下""这个情况我需要找同事核实一下"。这些虽然是应对新闻发布会上对情况不熟时的外交辞令，但是在深重的灾难发生后，公众知晓他们想要知悉的信息的心情特别急迫，对传闻加以证实和证伪的愿望特别强烈，在他们看来，这类的语言无异于搪塞之语，何况类似的语言还出现了不止一次。在第四次新闻发布会上，涉及了"安评"问题。新闻发布官员回答说，"安评"情况系由交通部门掌握。在回应中频频使用了"不掌握""不了解""无法回答"等否定性词语和表述方式。在第五次新闻发布会上，对爆炸是否已经确认源头的问题，有关官员的回应是"不清楚"。因前面几次新闻发布会上已多次出现过此类否定式回答，这时再用，难免引起记者和公众的激愤。面对记者"危险品与小区建设的距离"的提问，官员的回应竟是"这不是我的职责"。这比回答"不清楚"还要糟糕。因为其中隐含着"此事与我无关"的意思，急于撇清关系的心情溢于言表。记者提出的"编外消防员谁统计"的问题，未获官员回应；当被问及伤亡的具体数据时，回答是"不掌握"。对于这样的新闻发布会，再善解人意的记者和公众也难免会有不解和不满情绪。

【本章重点】

1. 非常规新闻发布的含义：非常规的新闻发布是指当突发事件发生时召开新闻发布会，将事件的相关信息通报给媒体。

2. 新闻发布的主要形式：新闻发布会；吹风会；组织记者采访；新闻公报、声明；电话、传真、邮件答复记者问询；官方网站发布；微博、微信等新媒体发布。

3. 新闻发布会的策划和筹备的内容：新闻发布会的策划和筹备是指新闻发布会前要考虑和安排好发布主题、发布形式、发布人选、发布对象，并选择好发布时机、发布地点，有准备地进行新闻发布活动。主要包括以下几个环节：确定发布主题；确定新闻发布人，对会务工作人员进行分工；研究舆情，预测关注问题；确定口径，准备答问参考资料；选择新闻发布会时机；确定新闻发布会的地点；确定媒体名单并邀请记者。

4. 新闻发布的原则："第一时间"原则，真实准确原则，以人为本、坦诚开放原则，适度紧张原则。

【本章习题】

1. 新闻发布的种类有哪些？
2. 简述新闻发布会的特点和适用范围？
3. 新闻发布的原则是什么？
4. 举例说明在突发事件新闻发布会上说"不"的技巧。
5. 如何策划和筹备一场突发事件新闻发布会？

8 突发事件的媒体访谈

突发事件的出现影响了正常的生产生活节奏，可能产生不良后果，往往会引起社会的关注，因而是媒体所关心的热点。媒体访谈作为传媒领域的会话形式，以其特有的话语组织和言语表达潜移默化地渗透进人们的生活，某种程度上"已经成为影响我们思想和行为方式的一种新权威"。本章将从媒体访谈的基本要素、媒体访谈的形式及特点、媒体访谈的访问及应答技巧这3个部分进行系统地讲授。

8.1 媒体访谈的基本要素

8.1.1 媒体访谈的定义

"媒体"指交流、传播信息的工具，这里的媒体是狭义媒体，主要指报纸、期刊、广播、电视、网络等大众媒体。媒体访谈是通过报纸、期刊、广播、电视、网络等媒介公开发表的会话形式。这种会话形式一般是预先有访谈目标和提纲的，它不仅仅是参与者之间的沟通交流，更重要的是它可以满足第三方受众的信息需求，可以说，媒体访谈是人际传播基础上的大众传播。

媒体访谈通常指媒体从业人员（主要指主持人、记者等）参与的，以通过媒介公开发表（向第三方受众提供或传达特定信息）为目的的，话回模式较为简单、单方控制力较强的会话。其本质上是大众传播和话语互动，其中广播、电视、网络中的专访、谈话节目，重大突发事件中的现场采访、连线以及报纸期刊发表的口语访谈笔录等都属于媒体访谈。

吴郁教授在《主持人的语言艺术》一书中论述："可能受国外响应节目翻译的影响，人们通常也给专访冠以宽泛的概念'访谈'，不过从更规范、更严谨的角度看，从分类研究的角度看，'访谈'是个大概念，它包括了主持人专访和主持人谈话两种节目形态。"同时她还谈道："电话访谈节目是指由主持人邀请有关人员，围绕公众普遍关注的重要问题，在轻松和谐、平等民主的氛围中展开讨论的群言式言论节目。随着谈话类节目的不断发展，电视谈话的话题也不断丰富，除了公众普遍关注的重要问题，各类以人物为核心的谈话节目也不断推出，但谈话节目的最重要特点——群言式并未改变，这一特点也是它与专访节目相区别的主要特征。"

综上，媒体访谈的概念可以归纳为，由主持人邀请新闻人物、新闻当事人或者新闻评论人，围绕访谈对象本身或者公众普遍关注的重要问题，展开人物性、事件性或话题性的讨论。一般是在正常谈话的情况下，以面对面的人际传播方式，通过广播、电视媒介、新媒体等进行的一种大众传播活动。

媒体访谈的构成，一般以访谈对象讲述的故事或者新闻事件的述评以及舆论热点话题探讨和辩论为主线，面对各种人物、事件、话题，除了通过访谈把事实清楚地展现给大众，与访谈对象进行理性和感性的交流以外，还要积极有效地控制话语交际过程。

通常突发性事件的媒体访谈可分为以下 3 类。

1）突发事件同步直播访谈

突发事件同步直播访谈，顾名思义就是结合正在发生的突发事件，进行同步直播报道，并进行同步的观察、分析、评论。这也是从 2003 年伊拉克战争直播报道后，中国内地媒体普遍出现的报道形态。其独特的地方在于，它不单纯以访谈部分作为节目的主题，而是以正在发生的突发事件为新闻核心，一切媒体活动围绕事件展开，访谈部分是对突发事件进程中各方面信息的有利补充。

突发事件同步直播访谈的最大特点是将现场的声音、画面同步播出，时效性、现场感强。它不仅使观众在第一时间了解现场情况，还能带给观众极强的现场感和参与感。它给予观众的不仅是结果，而且是过程。

2）突发事件调查访谈

突发事件调查访谈是对事件当事人进行媒体访谈，其目的是为了还原事件本身、追寻真相。当突发事件发生时，虽然大众十分关注，但却无法直接对突发事件进行调查。这时候媒体工作者通过各种各样的手段和途径，甚至冒着各种危险探究事实本身，逐步揭开真相。媒体的调查进程或对突发事件的理性分析往往成为调查性访谈的叙事主线。

突发事件调查访谈需要很好地把握观众的心理需求，在有逻辑、有步骤地进行调查的同时，也要代表大众提问，不断地寻找答案，使调查结果层层展现于观众面前。让观众在媒体访谈的整个过程中有一种亲自参与的特权式体验。

3）突发事件评论访谈

突发事件评论访谈是就当前具有较高新闻价值的重大突发事件发表看法、进行解释分析的媒体形式，是反应和引导社会舆论，实行舆论监督，指导生活和工作的重要途径。是集新闻、评论、专题为一体，追踪社会热点，展开突发事件背景，阐释突发事件因果的深度报道。媒体制作多以现场采访、现场录音、现场报道、追踪报道和拍摄等方式，配以同期声和画外音，加上突发事件背景分析或相关评论，对事件背景进行深度解读。

8.1.2 媒体访谈的基本要素

媒体访谈主要包括访谈者、受访者、访谈目的、访谈内容、访谈时间和访谈地点这 6 个基本要素。

（1）访谈者，是指具有特定目的的谈话中的主导者和控制者，一般是一个人充当，也可以多人共同分担角色。

（2）受访者，是指应邀或者是配合访谈者的访谈对象，可以有一个人或多个人。

（3）访谈目的，是指访谈要达成的预期和目标，可以依此制定访谈提纲，是访谈者与受访者共同努力的方向。

（4）访谈内容，是指围绕访谈目的所进行的谈话的主题，可以是一个也可以是多个。

（5）访谈时间，是指一次完整访谈进行的时间，少则半小时，多则一小时，也可以根据具体情况进行长短的变化和调整。

（6）访谈地点，是指预先约好的地点，室内或室外，访谈者和受访者可以在同一地点，也可以在不同地点，通过电话、卫星连线等联系起来。

8.2 媒体访谈的形式、特点及角色定位

8.2.1 媒体访谈的形式

"媒体"指交流、传播信息的工具，其形式主要有报纸、期刊、广播、电视、网络等。媒体访谈是通过报纸、期刊、广播、电视、网络等媒介公开发表的会话形式。这种会话一般是预先有访谈目标和提纲的，不仅仅是参与者之间的沟通交流，更重要的是满足第三方受众的信息需求，可以说，媒体访谈是人际传播基础上的大众传播。

突发事件媒体访谈的形式从非典型到典型可归纳为广播谈话节目、电视谈话节目、现场采访、答记者问、报纸及期刊访谈、电话（卫星）前方记者连线、专访等，主要表现为访谈者的控制力由弱到强，话语风格由通俗到庄重，由非正式到正式。

访谈形式靠前的，多为访谈者与嘉宾、现场观众的群言式讨论，参与人数较多，信息交流范围较广，现场观众和嘉宾各抒己见，双向交流的互动性强、即兴性强。访谈形式靠后的，多是访谈者与受访者之间的一问一答，类似于专访，以访谈者问、受访者答为主，信息的传递相对单向、固定，信息交流的渠道狭窄，谈话的双向和即兴特点不突出，一般访谈提纲会提前让嘉宾过目。

8.2.2 媒体访谈的特点

（1）预先准备性与即时性的统一。突发事件媒体访谈的访谈目的明确，一般在访谈前便设计好访谈进程和目标，参与者由访谈者、受访者（有时也有观众）组成，话题围绕预先设定的真实突发事件展开，访谈者会依据访谈提纲在指定的时间开始访谈，推动访谈进程，并在指定的时间范围内结束访谈；同时，突发事件媒体访谈中访谈者与受访者的会话又具有即时性，是在突发事件访谈提纲既定思路基础上的即兴发挥，"往往呈现前言引动后语，一个思想火花引燃另一个思想火花，一个形象激活另一个形象的场面"。

（2）表现形式多样性与表达符号多元性的统一。突发事件媒体访谈形式上可以是电话连线、卫星连线，可以是面对面访谈，可以是广播访谈、电视访谈，也可以是网络访谈；手段上以语言交流会话为主，报纸期刊访谈可以通过图片，广播电视网络访谈等方式呈现，在此基础上还会使用录音、录像等符号作为访谈的辅助手段。

(3) 大众传播与人际传播的统一。突发事件媒体访谈中访谈者与受访者之间的会话交流是一种人际传播，同时媒体访谈"承载着大众传播的特定的社会、人生问题，阐述新闻事件或背景，加强社会沟通、实现情感交流、人际交往，或者为观众提供知识、咨询、帮助等社会功能"，具有以人际交流为基础的大众传播话语特征。其话语目标是受众，话语的建构和理解受大众传播机构框架的制约。

(4) 话语互动性与访谈者控制性的统一。突发事件媒体访谈话语以互动交流为特点，以访谈者的提问和受访者的回答为主要话语特征，带有一定的表演性质，试图在荧屏上再现自然环境中的随意交谈。在以访谈者提问和受访者回答为主要特征的互动话语中，一问一答的话回模式构成访谈话语互动的主要特征。访谈者和受访者在互动过程中对问题的恰当性、回答的必要性、回答的准确性以及双方的话语权等进行磋商，并在磋商的过程中实现主持人与嘉宾的互动交流。互动过程要求在固定时间内完成，要求信息密度高、效率高；访谈者在话题选择、话题分配等方面处于主导地位，访谈过程中访谈者通过提问等方式引入、转换话题、控制话题，通过重组话语、打断、插话、忽略、认可、支持、鼓励等方式控制访谈进程。多数情况下访谈者的提问并不仅仅是一个简单的问题，而是经过精心设计组织的话语。在话语的准备、组织过程中，不仅需要考虑访谈的进程和目标，还应始终意识到观众是访谈话语的最终接受者。因此，访谈者的访谈话语不仅要让观众听懂，还要产生预期的效果，这一目标不仅决定整个访谈的进程，同时自始至终制约着访谈者与受访者对语言手段、话语策略的选择。访谈者把握着整个会话的开始与结束，其话语基本上是以提问为主，而受访者则是对访谈者提出的问题给予回答，所以说访谈者掌握着整个会话的进行。

(5) 真实性与表演性的统一。突发事件媒体访谈力图为受众呈现最真实自然的会话，还原和再现日常谈话，访谈中虽有访谈提纲，但更多的是临场发挥与应变，访谈者和受访者在进行访谈之前，一般会避免接触或谈及相关内容，因而具有真实性，但同时由于媒体访谈的实质依然是大众传播，因而访谈者和受访者的交流不太可能达到真正日常人际传播中完整有效的信息传播。另外，由于沉默的螺旋等因素的存在，访谈双方不太可能像日常人际交流一般表现出真正的自我，而是需要基于双方在媒体访谈中的角色呈现谈话，因而不可避免地夹杂表演成分。

综上，媒体访谈具有访谈中"谈"的性质，有随意交谈的话语特征，同时又受大众传播媒介的制约。媒体访谈言语表达相对正式，因而媒体访谈的大众传播目标及其力图再现日常谈话的话语风格也决定了受访者的话语特征兼具比较正式的书面语和比较随意的谈话语体。

8.2.3　媒体访谈的角色定位

在突发事件媒体访谈中，访问者（主持人）及受访者（嘉宾）双方在谈话中扮演各自的角色。

1) 访问者（主持人）的角色定位

访问者（主持人）的主要角色是听话者、谈话控制者、背景介绍者、提问者、话题制造者和总结者。

（1）听话者（倾听者）是访问者（主持人）所表演的基本角色，而隐藏在这个表演角色之后的才是其真正意义的角色。

（2）谈话控制者是访问者（主持人）的重要角色，其他的谈话角色都是由这个角色派生出来的。

（3）背景介绍者是谈话开始前需要对受访者（嘉宾）以及访谈的有关情况作一介绍。这包括两种情况，一种是由访问者（主持人）直接介绍，另一种是在广播媒体或电视媒体上介绍，还可以通过编制好的声音或视频的背景资料来介绍。

（4）提问者：在谈话中，访问者（主持人）负责提问，并适时地转换话题。在媒体访谈中，提问是专属于访问者（主持人）的权力，通过提问制造话题，引导受访者（嘉宾）说出希望得到的有关信息。这种提问权力其实是读者、听众或观众授予的，是借助访问者（主持人）之口向受访者（嘉宾）提问；而受访者（嘉宾）之所以认可访问者（主持人）提问的权利并给予配合，其实质仍然是对观众的权利的认可，其目的是希望借由媒体宣传或解释自己。

（5）总结者：总结谈话也是访问者（主持人）的任务与权利。这种总结有两个功能，一是标志着谈话结束；二是为读者或听众、观众总结这次访谈。这种总结从内容上看未必概括全部的访谈内容，但是所概括的是访谈中最核心、最吸引人的部分，访问者（主持人）往往力图营造一种意犹未尽，让人回味不已的效果。

2）受访者（嘉宾）的角色定位

受访者（嘉宾）的主要角色是话题陈述者。从信息提供的角度来看，受访者（嘉宾）在大多数时候是体现自由意志的"说话者"，但是政府官员、组织负责人、企业领导作为嘉宾时往往在访谈过程中体现的是自己部门的"传声筒"。

受访者（嘉宾）是"媒体（节目）邀请的客人"和"话题陈述者"。由于谈话基本是在访问者（主持人）的安排和控制下进行的，因而受访者（嘉宾）承担客人的角色，但与普通客人不同的是受访者（嘉宾）还是问题的回答者和话题的陈述者。受访者（嘉宾）的陈述是受限制的，时间、话题与话题转换都由访问者（主持人）来控制。受访者（嘉宾）也有一定的主动性，他可以选择自己感兴趣的话题多谈，对自己不想提及的话题则尽量回避，在回避时，则更多运用消极礼貌的原则。

受访者（嘉宾）一般都是"有备而来"，因为在访谈之前，访问者（主持人）与受访者（嘉宾）之间一般都有一定的沟通，或是受访者事先看过访谈的提纲，对提问是有所准备的。这点从电视节目中可见一斑，诸如嘉宾回答问题比较冷静、沉着，甚至感觉说话有些做作。

8.3 媒体访谈的访问、应答技巧

8.3.1 访问者（主持人）的访问技巧

1）充分做好访谈前准备

做好访谈工作非常关键的前提就是访谈前的准备。由于突发事件具有不确定性，因此,在进行访谈工作之前一定要预想到一些事先需要做的工作。例如,和受访者提前进行思想方面的沟通,列出访谈问题,之后再对具体的内容做深入分析。另外,访谈对象也存在不确定性,这也给访谈产生了不小的压力。总的来说,在访谈之前要将准备工作做到位,这对于是否能够成功报道新闻有着重要影响。

2)注意访谈方式

访问者的提问手段大多有以下方式:正问、侧问、反问和追问。基于这些访谈方式,访问者可以从受访者口中获取到自己所需要的信息资料。并且,也要运用相关的提问手段来逐步引导受访者做好问题的回答。针对具体的访谈环境采取不同的提问方式。例如,在时间比较短的时候,一般运用直接提问的形式进行,而对于一些灾难的环境下,一般要根据受访者的情绪表现,以采取相应的委婉方式进行提问。

3)采用多变手段,提高访谈质量

作为一名优秀的访谈人员,不但应具备专业的知识,而且在访谈时,也应冷静沉着,能够采取多样化的访谈手段,应对多样化的环境。对于新闻记者来说,应具备敏锐的观察能力,能够时刻关注到受访者的表现情况,只要受访者出现了紧张、对周围环境无所适从的情况,访问者就要进行访谈手段的调整,在见到受访者时,先要进行自我介绍,说明自己的谈话意图,缓和受访者的紧张情绪。然后,再运用牵引的手段,表达话语,访谈态度不能太过激进。对于提问的速度方面也要着眼于对方的思考时间,访谈语言尽量做到通俗易懂,以提升访谈的质量。在访谈结束后,将访谈进行归纳总结,不断完善自身访谈技巧。

4)记录技巧

在突发事件现场进行访谈的记录技巧包括两种,即心记和笔记。由于现场一些不稳定因素的干扰,访问者(主持人)只能采取心记的方式进行,这也是访问者(主持人)自我素质和能力的一种体现。访问者(主持人)需在很短的时间内将受访者的一些主要信息记忆下来。当然,也可以采取笔记的手段进行,但是只能记录一些关键词,然后在访谈结束后,再进行整理。访谈笔记可以体现出访谈的真实性。

8.3.2 受访者(嘉宾)的应答技巧

由于突发事件媒体访谈节目的最终目的是向公众传播有效信息,而不是简单地聊家常。所以话题选择、话题尺度的把握及话题的应答技巧都很重要。

(1)在接受访问之前,受访者(嘉宾)对于谈话可能涉及的范围要有充分的分析,目前社会上对于该话题存在的不同观点和看法都要在事先有所了解。

(2)对访谈中涉及的大量事件提炼出精华的部分,整合成一条整体线索(如时间线索、人物线索、地点线索、事件线索),帮助受众梳理事件的来龙去脉,便于受众理解和接受你要传达的观点和信息。

(3)对待电视媒体的访谈时,受访者(嘉宾)有几点特别注意事项:①可采用多种技术手段丰富基础素材,如准备照片、图像、题板,增强视觉效果,有助于引导受众的思维方向;②在30分钟(或更长)的电视访谈节目中,可有意识设计一些亮点或悬念的地方,以吸引观众的注意力;③在与访问者(主持人)交流互动中,应适时地即兴发挥,避免访谈的模式化或是照本宣科。

8.3.3 突发事件访谈中的注意事项

1. 确保报道的及时性

对于突发事件进行有效报道，第一要将获取到的线索在各部门之间进行共享，同公安、消防、安监、路政和卫生等部门构建联系，根据线索迅速到达现场。因为突发事件一般发生得快，结束得也快，去晚了就结束了。第二就是采写编发速度要快，因为报道最后都要落实到纸面上，能够在第一时间发布新闻才是最好的。

2. 确保事件的真实性

对于新闻报道而言，最为关键的就是整个事件的真实性，在受访者针对突发事件做出描述后，访问者不可在原有的基础上夸大其词，应努力还原事件的真相，从而让群众能够获取到最为真实的突发事件。

3. 保持好采访心态

访问者应时刻保持沉着冷静的心态，找寻新闻的突破口，但不可为此做出违背道德的事情。要具备良好的应变能力，在面对混乱的现场，甚至现场被封锁的情况下，要保持清醒，通过对周围的目击者进行采访，以了解事件经过。在访谈时，访问者（主持人）一定要有"妥当采访不错过，不妥当采访不要有"的职业操守，进行合理化、有序化的采访。

4. 注意保护好自身安全

对于突发事件而言，其最主要的特点就是危险。这些危险主要涉及自然灾害、战乱、爆炸，甚至是交通事故等，并且，在进行拍摄时，也可能会发生危险，为了获取到珍贵真实的画面，有时不得不深入到危险当中，不过还是要在拍摄时注意安全方面的问题。

5. 选择合适的报道时机

在采访一些突发新闻之后，一般都是希望能够在最短的时间内将所采访到的信息进行报道，但是，基于这种情况之下，要进行认真的权衡后，按照所采访到的具体内容，选择好合适的刊发时间再进行报道，需要考虑到新闻媒体的社会职能。新闻媒体不仅要担负起传播社会资讯的使命，而且还需要关注社会的和谐稳定。

6. 做好后续报道

在突发事件的报道中，受众的好奇心不仅仅停留在突发事件的初期阶段，人们对事件带给人类社会的长远影响更具好奇心。然而，对于这种好奇心理的满足是短时间内无法解决的，受众的好奇心会随着时间的流逝而变得不那么强烈但却不会消失。一旦媒体播发相关新闻就会立刻重新唤起受众的收视热情。

【案例 8-1】中美史克 PPA 危机公关

概括来说，面对突发事件，在接受媒体访谈时，必须提防 6 个陷阱：无可奉告、找难堪、评论竞争对手、谣言、假设及错误的前提。

以中美史克 PPA 危机公关为例，其事件大概脉络如下。

2000 年 11 月 16 日，国家药品监督管理局发布了一则《关于暂停使用和销售含苯丙醇胺的药品制剂的通知》，中美史克的感冒药"康泰克"与"康得"被禁止销售。年销售额7亿元的市场瞬间化为乌有。

2000年11月16日当天，中美史克公司立即成立危机管理小组。并发布了危机公关纲领：第一，坚决执行政府暂停令，暂停生产和销售；第二，通知经销商和客户立即停止康泰克和康得的销售，取消相关合同；第三，停止广告宣传和市场推广活动。

11月17日中午，中美史克全国各地的50多位销售经理被召回总部，全体员工大会召开。中美史克总经理杨伟强向员工通报了事情的来龙去脉，宣布公司不会裁员。

11月18日，50多名销售经理带着中美史克《给医院的信》《给客户的信》奔往全国。对于经销商，他们得到了中美史克公司明确的承诺，没有返款的不用再返款，已经返款的以100%的比例退款，中美史克在关键时刻以自身的损失换来了经销商的忠诚。

11月20日，中美史克公司在北京召开了新闻媒介恳谈会，会议邀请了多家中央级及地方级媒体。这也是中美史克总经理杨伟强首次在"康泰克事件"后于媒体前露面。杨伟强强调"维护广大群众的健康是中美史克公司自始至终坚持的原则"，并表示其"不停投资"的决心。

11月21日，15条消费者热线全面开通。此后，面对部分新闻媒体的不客观报道及同行的借机炒作和攻击行为，中美史克保持了应有的冷静，并没有过多追究，只是尽力争取媒体的正面和客观报道。与此同时，中美史克高层把股东请到了生产地点，以事实为依据，恢复股东对公司的信心，促使其继续投资。

2001年9月3日，中美史克对外宣布，新康泰克获准国家药品监督管理局通过，并于即日起开始上市，中美史克大规模收复失地的战役打响。

在上面的案例中，康泰克的极致就在于一夜之间丢掉市场，一年之内又抢回了市场，而这与其良好的危机处理意识和媒体采访应对是分不开的。对此，康泰克的董事长杨伟强曾这样总结："我最大的成功就是没有把外部危机转化为内部危机。"

1）无可奉告

很多经验表明，企业说"无可奉告"只会显示企业本身不可信或者在逃避问题。对于这一陷阱的对策是尽量不说无可奉告。只要企业有所准备，就应该披露一些内情，为了避免说些不利的事或无法直接回答被问及的问题，可以采用多种方法予以转移话题，而不要总是说"无可奉告"。

例如，以下是记者与中美史克董事长杨伟强的对答。

记者："刚才你说很快就会有结论，有什么依据？"

杨伟强："我相信政府既然说暂停销售和使用，他们就会抓紧时间做这件事情，其实，老百姓也希望尽快知道结论。"（这样就把政府抬高到了一定高度。）

记者："如果万一得出的结论对你们不利怎么办？"

杨伟强："当然是积极配合政府采取的任何措施，因为我们要想在中国长期发展，就必须对政府和老百姓负责。如果政府和老百姓觉得我态度摆得比较正，就会对我企业今后的发展给予更多的支持，这比我们暂时受一定的经济损失重要得多。"

2）找难堪

有的记者为了获取独家新闻，会要挟企业提供他们正在寻找的信息，如果企业不配合,其就会以报道不利的新闻或从其他地方查找信息来威胁企业,给企业制造压力。对于这一陷阱的对策是要冷静客观地向记者表明记者可以做任何想做的事,但企业不会背离自己的原则和判断,同时可以简要地解释企业为何不愿深度回复的原因。

例如,以下是记者与中美史克董事长杨伟强的对答。

记者:"根据你个人以及你所知道的专家意见,你认为康泰克到底有没有问题?"

杨伟强:"一个人或者几个人的看法不足为据,要想得出一个权威的结论必须有一个专家群的统一意见。"

记者:"如果说FDA顾问委员会专家的结论不够权威,那么你认为在中国有哪些专家的结论是权威的?"

杨伟强:"FDA顾问委员会专家的结论是适合PPA在美国的使用情况,中国的情况是不一样的。"(既不否定美国FDA的专家不权威,也不引火烧身。)

记者:"你有没有找自己熟悉的专家来说服政府的想法?"

杨伟强:"专家是政府找,中国那么多专家,我怎么去找?而且你也知道,能够成为专家的人应该都是中立的,他会对自己的名声和问题本身负责,决不会出卖老百姓的利益。"(事实上,如果其回答说不去找熟悉的专家或者说找熟悉的专家,都是给自己挖了个坑。)

3)评论竞争对手

很多时候记者会要求企业对竞争对手做出评论,这些问题很自然就会涉及竞争对手的新的广告活动、企业领导或转移到新目标市场的决策,但是企业要知道这会引起同行之间不必要的争论。对于这一陷阱的对策是把不谈论竞争对手作为企业的行为准则,尤其在危机中,向记者说明企业的处境并争取其理解。

例如,以下是记者与中美史克董事长杨伟强的对答。

记者:"在PPA事件发生后,贵公司的竞争对手在利用这一市场空隙,你怎么理解?"

杨伟强:"在事情发生以后,我们的一些竞争对手必然利用这个机会多占些市场份额,也有和我们代理商接触的,这很容易理解。但在这个问题上,我们的代理商始终和我们站在一起,这令我非常感动。"(他把这样一次机会变成了一个感恩的机会,首先理解竞争对手,同时感谢那些伙伴们。)

4)谣言

有些记者为了对企业内部信息了解得更加深入,也许会观察企业对其事先捏造的事情有何反应,可能从其他有趣的角度谈及所关注事件的关键问题。对于这一陷阱的对策是如果谣言不是真的,就立即加以否定,还要注意给出企业合理的理由,最好随时准备好一些有利于企业申辩的材料,以便更有说服力地答复这些问题。

例如,以下是记者与中美史克董事长杨伟强的对答。

记者:"PPA事情出来后,读者给我们打电话说,他吃康泰克有副作用,康泰克早就应该被禁。"

杨伟强:"康泰克在中国销售了12年,之所以能在市场上发展这么多年,不是靠我们打广告能做到的,是这种药在大多数人那里感觉有疗效和安全。从销售开始,如果平均每次用4~6粒,那么全中国就有8亿多人次服用过这种药,如果没有疗效,恐怕早就被扔到臭水沟里了，怎么会生存12年呢？但药的副作用是客观存在的，有些人副作用可能会大些，有些人可能会小些。"

5）假设

记者想要企业来谈论某些企业也许会回避的事情时，最常用的方式之一就是通过对某些可能发生或根本不会发生的情形进行提问，希望企业能够谈谈对此的看法，从而使企业透漏出某些具有新闻价值的信息。对于这一陷阱的对策是告诉记者企业不会就假设的情形发表看法，而且要管住自己不这么做。

例如，以下是记者与中美史克董事长杨伟强的对答。

记者："如果国家药监局的结论在一段时间或很长时间内出不来，你们会不会对康泰克进行简单修正，而继续使用这个品牌打市场？"

杨伟强："政府既要对企业的利益负责也要对百姓的利益负责，我相信政府不久以后会拿出一个说法，康泰克作为我们的主要品牌，我们也不会轻易放弃，在没有暂停之前，我们已经在做一个系列的发展计划，而不是应急地去做方案发展自己。"

6）错误的前提

记者故意以一个声明为问题的开始，测试企业是否会更正这个声明。真正的问题也许与这个问题毫无关系，但记者会用它来判断企业的反应。如果企业没有反应，记者就会据此推断企业对这个前提的某些看法。对于这一问题的应对策略是如果该前提不正确，在回答问题之前应立即给予实际情况进行纠正，绝对不要接受一个错误的前提。

例如，以下是记者与中美史克董事长杨伟强的对答。

记者："有人认为国家药监局的政策有点匆忙，中美史克承担了不该承担的损失？"

杨伟强："因为药监局作为国家药品安全管理部门，肯定要对全国老百姓的健康负责。回到我刚才说的，这就是大我与小我的关系，我相信药监局既想保护企业，也想保护老百姓的健康，一旦二者发生冲突时，政府自然要把12亿人口的利益放在第一位，小我要服从大我。"

【案例8-2】"滨海市发生学生集体食物中毒事件"的模拟新闻发布会

模拟场景：滨海市政府新闻发布会。

主持人："新闻发布会现在开始。2009年6月3日，我市第二外国语学校中午有43名学生就餐后发生了呕吐和腹泻的现象，后被送往我市第一中心医院就诊，初步确诊为集体食物中毒。事件经初步调查学生食物中毒是因为学校食堂购进的不良肉类食品中含有链球菌所致。截至今天上午，已有37名学生经医院的积极治疗，身体得以恢复并回到学校上课；剩余的6名学生也有望康复出院。市有关部门对此事件非常重视，责成第二外国语学校对食堂进行停业整顿，并要求该校就事件的调查结果及对相关责任人的处置情况上报。基本情况就是这些，请记者朋友们提问。"

记者："我是上海东方卫视的记者，我想问您两个问题。第一个问题是自2007年我国曾经发生校园食物中毒事件后，教育部要求各学校和教育卫生部门在开学前对学校食堂进行彻底清理，做好清洁卫生工作，请问今年3月开学时，该校是否对食堂进行了彻底的检查，当时是否发现了一些问题？第二个问题是对于食物中毒的学生，学校会有何赔偿？在食堂停业整顿后，如何安排学生的就餐问题？"

发言人甲："学校的食品卫生问题历来备受各有关部门和市政府的高度重视，从市政府颁布了对学校食堂卫生的清理整顿规定以后，相关部门对各个学校的食堂卫生进行了一次全面的清理检查。经检查，滨海市第二外国语学校食堂符合卫生标准。这次事故是因为外购食品所致，属于学校管理失职问题，已经令其停业整顿。另外，这起食物中毒事件发生以后，各个相关部门行动迅速，为救治学生争取了时间，从目前来看，学生们完全可以康复出院。目前，滨海市政府也责成第二外国语学校对于所有学生的救治一律免费。即使学生出院，仍要进一步观察其身体状况，如有问题，会及时救治。"

记者："我是香港《大公报》的记者，我有两个问题。第一个问题是昨天晚上我浏览了第二外国语学校的 BBS 网站，我发现很多学生在讨论食堂饭菜还能不能吃的问题，政府应该采取怎样的方法才能尽快恢复学生和家长对食堂饭菜的信心？第二个问题是近年来学校食物中毒问题频发，您认为根本原因是什么？政府怎样做才能从根源上解决这个问题？"

发言人甲："对于食物中毒的事情，在目前我们食堂经济条件之下，无论是学校还是其他的集体食堂的单位，或者说作为每一个公民来讲，在平时的食物的择取或选取的过程当中也都难免会出现类似的问题。因为食物的生产加工制作流通过程是非常复杂的，也是非常容易受外界侵扰的一个过程，这个事件出现以后，必然也会引起大家心理上的不良反应。首先，第二外国语学校也通过思想教育、心理干预等方面的疏导，稳定学生的情绪；其次，通过对食堂进一步加强整治和卫生的检查，在食物的采集、运输、制作、加工过程当中让学生进一步地了解来增加学生在学校就餐的放心度和信心度。"

发言人乙："我补充几点。首先，我们也是肯定地跟广大的家长说，你们的孩子在学校吃饭你们可以放心，因为我们采取了一系列的措施，保证学生在学校就餐是安全的。比如，我们加强了对食品卫生安全的宣传教育，让学生提高自我保护意识，让操作人员按照卫生的操作规程来进行。其次，建立责任意识，要求学校的食堂外购物品一定要到正规的厂家去选购，而且要索证索票，一旦发现问题可以追诉。夏季就要到了，学生们在暑假到来之前还有一段时间在学校吃饭。我们要求学校的食堂首先按照操作规程进行分类摆放生熟食品，夏季不提供学生凉拌饭菜，买进的食品应消尽消，煮熟加热；另外，对一些比较容易发生中毒的，比如豆角，要求学校不再采购，我的补充完了。"

记者："我是来自凤凰卫视的记者，我有两个问题。第一个问题是引起本次事件的主要原因是食品受到了链球菌的感染。细菌感染主要是以下几个途径：食品加工人员或者销售人员带菌，食品在加工之前或者加工过程中带菌，我们想问的是此次事件是属于哪个途径感染？第二个问题是链球菌干扰是一个非常罕见的引起食物中毒的干扰，但预防起来也相对比较容易，此次第二外国语学校食物中毒事件是链球菌中毒事件，学校和上级部门是否有监管不力的责任？"

发言人乙："刚才我说的时候已经谈到这个问题，这个链球菌的产生是由于从外面买来的肉丸子和鱼丸子冷冻之后放在了食堂操作间的时间过长引起的，这就是我刚才说的，一定要按照操作规程来处理，如果严格按操作规程来处理，我想它是不会染上链球菌的，就这个问题我们也经常跟学校的管理人员和操作人员进行宣讲，当前大家对食品安全卫生都非常关注，因为它关系到老百姓的健康和生命安全，但是我觉得刚才记者提到的非常重要，实际上我们在日常生活中，这个链球菌是经常发生的，它比食物的添加剂、农药的残留对人体的感染要容易得多，因此我们希望老百姓，包括家庭还有学校，都要注意防止这个细菌的感染。"

记者："您好，我是美联社记者，我有两个问题，首先，本次中毒事件是否已通知有关学生家长？如果已经通知了，他们的反应如何？如果没有，还是否打算告知家长？其次，据我们了解，食品安全一直是中国政府日常工作非常重视的问题，我们都知道人的生命健康是人权重要的一部分，而中国的食品安全也饱受国际社会争议，政府如何看待？"

发言人甲："第二外国语学校是我们一所全日制的普通的大学，在这里就读的学生来自于全国各地，当然也有我们本市的，也有离滨海市比较近的，在这种情况下，我们不可能完全通知到各位家长。因为这个事件出现了，在社会上也引起了大家一定的注意，所以说临近的家长比较清楚或知道的也有可能到学校来。学校教育部门也做好了对家长的解释疏导和慰问的整个工作，这一点到目前来看还是非常平稳的。"

发言人乙："食品安全问题关系到老百姓的健康与生命安全，党和政府对食品安全、食品卫生非常重视，大家都知道《食品安全法》在6月1日已经开始执行了，为了做好食品安全工作，国务院把食品安全监管列入了国务院政府的相关部分，一共有四个部门进行监管，生产环节的确定由质监局负责，流通环节的确定由工商局负责，餐饮环节由食品药品监管部门负责，卫生监管部门负责食品安全的监测与评估、食品安全信息的统一发布等。我觉得国务院颁布了《食品安全法》之后，我们各部门履行职责，认真负责，统一管理，那么我们的食品安全工作就有了基本的保障。我们滨海市政府按照《食品安全法》的要求，也成立了食品安全委员会，我们下设的委员会成员一共有37个部门，食品安全综合监管部门办公室设在食品药品监督管理局，他们就负责综合协调、综合监督、案件的查处，从领导机制上我们保证了食品安全。另外，我们还建立了很多相关的制度和工作程序，一旦发现食品安全事故，我们就按照预案进行处置。"

记者："您好，我是来自新加坡《联合早报》的记者，我有两个问题。第一，该校的工作人员是否接受过培训？第二，在这次事件发生以后，滨海教育局是否对其他学校的食堂进行卫生检查工作，检查的重点在哪里？谢谢。"

发言人乙："你谈到的从业人员是否都经过培训，这个我们都有规定。从业人员都是通过培训之后，由卫生行政管理部门进行统一考试并发职业资格证书，另外也进行体检等，这些从业人员都有职业准入证，是经过培训合格之后上岗的。这个事情发生之后，市食品安全委员会即对全市的大中小学学校及幼儿园发出通知，要求学校的管理部门立即对学校进行一次自查，对操作人员、操作间、外来购入的食品进行一次彻底的清查，防患于未然，这个通知已经下发下去了。"

记者："我是新华社的记者，广东省规定学校内发生食物中毒之类的突发事件之后，校方必须在两个小时之内向主管部门进行上报，在滨海市这个上报的渠道畅通吗？会不会存在免报和封锁消息的情况？能不能保证公众的知情权？谢谢。"

发言人甲："这个事件发生以后，应该说做出第一快速反应的是卫生行政监管部门，由卫生行政监管部门在最短的时间内到达了事件现场进行协调和事件的处理工作。所以说由卫生部门再上报到市政府，市政府在向上一级主管部门汇报，这里汇报的程序我们也是完全按照上级有关部门的要求及时上报了。"

记者："我是天津《今晚报》的记者，我有两个问题。第一个问题是据我所知，我国卫生部制定了'学校食物中毒从行行政责任人追究'，当中提到如果学校有学生发生食物中毒的话，学校的相关负责人或者相关卫生部门的负责人都要进行问责。请问，教育局是否会追究学校相关负责人的责任？在此期间，学校餐厅停业整顿，学校的吃饭问题如何解决？"

发言人乙："第一个问题我们已经回答过，我们已经对学校的相关人员进行了责任追究，这个责任追究是有规定的，即在事故发生之后，根据事件发生的原因、按照这个问题的性质和问题的严重性来区分责任人，应该追究谁就追究谁。如果需要追究校长的责任那么我们就要追究校长的责任。第二个问题，中毒事件发生之后，我们启动了第二套应急机制，保证学生用餐，学校立即与有关部门联系，进行配送。"

记者："我是天津广播电台的记者，我想请问一个广大学生都比较关心的问题，学校会不会为食用鱼肉丸而未发生中毒的学生进行体检？"

发言人甲："凡是身体有不良反应的都要进行及时的、相应的检查；没有反应的应该在这次暂时没有进行体检。学生的体检工作是每年一次的正常体检工作，应该说没有包含在这次的事件当中。"

记者："我是中央电视台《焦点访谈》记者，我有两个问题。第一，您刚才也介绍了43名学生中有37名中毒患者已返校，其余6名您说下午他们可以返校，他们具体情况怎么样，有没有还在发烧这种情况？第二个问题是，为应对此次卫生事件有哪些部门启动了应急机制，他们的收效如何？"

发言人乙："学校发生了食物中毒之后，我们调集了全市最好的医生为学生救治，对救治的药品我们也进行了安全的检验，保证学生在短时间内迅速恢复健康。这些学生恢复之后，从目前情况看健康状况良好，不会发生其他的后遗症，这个大家可以放心。另外，这个事情发生之后，首先卫生行政部门启动了应急预案，药监部门还有卫生部门，赶紧对食物进行快速检验，查出其存在的问题。如果是有人投毒，那么公安机关就会启动他们的程序。"

记者："我是来自天津电视台《都市报道60分》的记者，我想请问，近年来学校是否应该将食堂承包给个人经营的问题，在社会上引起普遍的争议，您对这个问题是如何看待的？这方面有没有明确的法律规定？"

发言人乙："这个问题纯粹是瞎说，因为这个承包就我个人来看，我是不赞成承包的，因为承包有利益关系，有没有这个规定我不太清楚，我觉得作为学校来说，应该有责任把这个食堂办好，但是学校由于对这方面的经验不足，现在又走向了市场经济，选择了一些承包的公司和承包的单位。据我们目前的了解，符合安全检查要求，学生反应还是普遍比较好。但是，有些承包商是利益驱动，只想赚钱，对食堂的配餐上还存在一些问题，这也是今后学校管理部门需要研究的一个问题。"

记者："我是湖南卫视的记者，我想请问学生在校发生中毒事件之后，学生本人或家长是否对政府提出过赔偿要求，学校对此是否会做出赔偿？"

发言人甲："此次中毒事件主要是由于食品受食用菌的感染引起的,无论从学生的救治,还是预后效果来看,应该没有什么大的影响。所以不存在这个问题。"

主持人:"新闻发布会结束,谢谢记者的关注。"

专家点评1:发布会上各位发言人的表现还是非常好的。发言人可能是第一次面对这种场面,有几个具体问题。

第一,在发言团队的组成结构上,应该更完善一些。我们注意到在整个发言过程中有政府的人,有卫生行政部门的人,但教育部门的人一直没有说话。如果是这样一场新闻发布会的话,教育部门就会很吃亏,所有的矛头都会指向教育部门,我们也注意到发言人有这样的表述,比如说出现问题之后,我们出动最快的是卫生部门,如果教委主任在的话,他心里会感到很难受,这是一个全日制的高校,出动最快的还是卫生部门,那学校部门当时在做什么,这样的场面更加精彩。

第二,就是在新闻发言中的内外有别。发言非常精彩,但是有的时候我们要全心进入角色。美联社的记者提出了很尖锐的甚至很尖刻的问题:"首先本次中毒事件是否已通知有关学生家长?"这个问题应该说符合美联社记者的身份,问得很好,发言人回答得很好。是否通知学生要凭学生的意愿,这种话说的非常好。但是发言人在回答的时候说:"学校教育部门也做好了对家长的解释疏导和慰问的整个工作",我们怎么能跟美联社记者说"慰问"呢?这个时候如果真的美联社记者来的话,第二天在他的报道里就会说滨海市政府的发言人在提到学生食品安全的时候首先提到的叫作"慰问",会造成我们的尴尬。因此,发言人要注意学习使用一些相关的外交辞令。

专家点评2:刚才总体上回答的问题,几位发言人还是不错的,特别是有些提法,像"索证""索票"非常专业,讲的这种情况对整个卫生的情况也很有专业素养,这都是好的方面。作为发言人来讲,需要注意的是以下几点。

(1)主持人上来以后应该介绍这几位发言人的身份,是什么人在这里发言,不然记者提问不知道谁代表哪一方。

(2)像类似突发灾难、社会事件的发布会,首先发言人要表现一个态度:同情和关注,这是一个点;第二点是表现能力和权威性。同情和关注要怎么做到?就是在半分钟之内,首先就要对这个伤者要表态,如果出现伤亡的话,上来不超过半分钟就要把这件事情讲清楚,表现政府的一种态度和责任。介绍这些人的身份也就能够体现你的权威性。有时你出了事情以后不一定是政府官员在这里讲,所以出现一些特别重大的事情,政府跟公众出现矛盾的时候应该由第三方来讲。第三方的意思就是除了政界和商界以外的专家学者和教授,应该请卫生局的某一位专家,对这方面有研究的一些专家。请记者提问时的手势,要五指并拢。尽管这是模拟,但像这样已经出现有伤病这种情况,上来应该非常严肃,千万不要带着笑脸上来参加发布会。

(3)主持人在请记者提问时,应该让记者说明自己所在的媒体,这个一定开始就要宣布,而且他如果没有说明自己所在的媒体你应该让他强调这一点,这就是主持人的一个工作,因为你这样将来报道出现问题的时候,你应该知道谁在提问,可以去追究这个问题。通常一般像出现这些问题,说可能会提出七十几个问题,但是通常的问题你提前就要想好,实际上就是三件事:发生了什么事?这个事是怎么处理的?现在的进展如何?

(4) 有关坐姿，通常的发布会不要趴在桌面上，凳子不要坐满，要坐凳子的三分之一，这样整个人的精气神就不一样了。

专家点评3：这次对于领导干部的各位官员叫作应急管理，对于现在非常重要的国家和社会安全的问题，就是人们的心理安全，在媒体来说这叫社会问题报道或是新闻危机报道。发布会上就应急管理的几个环节抓得非常突出的几个方面如下。

(1) 调子定得好，这件事情媒体反复追问，但是始终严格声音是"偶发"，达标了，但是在市场经济条件下，外购食品引发的问题，从头至尾这个调子定住了，这样对稳定人心非常重要。

(2) 做得好的就是特别注重说明事件出来之后的措施，学生的治疗、食堂的治理，大多数没有受损害学生的食品配送。

(3) 比较好的就是对受损失人的关切，比方说立即送往医院免费治疗。如果总发言人再说上一句："政府领导和学校的相关领导在第一时间赶赴医院，看望学生"更是锦上添花。

(4) 在整体的把握上，比方说我们的新闻发布会上应该设置时间。因为媒体有各种心态，你怎么平衡舆论，在问题差不多的情况下马上往回收。"再有两个问题的机会，请各位记者提问"，要特别把握这个度。

(5) 作为政府发言人，两位发言人都很好，言简意赅，压缩提炼过程都很好。在这里可以提一个建议：第二位发言人多次发言，而却应对的能力很好，但是政府发言人最切忌的两个字就是"瞎说"，作为政府官员，"瞎说"二字绝对不可以使用。

现在是媒体融合的时代，你应该铺垫一句"关于我们整个事件的详细情况在我们的网上有详细报道"，这样会显得相关部门对这个事情的应急处理非常厚实。

【案例8-3】转"危"为"机"的关键——访奥美公关中国区总裁柯颖德

1980年成立于美国纽约的奥美公关是世界十大专业公关公司之一，它于1995年开始在中国内地设立分公司，目前已成为国内最大的国际公关企业。正是因为奥美公关国际经验的优势，国外品牌抢滩中国时，很多都选择了奥美公关作为自己的公关代理，比如BMW、IBM、诺基亚、辉瑞等世界著名企业都是奥美公关在中国的长期服务客户。

访谈对象简介如下。

奥美公关中国区总裁柯颖德，是奥美公关中国两位创始人之一，是一位拥有20年公关经验的资深人员，他为众多世界知名品牌提供危机和相关问题管理，进入中国市场的策略咨询，提供市场和传播战略建议等。他同时为中国公司走向国际化提供咨询。柯颖德对于政府或企业如何处理公关危机、政府或企业与媒体之间的关系处理有着丰富的实践经验。他认为，危机出现后，请主动一些。

问："作为专家，请您总结一下，危机处理的关键是什么？"

答："当出现危机的时候，无论是政府还是企业，首先要做的事情就是主动去传播信息，立即制定传播策略，与此同时去查明事情的真实情况。危机发生后，公众都是急于知道事情的相关信息，但是政府和企业往往会在危机发生之后选择沉默，他们害怕披露信息，或者觉得在事情没有调查清楚以前实在没什么可说的。但是你要记住危机发生后，我们采取的第一步行动其关键就是制定传播策略,即使是站出来说'没有什么可说的',也要说'我们一旦有进一步的消息就会公布给大家'。"

"例如,昨天我让我的同事给我一份文件,我等了2个小时,他还没有送来。我就电话催问,他说还在准备中。对我来说,写不完没有关系,但是应该提前告诉我,让我知道。如果他能够提前告诉我,他还需要2个小时才能完成,我也会觉得好一点。"

"因此,危机是向好的方向发展还是向坏的方向发展主要取决于我们传递信息的方式:'你怎样说'和'你通过什么方式和途径来说'。及时传达信息,能够帮助公众了解情况。要查找更多的信息,提供给公众,而不是追问是谁的责任。但是我们一定要表明我们的态度,就是对公众和客户的关心及我们对此有负责任的反应。"

问:"危机处理的时候我们的其他步骤是什么?"

答:"第一步,发表声明,无论是口头声明还是书面声明,要尽快披露信息。公众需要更多的信息,如果他们不知道,流言就要开始滋生和蔓延了。第二步,进行深入的事件调研。第三步,组建一个应急工作小组。这个团队的领导者不应该是公司或者政府的一把手,应该根据危机的具体情况选择,一般来讲是二把手、高级运营官一类的人物。小组的成员应该有明确的分工,比如写新闻稿、对媒体发言、进行事件调查等需有专人负责。第四步,策划危机方案,包括对谁说,说什么,怎样说,例如举行新闻发布会。比如,一位母亲带着她的孩子来我的饭店吃饭,结果小孩吃完了之后生病住院了。在媒体与这位母亲之间,我首先应该对谁说?我所应该做的,是在第一时间向这位母亲表示慰问,表达我的关切。要去饭店调查情况,要去对方家庭调查,在尚未查明原因的时候,不妨把责任承担下来。媒体的危机并不重要,重要的是当事人,是这位母亲。我们应该做正确的事情,与这个家庭沟通,对他们提供帮助。在这个时候,每一个人的眼光都在注视着你,关注你到底是好还是坏,可能每个人都会觉得这是饭店的错误,这时你需要做正确的事情。"

问:"如果最后的调查结果显示,饭店的饭是符合卫生标准的,您该怎么说服媒体改正错误报道呢?"

答:"无论是政府还是企业,都必须明确,谁是你的朋友。政府和企业自己说自己是正确的,媒体未必会采纳,但是如果邀请权威中立的第三方替你说话就会有用。例如NGO、学术机构等。"

"当然,如果真是企业犯了错,就要勇敢承认,说真话,讲事实。而在第一步,我们还是强调要首先表明自己的态度,不管有错没错,都应先回应,这是赢得媒体和公众信任的前提。"

"比如雀巢奶粉碘超标的案例,如果我是公关经理,我的第一反应绝对不是推卸或者否认,我会说:'我们公司的标志是一个温暖的鸟巢,我们公司的宗旨和目标就是为婴儿提供最温暖和精心的呵护。我们一定会彻底调查此事,了解更多的情况让你们知道。'然后组建我的团队,制定我的方案,寻找我的朋友来帮助我。你应该在你说'没有或不'之前,做好充分的调查。"

"如果公关经理已经说错了话,我在补救的时候会说,我们为先前所说的话道歉,我们会调查更多的信息让大家知道。人们需要知道真相。要告诉人们,我们在做什么,可以请一些专家来帮助我们调查。"

"无论如何，这是一个可以吸引大量媒体关注的好机会，化'危机'为'良机'。利用媒体的关注，告诉媒体你在做什么，利用媒体的关注，增加与媒体接触的机会。也可以邀请记者来关注你正在做的事情。但是不要只展现一些形式主义的东西。媒体喜欢追踪报道，你要持续地告诉媒体你在做什么，以及怎样避免再次发生类似的情况。如果你平时向媒体介绍你的企业是如何运作的，内部的质量控制程序是怎样的，媒体是不会报道的，但是这个时候，记者会倾听这些。"

问："对那些持有偏见的媒体，我们该怎么办？"

答："媒体不总是正确和公平的，世界上总有追求耸人听闻效果的媒体，但更多的是追求事实、追求理性的媒体。我们不需要对每一个媒体都详细地披露信息，对于那些不合作的媒体、态度消极的媒体，我们就不用理睬。我们要做的是随时准备好同消费者和公众直接交流。你可以对记者说'想了解我的观点，就上我的网站'。"

问："就是用自己的媒体来与公众交流，免去被媒体断章取义的可能？"

答："对，当媒体对你进行采访报道的时候，有可能会断章取义，只选取他们想要的东西而改变你的意思，因为他们有他们的编辑逻辑。这时候，你需要有一份完整的录像，可以自己录制一段采访，告诉公众，如果想知道你真实的想法，就来看你录制的完整的采访录像。而且如果你平时与媒体交朋友，就更能避免断章取义了。"

问："怎样才能与喜欢负面报道的媒体做朋友呢？"

答："与媒体交朋友就同跟任何人交朋友一样，对朋友我们要说实话。记者的任务是讲故事，你要对他们讲真话，帮他们写故事，多同他们对话，因为他们的工作就是与人交谈。"

问："政府危机和企业危机后有一种迅速有效控制危机态势的方法，就是寻找一个'替罪羊'来消除公众的愤怒，你怎么看这种方法？"

答："这种做法是全世界都存在的。犯了错误就要有人承担责任。但是，诚实和坦率公开是最重要的。例如安然事件，公司的 CEO 本来是一个不错的人，并不是犯罪行为的主导者，但是他对公司的业务关注太少了，以至于没有发现公司的致命错误，他负有不可推卸的责任。而他也因为压力过大，心脏病突发而死亡。"

"如果发生危机的是政府，那么作为政府官员，你本身是有力量有能力为公众服务的。但是你没有行使好你的权力，而使别人受到了伤害，你就不配再使用这样的权力。"

"当然，危机处理不是仅仅找到责任人就可以了，在公司内部，你需要评估生产的各个环节，确保不会再发生事故；在公司外部，你需要告诉媒体你做了努力和改进来防止类似的事情再次发生，而且有的时候不是每个危机都有明确的责任人。"

问："那么如何再一次吸引媒体注意来报道你的改进，进行形象修复呢？您觉得企业去做一些公益活动和慈善事业会对此有所帮助吗？"

答："做慈善很不错，但是更重要的是保证产品质量。有时候做些慈善工作会让媒体觉得流于形式，媒体更喜欢有新闻价值的事件。因此我们可以通过良好的策划来吸引媒体的关注。比如黑龙江水污染事件发生一年后，是否可以策划一个新闻主题——'中石油吉林石化爆炸一年后'。企业可以带领媒体参观新建的厂房，了解更加先进的安全生产措施等。"

问:"2008年奥运会时中外媒体记者集中在北京,您对抓住机会来塑造政府和企业形象和声誉有什么建议?"

答:"奥运会对中国来说是一个巨大的良机。过去的十几年来,中国的形象改变了很多。但这种形象的转变依靠的并不是媒体,而是中国的企业。企业改变了外国人对中国的印象,旅游者们也起到了作用。人们看中国与媒体看中国是不同的。媒体有它自身的作用和角色,并不是不好的角色。奥运会使得更多的人来到中国,来亲眼看,亲身体验,这让他们开始了解中国,体验是更为重要的。"

"要使得人们获得良好的感受,除了交通、设施等硬件以外,软件更重要,也就是人们对奥运会的感受更重要。奥运会是一个全世界的节日,应该让人们体验到这是一个巨大的狂欢,有浓厚的节日气氛。"

"奥运会对中国的企业来说,是展现它们风采的机会,向世界展示它们的存在;对在华的外企来说,也表明了它们正在融入中国,已经成为中国的一部分。"

【本章重点】

1. 媒体访谈主要包括访谈者、受访者、访谈目的、访谈内容、访谈时间和访谈地点,需要掌握媒体访谈的基本要素的概念以及各要素对于媒体访谈的作用。

2. 突发事件媒体访谈通常可以分为突发事件同步直播访谈、突发事件调查访谈和突发事件评论访谈。

3. 访问者在实施媒体访谈前应做好充分的访谈准备,访谈中要注意访谈方式,采用多变手段,提高访谈质量。

4. 受访者在接受访问之前需充分分析谈话可能涉及的范围,将访谈中涉及的事件进行逻辑整理,帮助受众梳理事件的过程。

【本章习题】

1. 简述媒体访谈的定义与分类,以及媒体访谈的主要要素。
2. 简述媒体访谈中的访问技巧及注意事项。
3. 简述媒体访谈应答技巧中应注意哪些陷阱。

9 突发事件舆情管理综合案例分析

突发事件的发生给社会生产活动带来巨大损失的同时，还伴随着舆情的发生，造成网络舆论场上的动荡不安。因此，当突发事件发生时，在事件处理过程中必须同时考虑舆情的关切。舆情应对以及有效疏导对突发事件应急处置顺利开展、维护社会稳定和树立政府公信力有重要影响。本章通过自然灾害、事故灾难、公共卫生事件、社会安全事件等突发事件舆情管理的案例分析，展示在案例事件发生发展过程中舆情产生及应对的主要过程，旨在帮助读者发现过去舆情管理的不足，学习成功、优秀的舆情处置经验，从而提高舆情研判分析的综合素养。

9.1 自然灾害类突发事件舆情管理案例

自然灾害的发生伴随着突发性、内容复杂性、信息庞杂等特点。因为自然灾害的发生具有不可控性，很多灾害类型无法提前准确预警，而网民的情绪可能会累积并转移，因此自然灾害应对部门、处理部门都可能会成为网络舆情的指责对象，例如汶川大地震当中，震区的建筑物大规模倒塌，造成了众多的生命财产的损失，网络上就有人在指责当地的城建机构和安监机构对公共建筑没有起到相关的责任。另外，玉树地震的时候，也有很多网民指责地震局没有提前预警地震，怀疑地震局的存在等。政府机构如果缺乏与公众打交道的经验，往往会刺激舆情往负面方向发展，最后演变成一个社会热点问题。

【案例 9-1】2012 年北京"7·21"特大自然灾害舆情

1. 案例简介

1）灾情预警阶段（2012 年 7 月 21 日 9：00—18：00）

事件进程：2012 年 7 月 21 日上午 9 时 30 分北京发布暴雨蓝色预警，中午前后出现强降雨。14 时升级为黄色预警，降水量接近历史最高值。城市内出现排水不畅、洼地内涝现象。多地立交桥下有积水，交通被迫中断。

官方应对：气象部门发布第一个黄色预警。119 指挥中心紧急处理抢险救灾和社会救助警情。首都机场约 230 架航班取消。首都交管部门启动一级加强上勤方案，7000 交警全警上路。相关部门运用官方微博播报信息；北京市水务局官方微博水润京华公布全市各防汛指挥部值班电话；交通委员会官微"交通北京"公布多贴铁路运营信息；北京发布天气预警。北京消防全城出动救助受困群众，线上"@北京消防"利用微博实时发布接警消息、出警状况以及现场救援情况。

舆论反应：降雨刚开始时，受出版周期的限制，传统媒体出现空档期，网络媒体及传统媒体的微博成为主流，主要以通报雨情气象部门预警为主。

网民方面，主要是谈论天气情况，调侃、戏谑北京"看海"。随着雨势增大，网民开始在网上抱怨积水问题，由于2011年北京多地区出现严重积水现象，排水设施成网民主要议论对象。雨果"下水道是城市的良心"一语被大量转发，网友认为北京市外表华丽，地下的排水管道却脆弱不堪。

2）灾情救援阶段（2012年7月21日18：00至26日）

事件进程：18时以后，暴雨升至橙色预警，全市平均降雨量170 mm，城区平均降雨量215 mm，为新中国成立以来最大一次降雨过程。全市最大点房山区河北镇为460 mm 接近五百年一遇，城区最大点石景山模式口 328 mm，达到百年一遇；强降雨一直持续近16小时，局部地区出现洪水。

特大暴雨过程导致北京受灾面积 16000 km^2，全市受灾人口190万人，其中房山区80万人。全市道路、桥梁、水利工程多处受损，全市民房多处倒塌，几百辆汽车损失严重。多座下凹式立交桥区出现积水、路面塌方。5条运行地铁线路的12个站口因漏雨或进水临时封闭，航班大面积延误，8万乘客滞留机场；地铁机场线部分停运火车晚点。通州区、房山区、怀柔区交通中断、山体塌方、房屋倒塌，造成人员伤亡。

面对灾情，民间自发组织救援行动。望京网友组成"双闪车队"，到机场接人；网民通过微博传递信息，提供暂避场所。市民在微博中发布自身位置信息，表示如有需要可在附近免费接人；广渠门立交桥下一车被困水中，消防人员与周围群众奋力抢救仍无力捞出，车主溺水死亡。京港澳高速南岗洼路段在暴雨中受灾严重，当晚有152名农民工在高速公路上救出了上百名被困游客。

7月22日北京多数地区天气晴朗，房山地区因为洪水肆虐，不少人仍然被困，救援人员展开紧急救助，微博上出现"打捞出上百具尸体"的传闻。

官方应对：7月22日，北京市委书记郭金龙召开应对"7·21"强降雨专题会议，对防汛抢险工作提出明确要求。军民联动，共同抢险。解放军武警部队出动兵力展开救援：市住建委检查平房楼房；市交通委出动抢险车辆；市交管局出动警力维持交通；市排水集团、自来水集团紧急排水；市电力公司对重点设施的供电线路进行看护；市属河道管理单位出动抢险巡查人员。中央电视台、北京电视台全程直播救援过程。"@平安北京"在微博上通报救援情况。市新闻办主任王惠在暴雨发生后，即时播报政府态度和行动。在得知协管在泡水车辆上贴罚单时，王惠积极向有关部门反映，随后被贴罚单作废。"@平安北京"播报第一线救灾情况，安抚民心，其发布的抗灾一线公职人员殉职的信息获得上万转发。

7月22日、7月25日，北京市政府新闻办召开两场新闻发布会通报暴雨情况和北京抗击暴雨的措施。7月23日，北京市政府防汛抗旱指挥部办公室总工程师王毅曾表示，由于受到历史因素限制，目前北京市的排水系统的设计标准是1~3年，而7月21日当天的暴雨降雨量达到排水量满负荷的5倍。民政局号召社会各界捐款。

7月24日，北京市房山区区长祁红在采访中表示："作为区长，对不起大家。"

7月26日，民政部部长李立国率国务院应急办、国家发改委等12部门组成的国务院救灾工作组，赶到北京市房山区周口店镇和城关镇洪涝灾区，实地查看受灾情况，慰问受灾群众。北京市防汛抗旱指挥部于7月26日晚通报"7·21"特大自然灾害遇难人员情况称，截至目前，北京城区内共发现77具遇难者遗体，其中66名遇难者身份已经确认。

舆论反应：传统媒体发布正面报道，内容包括：①赞扬普通群众在暴雨中不畏艰险守望相助的市民精神，如《人民日报》认为暴雨夜无数人用自己的行动，洗刷着"小悦悦事件"曾经引发的"路人之耻"与"社会之痛"；②肯定微博传播正能量成为民众联络救助的绿色通道；③城市应急预案发挥了作用，市委市政府领导班子部署救援精神可嘉，广大基层党员干部奋战一线经受住了考验。除此之外，传统媒体还对暴雨反映出的问题作了反思性报道，内容包括：①暴雨拷问北京"下水道的良心"，暴露应急救援机制、基础设施建设的脆弱，如新闻网发文《到底要几年一遇的雨北京才能不内涝？》；②分析"城市内捞"现象的产生原因，指出我国城市的"水泥化"导致蓄水能力差；③追问暴雨伤亡的确切人数，指出伤亡人数不是敏感话题，信息公开应当成为灾难善后工作的惯例；④暴雨折射民众防灾意识薄弱，公众安全意识的提升既需要公众的自觉更需要相关部门在城市建设、公共决策中主动引导；⑤指责暴雨中出租车涨价乱象，提出治理思路。

3）灾后重建阶段（7月27日至8月16日）

事件进程：7月27日，北京市城市道路已全部通畅；当日晚上房山坨里，一小时降雨量52.1mm，已达暴雨级别。因降雨较大，京港澳高速北京段全线封闭。7月28日北京电网因暴雨导致故障已经排除并恢复供电。气象部门气象台发布雷电黄色预警，当日午后至夜间将有一次较强的降雨天气过程，各地积极预警防洪。暴雨期间水漫轮胎，但高速公路收费照旧，京石高速80位受灾车主7月28日向收费方首都公路发展集团索赔。8月14日北京首发赔偿方案出台受灾车主每人获赔2000元。有网友爆料红十字会急救车要求遇难者亲属交纳620元转运费，7月30日北京市红十字会发表声明回应收取转运费不合理，予以退还。7月28日，慈善机构向152名农民工捐款，30日央视主持人请农民工吃饭，8月9日有媒体反映这些农民工未拿到捐款。8月6日房山灾后重建顺利，新落成的安置房将全部交付验收并迎来居民入住，十渡等景区逐渐恢复营业。

官方应对：7月27日，市委书记郭金龙，市委副书记代市长市政协主席王安顺等市领导在十渡镇前头港村为遇难者致哀。7月28日晚，北京市委书记郭金龙雨夜视察积水桥区并郑重承诺"北京主汛期不再死一人"。北京市疾控中心启动覆盖全市的疫情网络直报系统，灾区若发生3人以上出现发热、腹泻等情况要及时上报。8月2日北京市防汛抗旱指挥部办公室网站发布《关于北京"7·21"特大暴雨山洪泥石流灾害遇难人员情况的补充公告》，确认遇难人员增至78人，10人未确认身份。8月16日，市政府成立北京市"7·21"特大自然灾害善后工作领导小组，由市委常委常务副市长李士祥任组长，副市长丁向阳、夏占义任副组长。同时市政府要求加强暴雨受灾地区的卫生防疫，灾区饮用水源须检测合格方可使用。

舆论观点：媒体与网民对遇难者表示哀悼，同时对灾害中出现的问题进行反思。传统媒体：①指责暴雨中出租车涨价乱象，提出治理思路，有媒体认为在暴雨中允许宰客破坏了标准化定价的规则，公然允许宰客绝不是办法，政府对此应该承担更多责任。有关部门应适当减免税费，出租车公司要让利于民，拿出诚意降低份钱等。②关注英勇救灾的农民工，在央视主持人崔永元高调请吃饭后，《光明日报》发表文章表示对道德践行者的价值确认，需要官方作为，更需要民间努力。后有消息传出赠给农民工的捐款被工地无缘扣掉，媒体对此提出强烈批评，声援企业代表归还捐款，维护农民工权益。③拷问经暴雨冲刷后的保障房质量问题，媒体希望监管部门能睁大眼睛，对保障房开发商们进行全面体检，使黑心的开发商成为过街老鼠。④人民日报史无前例公布遇难者全体名单，"新闻联播"一一念出遇难者名字。

自媒体：①批评红十字会"趁火打劫"，暴雨中收取"运尸费"，网友直呼红十字会"趁火打劫""发国难财"。虽然红十字会在此后做出回应并将运尸费予以退还，但并未清除网友怒火，红十字会随后倡导的捐款行动，遭到网友调侃抵制。②追问为何暴雨中优质楼盘出现漏水现象，认为一场暴雨刷出了城市的真相。③积极学习自救知识，网民争相购买安全锤，了解下雨天如何从车中、水中逃生。

综上，北京"7·21"特大自然灾害所引发的舆情呈现出热度持续高涨、正负面舆论交织的态势。其中，正面舆论多从情感角度出发，肯定普通民众在遇灾时守望相助的精神与做法；负面情绪和争议话题则从问责角度出发，主要集中在政府态度、城市基础建设、防灾救灾机制、信息公开、相关职能部门的应急反应等政府行为方面。相较于自媒体，传统媒体反应较慢，舆论影响力呈现弱势。自媒体在舆论中占据主导，对政府作为的监督作用充分体现，进而促使舆情成为政府部门应对突发自然灾害相关举措成效的"衡量尺"与民众意愿的"风向标"。反过来，政府部门的关键举措也可以成为舆情导向的拐点。

2. 案例点评

通过对北京"7·21"特大自然灾害各阶段舆情进行分析，可以归纳出我国一般突发自然灾害舆情的阶段性特点。

1）预警阶段：舆论对灾难严重性的预判或存在偏差

自然灾害既具有不可避免性，同时也具有可减轻性。作为人与自然之间矛盾的集中体现，突发自然灾害是不可避免的。而随着人类防灾意识、科学技术、社会形态等各方面的不断提高和进步，可以通过多种举措最大限度地减轻突发自然灾害所造成的损失。其中，灾害预测是防灾减灾的重要环节，但受到灾害预测科技水平和民众灾害意识的限制，人们对自然灾害的预报、预判往往存在误差。因此，在自然灾害的预警阶段，社会舆论对灾害严重性的预计也会存在一定偏差。

这种偏差包括预计不足和预计过重两种情况，这两种情况都会对舆情走势产生影响。在北京"7·21"特大自然灾害中，气象部门初期仅发布暴雨蓝色预警，且当日晚在京举行的足球赛事和演唱会等活动均未被叫停，致使部分民众未对暴雨灾害产生足够重视，照常安排各种出行活动，为暴雨灾害期间的交通疏导、紧急救援等工作带来更大压力。而在网络自媒体舆情初期，以"苦中作乐"为主的表达内容也体现出民众较为轻松的心态，如调侃北京一遇大雨就变威尼斯、地铁每站都成积水潭等。可见，气象预报的不准确、预警级别的不到位以及民众灾害意识欠缺等因素共同作用，致使舆论对突发自然灾害的严重性预计不足，进而直接导致防灾救灾的准备工作不到位、不充分。随着灾害冲击期的到来，当其破坏性超出民众预期，就会使舆情表达中迅速出现慌乱、焦虑、抱怨等负面情绪。反之，如果对灾害的预判过重，同样会迅速引发民众不必要的负面情绪，进而引发抢购物资、恐惧撤离等过激反应，严重影响社会政治稳定，增加舆论引导难度。

2）救援阶段：舆论受感性主导，舆情易出现急剧反转

进入救援阶段，对灾害有切身感受的民众对灾情极度关注，在通过耳闻目见或各种媒体获知灾区受损及人员伤亡等信息后，民众的同情、伤感情绪被极大调动，使其在舆论表达中感性高于理性。这种情况下，自然灾害所引发的舆情态势容易出现剧烈波动，甚至是正负面舆情的急剧反转。

在北京"7·21"特大自然灾害中，自媒体初期主要关注民众守望互助，赞扬"北京精神"。但随着灾情的严重程度不断超出预期，民众的生命财产遭受重大威胁，舆论矛头迅速转向指责政府救援不力、批评城市基础建设，甚至直指政府体制机制。此时，官方传统媒体由于报道角度的不同和报道周期的限制，仍在对灾情处置进行正面报道，这种官方报道与民众体验的偏差引发民众抵触情绪，在客观上加剧了舆情向负面反转，使舆情引导工作陷入被动。

这种舆情的急转直下，从根本上说，是由当前社会舆论格局的特性所决定的。首先，官方媒体不再完全掌握舆论主导，自媒体的崛起给予了民间力量以及个人更多的发声机会。其次，官方长期的单方面"填鸭式"宣传，积攒了民众对于官方话语权的抵触情绪，尤其是对一味正面宣传的传统媒体。因此，当公民知情权得不到满足，官方在记者会或公告中避重就轻甚至"丧事当喜事办"、传统媒体替政府"歌功颂德"、官方救援工作被曝丑闻等情况发生时，负面舆情就会瞬间引爆。

3）重建阶段：信息公开及建设性反思是舆情良好收尾的关键。

救援结束后，灾害事件舆情的高潮也随之过去。一方面，经过情绪的剧烈波动和一定时间的神经紧绷之后，舆论在这一阶段往往表现出对话题的不同程度的疲劳，但另一方面，民众对灾难事件中暴露出来的诸多问题所产生的舆论会有一段较长的关注时间。

所谓"亡羊补牢，未为迟也"，舆论在这一阶段的诉求主要有两个方面：一是信息透明公开，特别是针对死亡人数及人员名单。受到西方国家应对灾难事件做法的影响，当前我国网民对官方信息公开的要求已不止于数字，而是详细的名单。2012年7月27日，《人民日报》史无前例地刊登遇难者详细名单，被舆论誉为"让冰冷的数字有了人性的温暖"，不仅正面回击了关于死亡人数的种种谣言，也通过这样一种方式满足了舆论悼念死者的心理需求，有效推动了舆情的迅速降温。二是政府和传统媒体的总结反思，主要是针对灾难预警、救援工作以及日常的防灾准备、市政设施、救援机制、新闻报道机制、舆情应对机制等存在的问题与不足，希望看到官方总结教训，反思不足以及改善方向、方案、决心等。如"7·21"特大自然灾害事件中，北京市委书记郭金龙"汛期不再死一人"的表态对安抚民意、平息舆情起到较为重要的作用。

【案例 9-2】2011 年日本 "3·11" 大地震舆情

1. 案例简介

2011 年 3 月 11 日，日本近海发生 9.0 级强烈地震，引发约 10 m 高海啸，地震及海啸导致了福岛核电站多台反应堆机组出现故障，其中福岛第一核电站 1 号反应堆发生了核泄漏。日本气象厅称这是世界观测史上最高震级地震。

此次大地震及其带来的核泄漏造成了重大的人员和财产损失。截至当地时间 3 月 21 日 18 时，日本 "3·11" 大地震及其引发的海啸已确认造成 14133 人死亡、13346 人失踪。在日本大地震及其余震中受到不同程度损坏的房屋超过 30 万栋。

日本是地震多发国家。在日本传统里，地震被列为日本人 "最害怕的 4 个东西" 之首。仅在 20 世纪，日本就遭遇过 10 次死亡人数超过 1000 人的大地震，关东大地震更是曾夺走了 10 万人的生命。正因如此，日本也拥有了世界领先的防灾救灾机制，丰富的媒体报道经验，这些都值得研究和借鉴。

2. 案例点评

1）政府应对经验丰富

在大地震发生后，日本政府的应对比较及时、专业。日本中央政府抗震救灾和危机管理的制度设置主要是在总结 1995 年应对 7.2 级阪神大地震时的经验教训基础上制定出来的。根据 1995 年的经验，2011 年日本中央政府的救灾措施主要围绕以下几个环节展开。

（1）设立官邸对策室。在地震发生 4 分钟后，时任首相菅直人做出决策，连续下达 4 项指示：确认灾情和震情，确保居民的安全和采取初期避难措施，确保生命线和恢复交通，竭尽全力向灾民提供确切的信息。从中央到地方第一时间设立地震对策机构。地震发生仅仅 4 分钟后，日本首相官邸危机管理中心就设立了官邸对策室。

危机管理中心配备的通信和指挥系统可以同时应付多场突发事件或灾难，其信息化的指挥管理系统，可以实时接受来自各省厅媒体以及警视厅、消防厅、自卫队和海上保安厅等部门传来的情报，并向救灾部门发出即时训令，中心内部还设立了专供政府各部门协调与讨论使用的会议室。

此外，日本内阁在阪神地震之后设立了内阁危机管理监制度，由一名常任的内阁危机管理监来专门负责处理突发灾情。在危机管理监之下，还有一名内阁官房长官助理和常设的危机管理审议官协助其的日常工作。

在内阁危机管理监之下，另设一个从中央政府各省厅中抽调出来的，由 30 余名省厅局长级官员和 150 多名公务员组成的紧急情况处理团队。他们以内阁总理府地下的危机管理中心为办公场所，以轮班的方式实行 24 小时不间断值班。一旦遇有紧急灾情，紧急情况处理团队的全体成员必须在 30 分钟以内赶到危机管理中心集合。在危机管理监本人无法到场的情况下，将由危机管理审议官作为其代表负责指挥。

当 "3·11" 大地震发生之后，紧急情况处理团队的全体成员用 14 分钟便集结完毕。由于地震摧毁了灾区内大部分的有线和无线通信设备，他们紧急启用了以卫星通信为中心的中央抗灾网线通信网络，在危机管理中心展开了与抗震抢险相关的中央各行政机关以及灾区地方政府下属各共同机关之间的协调工作。

(2) 地震和预警信息发布迅速。在地震发生 3 分钟后，日本气象厅向沿海 37 个市村町发出了大海啸和海啸警报。分别在震后 2 分钟、7 分钟在网站上发布了详细的烈度速报分布图，并在震后 15 分钟给出了更为详细的推测烈度分布图。日本中央政府和全国各地方政府的危机管理中心都装有十几台电视，收集各大媒体的报道，及时掌握信息。首相菅直人举行震后首次记者会，呼吁民众从媒体收看收听政府的信息。

(3) 日本自卫队迅疾投入救灾。日本是一个自然灾害频发的国家，灾害救助是日本自卫队的五大主要任务之一。因此，日本是世界上首个将"救灾"列为国家军事力量主要任务的国家。震后 15 分钟自卫队出动，展开救援。3 月 11 日 15 时 27 分，菅直人授权防卫相北泽俊美给自卫队最大限度的活动权限。北泽俊美下令，包括陆海空 8000 多名自卫队员、300 架飞机、40 艘舰船做好准备赶去灾区。15 时 30 分，海上自卫队从 4 个基地派遣 5 架飞机出发。18 时，防卫省发布大规模灾害应对派遣自卫队命令，开始大规模地派兵进行抢险救援。3 月 12 日上午，自卫队人员扩大到 2 万人，飞机约有 190 架、舰艇 25 艘。11 时 30 分，菅直人第四次召开紧急对策本部全体会议，派遣 5 万陆海空自卫队员参与救助。而在整个"3·11"大地震的抗震抢险过程中，日本自卫队出动了 10 万以上的兵力，实施了自其成立以来最大规模的救援行动。

福岛核电站停机并出现问题后，19 时 30 分，防卫厅发出应对核灾害派遣命令。当地驻兵的福岛市陆上自卫队 80 人进驻福岛第一核电炉。陆上自卫队中央特殊武器防护队 24 人驾驶化学防护车前往现场检查核能是否泄漏。

在救灾活动刚刚展开时，自卫队员的主要任务是搜索幸存者以及遇难者的遗体。在为期约一个半月的搜索行动中，海、陆自卫队总计营救幸存者 19000 多名，同时发现遇难者遗体近万具。在搜救行动之外，自卫队在救灾中承担的另一项重要任务是救灾物资的运输工作。9.0 级的"3·11"大地震以及随后袭来的海啸摧毁了受灾地区大多数的公路和铁路交通线。在这种情况下，北泽俊美在灾害对策本部会议中下达了由自卫队向灾区运输来自全国各地的救灾物资的命令。考虑到严寒季节灾区难民取暖和发电的需要，北泽俊美还特别指示全国各地的自卫队基地集中备用汽油和煤油，在最短的时间内运往灾区。

(4) 在"3·11"大地震的抢险救灾中，自卫队第一次动员了大批的预备役官兵（约 2700 名）参与行动，还成功地与驻日美军和澳大利亚军队采取了联合救灾的行动。尽管自卫队在伊拉克战争和 2004 年印尼海啸中已经与美、澳军队有过很多合作，但这次救灾行动在规模上是空前的。

日本自卫队这种有序、迅速的救灾反应，得益于 1995 年阪神地震之后，日本政府设立的一套较为完善的自卫队救灾作业机制。根据网易专题"日本自卫队的救灾作业机制"披露，在阪神地震中，日本自卫队救援部队在 7 个小时之后才进入救灾现场。日本民众抱怨政府缺乏危机意识，舆论痛批自卫队救援怠慢。痛定思痛，也为了符合民众对自卫队参与灾害救援更高的期待，日本 1996 年在《防卫大纲》中做出调整，重点加强灾害应对能力。其中包括紧急出动力量的建立。

除了硬性救灾力量的设置外，日本政府还设立了一套较为完善的自卫队参与救灾决策机制。自卫队的救灾准备，除了上述的救灾军力设置方案外，还进行了极为细致的准备工作。其中包括：①确定灾区集结地区；②建筑物的号码标示；③设立联络官待命处；④整合各种数据物资。

2）民众避险处"震"不惊

"千年一遇"的9级强震突袭日本，而日本民众在面对大灾时，井然有序、冷静从容，他们的处"震"不惊让人印象深刻。

在地震发生时，日本民众没有混乱、惊慌，仍旧保持稳定的社会秩序。市民上街避难主动让出主干路，楼道避难分坐两旁让出中间通道，在商店里和车站里安静地排队购物候车，教师最后一个离开教室并关闭电源，电视台用多种语言播放震情及自救方法，学校公园车站等公共避难场所搭建简易帐篷有序进行，一切似乎都在按照安排进行。

日本民众的自救和互救也是积极主动、有条不紊。在超强灾害发生时，民众没有被动等待政府救助，市民、社区、企业自发组织自救。几百人在广场避震，结束之后整个过程无一人抽烟；服务员拿来一些毯子、热水、饼干，所有男人帮助女人，跑回大楼为女人拿东西。日本最大自动零售企业三得利在地震之后就宣布，所有三得利自动贩卖机商品全部免费。而地震发生的前一年，三得利就将所有自动贩卖机改造，以保证地震时可以转为免费模式。便利连锁企业7-11和全家也宣布免费提供食品和饮用水；日本通讯商不仅提供所有公用电话免费外，还免除网络通信费，以便民众及时通过网络取得联络和获得信息。这些企业在没有政府命令的情况下，运用自己的资源，在地震后的第一时间、第一现场发挥效果，展现了很强的社会责任意识。

3）媒体报道训练有素

面对震撼的灾难，日本媒体表现得尤其平静：没有眼泪，没有生离死别，没有背景音乐，其真实而专业的灾难报道让人称道。

在地震发生后，所有电视台马上停止原有播放计划，转向报道受灾情况。几家大媒体均派遣直升机，进行现场报道。NHK（日本放送协会）在全日9个基地配置的11架直升机和东京直升机场24小时候命的机组人员，让从灾区上空拍摄和传送图像成为可能。在直升机航拍的镜头中，海啸巨浪冲向陆地，震撼的画面使人们几乎忘记这是一档新闻节目。

日本1950年颁布的《播放法》规定，当自然灾害即将或已经发生时，广播电视机构必须为防止灾难发生或减轻受灾程度做相应报道，而NHK则是被《灾害对策基本法》（1961年）规定的"指定公共机关"，必要时都道府县及市町村的长官均可向NHK提出播放要求。作为"法定报道机构"，NHK制定了自己的《防灾工作计划》。而其他日媒也设定了自己的应急报道方案。媒体间建立"紧急事态下的互相支援协议"的做法，也在1995年阪神地震后逐渐发展起来。

广播在日本灾害报道中也担负着巨大功用。收音机电池常常可以维系几十小时，被困的灾民可以不间断地收听救灾信息，躲避进一步灾害，提前得知救援队伍的行进走向。

因为信息略显迟滞，《读卖新闻》《朝日新闻》等发行量超千万的报纸越来越多地在与新兴媒体的比拼中落后了，但随着震灾报道的深入，有效信息不断累积，建立在事实基础之上的综合报道愈来愈显示出自信。仅仅共同社就有约140名记者在地震灾区进行报道。

4）网络社交媒体作用凸显

随着网络信息时代的兴起，网络舆论对突发事件信息的传播和散发非常迅捷和灵敏。网络舆论的合理表达与科学引导对抗灾救灾的顺利进行及处理、对社会情绪的稳定和安定起着至关重要的作用。但同时，小道消息、谣言，也在混淆着视听。观察此次日本地震，可以看出网络社交媒体扮演着非常复杂的角色。

5）应对及灾后重建上的不足

在这次日本大地震中，日本的应对虽积极有效，但在救灾及重建过程中还是有一些不足之处的。

（1）救援协调存缺陷。与奉行灵活应变行事准则的自卫队不同，中央和地方政府的公务员们在工作中遵循的是先例主义的原则。也就是说，只要是法律和行政规范中没有明文记载的事情，他们在原则上都不能去做。所以，当大地震突然降临时，这些循规蹈矩的公务员们就完全陷入了不知所措的困境。此外，他们的工作节奏也跟不上自卫队和专业救援队伍，这每每导致救灾工作的脱节。针对日本的应急救灾体制在"3·11"地震中所表现出来的种种问题，日本民事法研究会特意为日本政府编纂了一份800多页厚的意见报告书。在这份意见报告书中，研究会的专家们严厉批评了日本政府中那种文过饰非和形式主义的积习。他们指出，尽管官僚们一直标榜自己是"有备无患"的，但实际上他们的行事方式却是"无患而无备"。

此次日本政府在应对灾难中出现的问题，还体现在日本中央政府体制中"政""官"分离，执政党及内阁对政府及自卫队的控制力有限，且相互之间因"政治主导"等问题有一定矛盾，导致救灾行动难以形成合力。

（2）物资调配成软肋。地震及海啸发生后，物资调配成为日本政府面临的一大难题。灾后一个多月，生活物资和救援物资匮乏仍在加重灾民的困苦，燃料的缺乏也制约了救援进度，在一定程度上加剧了灾害后果。以仙台市为例，该市除沿海地域外，海啸带来的损失并不太大，但在灾后头几天，仙台的超市只能依靠库存营业，很快便宣告"售罄"。震后第3天，仙台市很多避难所已经不再提供食物，甚至连饮用水也只提供每人每天250 mL。在灾害之后相当长的时间里，灾区居民很难找到煤油。由于避难所多为体育馆等大型建筑，室内夜间温度都在10 ℃以下。很多灾民因为没有足够的衣物、被褥而患病，一些老人甚至因体力衰竭而去世。在日本各网站的论坛上，有很多来自灾区的民众因无法购买足够的食品而呼吁帮助甚至对政府提出质疑。此外，由于帐篷和临时板房建设未能及时跟上，避难所与临时住房体系未能及时衔接。

（3）通信不畅误救灾。地震发生后，日本东北部灾区各县的移动通信基本失效。在仙台市，这一状况一直维持到3月16日。在沿海的其他灾区，灾后7天甚至10天左右，移动通信才有所恢复。在重大灾害面前，通信保障极为关键，它关系到救援者能否有效行动。但是，由于通信不畅，日本政府在灾后初期未能准确把握基层情况，导致政府在灾后第一时间对灾情把握不足、救灾力度不够。而且日本政府在灾后初期似乎并未意识到这一问题，没有及时投入足够的资源。同时，通信问题还迟滞了灾后基层政权恢复功能的过程，影响了基层政权的自救和互救。由于缺乏通信手段，生还的基层政府人员不仅无法向上级汇报灾情，相互之间也难以取得联系，导致基层政府的功能迟迟无法恢复。即使有个别村镇配备了卫星电话，也因停电而通信不畅。通信不畅还大幅降低了民间组织的救援效率，并在一定程度上造成民间资源向个别地区集中。

（4）重建资金遭挪用。救灾之后，重建就是重中之重的工作。日本在灾后重建过程中，资金遭到了挪用。2013 年，距离这场三重灾难已有两年多，灾区地震废墟和海啸垃圾大多得到清理，基础设施基本恢复，但灾民就业、住房等生计问题依旧堆积如山。日本首相安倍晋三打算灾后 5 年拨款 25 万亿日元用于灾区重建，包括新修住房和公共设施，其中超过一半资金将来源于增税。

但日本《朝日新闻》在通过调查后发现，2011 财政年度 2000 亿日元复兴预算中，1085 亿日元拨给并非位于东北灾区的 38 个县，受益于这些财政拨款而获雇佣的人中，97% 并非从灾区疏散的居民。在距离重灾区宫城县石卷市大约 1300 km 的南部九州地区鹿儿岛县，300 万日元用于保护野生海龟，雇佣 10 人在海龟爬上海滩时清点数目、提醒游客不要打扰海龟。在中部爱知县，一些赈灾款用于出版一本饭店指南；在相邻的三重县，一些复兴预算用于发行宣传安全使用互联网和手机的传单。在日本西部的本州岛，一些复兴预算用于给山口县吉祥物打广告；相邻的鸟取县则决定把赈灾款用于给当地一个歌舞团做宣传。在北海道，一个推广北海道旅游的公共项目主打当地特产葡萄酒和奶酪，拨款同样来自复兴预算。

日本政府分管社会保障和劳动就业的厚生劳动省 3 日为复兴预算去向辩解，说那些赈灾款在全国范围分配，用途"正当"。一名厚生省官员说，"3·11"地震和海啸发生后，受灾对象"广泛分布在全国各地"，包括供应链中断的制造业企业。这名官员说，从始于 4 月的 2013 财年开始，获复兴预算拨款支持的项目新增雇佣对象将仅限于灾区民众。

内阁官房长官菅义伟在例行新闻发布会上说，政府方面正调查复兴预算使用情况。他同时强调，媒体报道的赈灾款挪用问题发生在民主党执政期间。

承认赈灾款没有用于灾区，这并非第一次。之前日本政府承认，一些赈灾款用于资助所谓"科学研究"捕鲸。日本政府于 2011 年 12 月承认，复兴预算中 22.8 亿日元用于加强捕鲸船队的安全保卫，以备在南太平洋海域与反捕鲸环保组织"海洋守护者"周旋。

（5）核电事故曝短板。梳理福岛核事故发展进程，可以发现福岛第一核电站在震后的 5 天时间里是依次出现险情并逐步扩大的，这说明日本当局的抢修工作存在以下 6 个明显漏洞。① 对核事故估计不足。福岛第一、二核电站是世界最大的核电站，共有 10 台发电机组，其中第一核电站的第 1 至 4 号机组在 1971—1978 年间投入运行，均已达到或接近服役寿命。在这次事件中，可以看到第一核电站的第 1 至 4 号机组出现了严重事故，但第二核电站的机组均处于可控状态，对比鲜明。在第一核电站的 1 号机组发生故障后，日本当局采取灌注海水等措施，3 月 12 日当天便将事故控制住。但 3 号、2 号机组却在之后的 3 月 13 日和 3 月 14 日相继出现与 1 号机组同样的情形。这可以说明，日本当局在最初两天对事故估计不足，没有迅速对 3 号机组采取灌注海水等有效措施，导致 3 月 16 日的核泄漏扩大。② 出现危险低级失误。在 3 月 14 日下午，2 号机组反应堆压力容器内出现水位下降，核燃料棒全部露出水面的情况。导致危险状况的原因竟是灌注海水的水泵燃料耗尽。这种低级失误其实只要调配有专人负责观察水泵等器材的工作状态即可及时发现。③ 未能进行全局统筹。在 3 月 15 日出现了最令人匪夷所思的情况，4 号机组厂房内用于存放乏燃料棒的冷却池沸腾，存放的乏燃料棒有可能重新达到临界。乏燃料棒是指使用过的核燃料棒，乏燃料棒在刚从反应堆取出时仍具有非常高的温度，需要放在水池里冷却，再运出核电站；4号机组在震前正好处于检修状态，所以存有刚卸出的乏燃料棒。这可谓"死灰复燃"，出现这种情况说明，日本抢修当局只将注意力集中在反应堆，忽略了其他需要保持冷却的设施。④ 统一指挥建立迟缓。3月11日晚发生核紧急状态，到3月13日已有1号、3号两个机组相继出现严重事故。但日本方面直至3月15日才成立"福岛核电站事故对策统合总部"，日本首相菅直人任总部长，而在此前根本不清楚谁是问责官员或第一协调联络人。在3月15日，日本首相菅直人曾严厉批评东京电力公司，"不能从核电站撤出职员，如果撤离，东京电力公司将100%破产，你们要有心理准备。"而日本自卫队方面也有官员指责东京电力公司和核保安院，称东京电力公司向他们保证安全，但氢气爆炸却导致多人受伤。并且在核电站进行抢修工作的自卫队员却不懂海水灌注的程序。⑤ 透明度有待提高。国际原子能机构（IAEA）总干事天野之弥（日籍）在3月16日上午的记者会上，就与日本政府有关福岛第一核电站事故的通报机制表示，"无论信息的质与量都有改善的空间"。IAEA各成员国的批评也集中在日方信息不足和未能及时公布上。天野之弥反复强调核电站的"情况相当严重"，为直接获取事故的"第一手信息"，他本人将最快前往日本。⑥ 事故定级存在问题。在3月13日，日本政府曾将此次核事故定为4级，此后并未做出修正。但有些核专家认为，日本当局试图轻描淡写福岛事件的严重性。法国核安全局（ASN）局长拉科斯特于3月15日表示，福岛第一核电站事故相当于国际核能事件分级表（INES）第二位的6级水平。而美国科学与国际安全研究所（ISIS）主任物理学家戴维·奥尔布赖特也认为此次核事故已接近6级，甚至可能会上升至与苏联切尔诺贝利核电站事故相同的7级。

经营福岛核电站的东京电力公司，在安全措施上不到位。尽管有管制核安全的严格条例，这家总裁有"成本杀手"绰号的私人公司，却被允许把削减成本当成比安全更重要的考量，并拒绝对在安全上必要但昂贵投资的要求。而日本"原子能安全委员会"本应是个独立和有力的监督和管制组织，但在历史上最可怕的核事故发生后，它却不见踪影，也没有发表任何意见。除了政府，媒体也没有扮演好监督和发出警告的角色。早在核灾难发生前，媒体便知道一些问题的存在。然而，他们却没有报道技术人员所提出的警告，也因此没有为东京电力公司内部的安全问题敲响警钟。媒体的沉默所制造的不透明性，让东京电力公司可以不理会批评者，并在过去多次掩盖核电站内发生的严重事故。

对于日本当局的表现，欧洲能源专员冈瑟·厄廷格将此次福岛核电站事故形容为"现代启示录"，他表示，日本政府"几乎失去了对福岛核电站的控制"。

日本福岛核电站是世界上最大的核电站，多达4台核电机组先后出现泄漏事故，地震、海啸同时袭击，这是前所未有的状况，日本当局在应对时并没有先例可以依循。"现代启示录"是一个非常恰当的用词，各国政府应该从这次核事故中吸取教训，更好地保障各国的核电站安全。

纵观日本此次大地震，可以看出，政府在涉及国计民生行业的事故时，应对公众负责，及时披露相关信息；媒体在天灾突降之时，须坚守"瞭望者"的底线，客观、及时地进行报道。于政府、企业、媒体、公众而言，平时应着力提升素质、完善机制；灾难面前,应迅速反应、各负其责,淡定化解风险。

9.2 事故灾难类突发事件舆情管理案例

事故灾难类突发事件的发生往往具有损失程度大、影响范围广、责任事故多等特点,使得涉事企业安全管理水平及基层政府应急处置过程中的行政能力受到质疑和诟病,在网络舆论中常常得到广大网民的极大关注。面对网络舆论的冲击,涉事基层政府和主流媒体的舆论应对能力往往不足,互联网成为负面舆论特别是事故灾难类突发事件失真信息扩散和网民情绪宣泄的便捷途径。如果不及时对其加以引导或者引导不力,这些负面舆论就会引发社会信任裂痕,影响基层政府形象。因此本节以两起近期影响较大的事故灾难为例,分析其舆论引导应对问题。

【案例9-3】2015年天津港"8·12"特别重大火灾爆炸事故舆情

1. 案例简介

天津港"8·12"爆炸事故发生于2015年8月12日午夜,发生地位于我国天津市滨海新区的天津港内,由于天津滨海开发区瑞海经贸有限公司的危险品仓库内部线路自燃引发的爆炸事故,是当年国内特别重大生产安全责任事故之一,造成了惨重的人员伤亡与财产损失。其中包括现役消防指战员31人,当地武警官兵11人以及周边居民和公司员工55人,直接经济损失达到68.66亿元人民币。8月12日夜晚10时55分左右,天津港瑞海公司的危险品仓库首先发生火灾,第一次爆炸发生在当地消防指战员的救援期间,随后出现第二次爆炸,直到8月14日下午4时左右,爆炸现场的明火才被彻底扑灭。由于事件的严重性、恶劣性,国务院专门成立"8·12"天津港爆炸事故调查组,经过调查组为期一个多月的现场调查和勘探,认定天津港所属的滨海新区党委以及相关政府管理部门存在着执法不严以及管理不到位的问题,对主要责任单位、部门以及相关负责人给予了严厉的处罚。

8月12日22时50分,天津市消防总队接到报警,天津滨海新区港务集团瑞海物流公司危化品堆放地区发生火灾。23时34分,火灾引起集装箱内的易燃易爆品引起二次爆炸。消防总队紧急调派143辆消防车、约1000余名消防员达到现场救援。

8月13日6时,习近平主席做出应尽快控制并消除火情,相关部门全力配合积极救治伤员确保人民生命财产安全的重要指示。李克强总理作出指示批示,称需尽全力组织力量尽快扑灭爆炸火势。16时,天津爆炸事故首场新闻发布会召开。国家级核生化应急救援队到达现场开展救援。

8月14日10时,天津市政府召开第二场新闻发布会通报称:爆炸发生时,第一消防力量正在灭火,支援力量刚刚抵达,由于处于爆炸核心区导致伤亡惨重。11时,据媒体报道:爆炸发生后,率先抵达现场救火的编制不属于中国消防系统的天津公安局消防支队三支队的伤亡情况未被官方提及。网信办对因涉及发布天津港爆炸事故虚假不实信息的微博、微信账号进行严肃处理。

8月16日10时,第六场新闻发布会召开:否认涉事企业负责人只峰背景深厚的传言。14时，李克强总理及时赶赴天津港爆炸事故现场，看望慰问扑救火灾爆炸的消防指战员、救援官兵及受灾群众，部署下一步救援救治、善后处置和安全生产工作。最高人民检察院消息称已派员介入天津港爆炸事故责任调查，将专门组织天津市检察机关，立足于检察职能，严查事故涉及人员职务犯罪。

8月17日11时，第七场新闻发布会召开：天津市副市长何树山出席发布会，这是天津市领导首次现身发布会。事故遇难者人数增至114人，失联70人，住院698人。涉事企业瑞海国际物流有限公司幕后控制人成为媒体关注焦点。

8月18日9时，天津爆炸事故头七之祭，民众自发组织在天津滨海新区6个不同地点举行悼念活动。11时，第八场新闻发布会召开：事故处置总指挥由天津市委代理书记、市长黄兴国担任。成立专家调查组。

8月19日16时，第十场新闻发布会召开：瑞海公司实际控股人为于学伟和董社轩。董社轩其父确是天津港公安局原局长董培军。牺牲消防指战员将追认为烈士，按照高标准发放抚恤金。

8月20日上午，中共中央政治局常务委员会召开会议，专题听取国务院关于天津港特别重大火灾爆炸事故处置情况汇报。习近平会上强调要彻查事故责任并严肃追责。

2. 案例点评

天津港"8·12"爆炸事故在舆论播报方面不仅受到了国内几乎所有媒体形式的密切关注，通过网络、电视、报纸等多种形式并对爆炸事件的发展过程进行了全方位跟踪报道，于此爆炸事件也引起了世界主流媒体如路透社、美国CNN、英国BBC的持续关注与播报。同时，爆炸事件在网络上也引发了高度关注与重视，在各大网络平台中以相关信息发布量大、发布内容广、发布类型复杂为特点迅速形成了被公众普遍关注的网络舆情，从网络舆情的发展情况来看，天津港"8·12"爆炸事故的网络舆情整体基本上经历了形成、发展、成熟以及消亡等几个主要环节。

1）网络舆情的形成

2015年8月13日凌晨左右，在新浪微博上首先出现了关于事件信息的发布，迅速引起网民的关注，之后该相关信息被公众大量转发和评论，并且各大门户媒体的官方客户端也纷纷在第一时间报道了事件的基本情况，并配有现场视频资源。

2）网络舆情的发展

8月13日新闻媒体、电视台、报纸等对事件的人员伤亡与财产损失情况进行持续报道，同时网络上为去世的消防指战员与武警官兵祈祷的相关评论开始引起大家共鸣，其转发量与评论量都成为网络舆论的导向。政府和社会对案例事件关注度持续升温，以事件的发生原因以及追责问题成为广泛讨论的新闻话题，网络舆情发展迅速。

3）网络舆情的成熟

网络舆情的导向开始集中在危险品存储仓库距离居民社区是否合理，消防指战员在救援时是否详细了解仓库情况、相关领导下达指令是否正确，瑞海经贸有限公司是否有政府相关背景上，质疑政府内部的腐败无能等多重声音纷纷出现在网络平台，加速了事件的持续整体发酵。同时调查组的介入与国务院总理的出现，在一定程度上也引起了网络热度与讨论深度。

4) 网络舆情的消亡

随着 9 月 11 日调查组最终调查报告的发布，媒体对当地政府行政管理中存在贪污腐败行为的曝光，对因公殉职救援人员的抚恤以及受灾民众补助计划的开展，事件相关负责人与单位承担的法律责任的公布等后续工作进行持续报道。爆炸事件在发生之后的一个月时间左右后，网络上关于事件的点击量与转发量逐渐下降，讨论和交流的信息开始慢慢平息。

通过对该事故舆情传播的特征分析，可总结以下特点。

(1) 舆情传播趋势分析。通过对机构博主（新闻媒体、政府机关、其他单位）和个人博主的微博、博客、微信、新闻网站、视频、外媒等舆情数据情况进行统计，得到该事故的舆情传播趋势图，详见参考文献 [102]。

(2) 舆情传播途径分析。8 月 12 日晚，新浪微博用户@愚大象、@站长推荐 Chen 等在新浪微博平台首先发布爆炸相关视频与图片，快速引起网民高度关注，天津港瑞海物流公司危化品仓库发生爆炸事故被广泛传播。8 月 13 日凌晨，通过大 V@ 头条新闻、@ 人民日报、@ 天津发布等相继转载发布爆炸相关消息，新闻媒体、报纸等纷纷及时报道新闻的进展导致天津爆炸事件舆情热度持续不减。爆炸事故后，习近平、李克强迅速做出指示批示，天津市政府自爆炸事件发生之日开始紧急召开新闻发布会，及时公布最新伤亡情况及其他事故相关事宜。公众对爆炸事故起因、涉事企业幕后控制人、受灾民众如何救治善后、环境是否受到污染等问题的关注趋势持续上涨。舆情传播途径如图 9-1 所示。

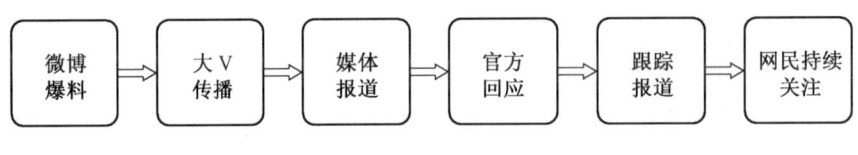

图 9-1　天津港 "8·12" 爆炸事故舆情传播路径

(3) 舆情传播倾向性分析。2015 年 8 月 12 日至 8 月 23 日，媒体关于天津港 "8·12" 爆炸事故的新闻报道约 796000 篇，报道的主要网站为：中国新闻网、新华网、人民日报等网络媒体。通过对这些信息进行关键词提取、主题聚类分析，其倾向性如图 9-2 所示。

(4) 舆情传播评论分析。2015 年 8 月 12 日至 8 月 23 日，网民对于天津港 "8·12" 爆炸事故的评论有 2217 万，言论主要来自新浪微博。通过对这些信息进行关键词提取、主题聚类分析，可知其评论倾向性如图 9-3 所示。

其中，传播天津 "8·12" 爆炸事故的言论占 26%。8 月 13 日，"新浪微博" 用户 "头条新闻" 发表评论：天津滨海新区开发区爆炸，网友称是加油站爆炸。具体原因及情况有待进一步调查。另据网友@愚大象称，附近小区家中的门被震掉了好几个，巨大的冲浪、火光。小区三个高层断电了。

致敬天津 "8·12" 爆炸事故牺牲消防战士的言论占 17%。8 月 13 日，"新浪微博" 用户 "人民日报" 发表评论：3 月 12 日晚，天津滨海新区发生危险品爆炸事故。灭火中，

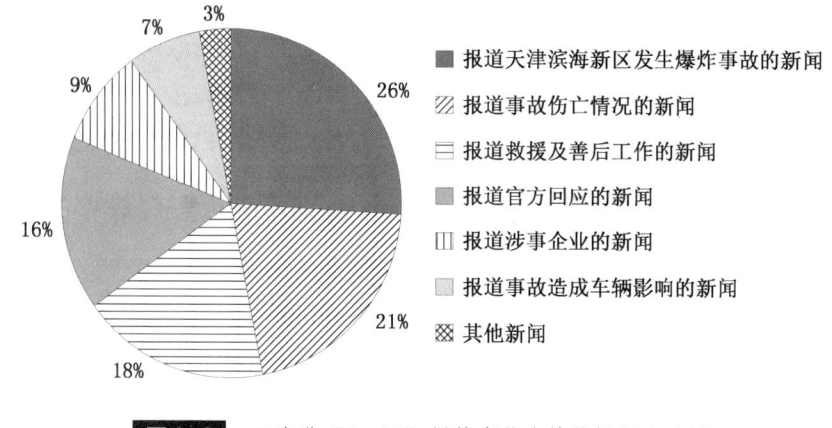

图 9-2 天津港"8·12"爆炸事故舆情传播倾向分析

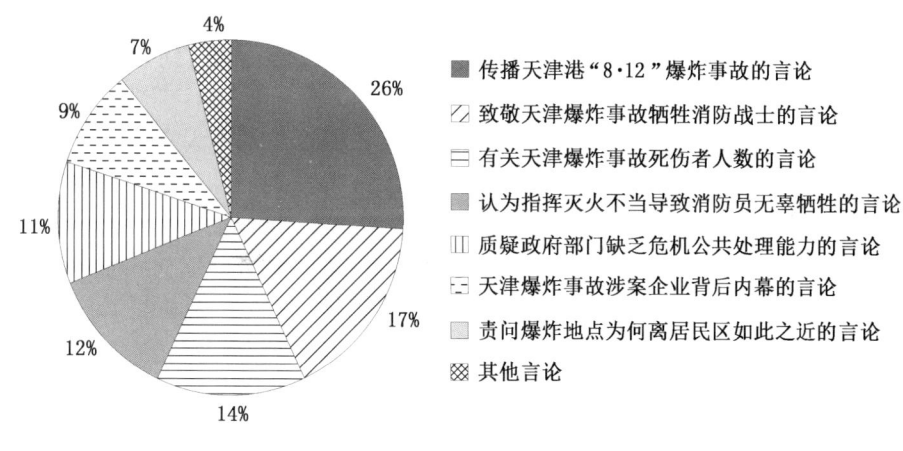

图 9-3 天津港"8·12"爆炸事故网民话题内容分析

10多名消防战士牺牲，18名官兵失联，66名官兵受伤。目前6名牺牲战士的身份已确认。请记住他们的名字：邵俊强、田宝健、杨钢、尹艳荣、荣海、甄宇航。最大的30岁，最小的18岁。走好！

有关天津爆炸事故死伤者人数的言论占14%。8月13日，"新浪微博"用户"人民日报"发表评论：16时30分的发布会，爆炸事故致44人死亡，其中包括12名消防官兵。住院521人，其中重症伤员52人。10所学校已安置3500人，预计到晚上将安置6000人。10所医院1000多名医护人员参与救治工作。

认为指挥灭火不当导致消防员无辜牺牲的言论占12%。8月13日，"新浪微博"用户"熊小默"发表评论：真是残忍，把这些穿着消防员制服的孩子往火场送，也完全不知道用无人机或者遥感器来评估风险。喊了多少年消防员应该职业化而不是军事化，一点用都没，这是人命啊！

质疑政府部门缺乏危机公关处理能力的言论占11%。8月16日，"新浪微博"用户

"媒体人杨清林"发表评论：天津塘沽大爆炸是中国当下问题的大合奏：腐败无能、说谎成性、能力低下的政府，奢靡腐败、迷恋钱权酒色、只在乎官位的官员，唯利是图、视生命财产如无物的手眼通天的企业，生存维艰、手无寸权、一腔怒火的普通民众，在这场大灾难中为了各自的利益拼尽全力，就有了一场错综复杂混乱不堪的人间悲剧。

【案例9-4】2019年江苏响水"3·21"特别重大火灾爆炸事故舆情

1. 案例简介

2019年3月21日14时48分许，江苏盐城市响水县陈家港镇江苏天嘉宜化工有限公司化学储罐发生爆炸事故，波及周边16家企业。3月22日10时，国家卫健委已就江苏盐城市响水县化工厂爆炸事故紧急调派三批医疗专家组，赶赴当地驰援医疗救治工作。截至2019年3月25日，事故已造成78人死亡。截至2019年3月25日12时，共有伤员566人，其中危重伤员13人，重症66人。

通过梳理2019年3月21日至3月26日之间，来自于8000多个主流网站、680多个主流报纸、社媒（新浪微博、微信公众号、论坛）的舆情信息，得到如下事故舆情发展时间轴。

3月21日14时，江苏省盐城市响水县陈家港化工园区内江苏天嘉宜化工有限公司发生爆炸，爆炸物质为苯。17时，有关部门发布消防救援通报，救援人员从现场救出31人。

3月22日10时，第三批医疗专家组开展工作。14时，国务院成立江苏响水天嘉宜公司"3·21"特别重大爆炸事故调查组并已开展调查工作。国务委员王勇赴事故现场指导工作。

3月24日，盐城市召开"3·21"江苏盐城响水县陈家港镇天嘉宜公司爆炸事故第三次新闻发布会。会上通报，抢抓72小时黄金救援时间，先后组织6轮搜救。搜救范围从1.1 km² 扩大到近2 km²，大部分企业已搜救完毕。

3月25日上午，由生态环境部派出的工作组继续在当地指导环境应急处置工作。目前各项工作有序推进，污染水体应急处置方案初步确定。当日下午，召开第四次新闻发布会，本次事故已造成78人死亡（其中56人已确认身份，22人待确认身份）。

2. 案例点评

根据梅花网舆情监测中心对该事故舆情监测报告，以"响水爆炸"为关键词的百度搜索指数时间趋势图如图9-4所示，化工爆炸事故自爆发以来百度指数逐步增加，至3月25日，第四次新闻发布会确认死亡人数达到78人，百度指数到达最高，之后逐步下降。

以"响水爆炸"为关键词的微信指数的时间趋势来看，"响水爆炸"的微信指数呈现一个M型的走势，事故发生之后迅速上升，3月22日到达高点之后迅速回落，3月24日再次上升，至3月25日确认死亡人数高达78人之时，到达第二个高点，再迅速回落。

以"响水爆炸"为关键词获得的"3·21响水爆炸事故"的网络传播趋势图如图9-5所示，可知此次事故一发生引起媒体广泛关注，与百度、微信指数不同，此次事故发生之后的连续几天都获得较高的曝光量，至3月26日才迅速回落。

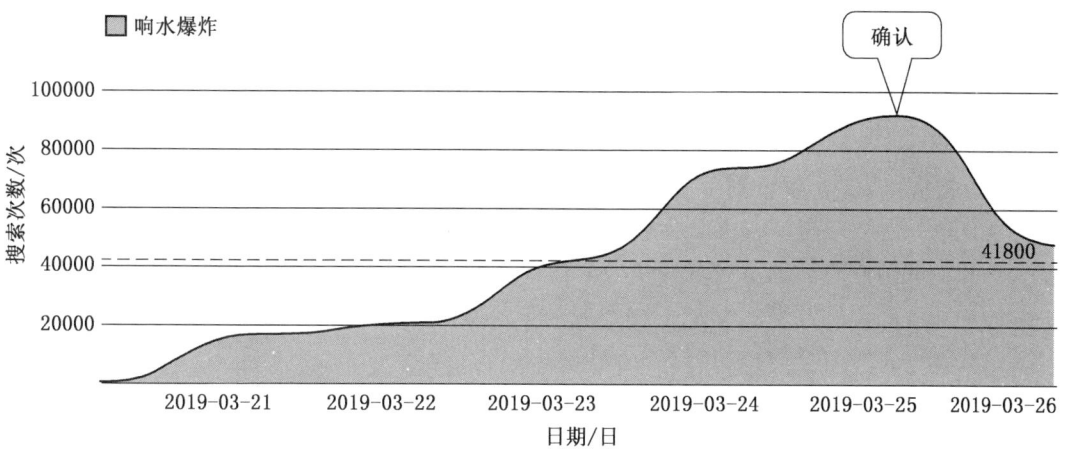

图9-4 响水爆炸事故百度搜索指数趋势

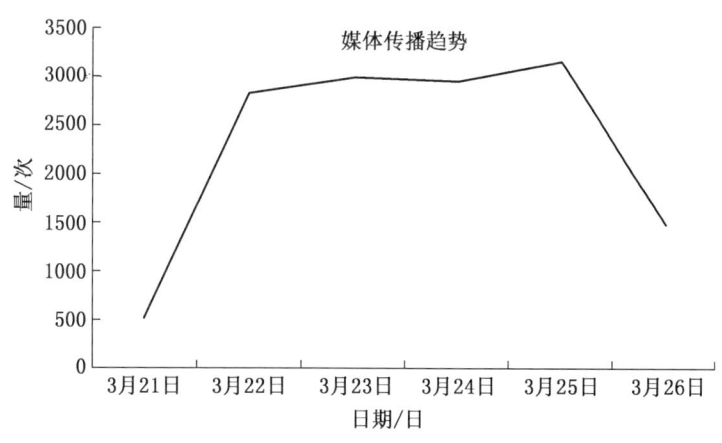

图9-5 响水爆炸事故网络传播趋势图

事故发生后,相关部门迅速响应,社会各界整体舆情基本平稳。

首先是党中央、国务院高度重视。中共中央总书记、国家主席、中央军委主席习近平立即作出重要指示,要求江苏省和有关部门全力抢险救援,搜救被困人员,及时救治伤员,做好善后工作,切实维护社会稳定;加强监测预警,防控发生环境污染,严防发生次生灾害;尽快查明事故原因,及时发布权威信息,加强舆情引导。习近平强调,近期一些地方接连发生重大安全事故,各地和有关部门要深刻吸取教训,加强安全隐患排查,严格落实安全生产责任制,坚决防范重特大事故发生,确保人民群众生命和财产安全。

中共中央政治局常委、国务院总理李克强作出批示,要科学做好搜救工作,全力以赴救治受伤人员，最大程度减少伤亡，采取有力措施控制危险源，注意防止发生次生事故。应急管理部督促各地进一步排查并消除危化品等重点行业安全生产隐患，夯实各环节责任。

其次，应急管理部、生态环境部迅速响应。2019年3月22日凌晨，应急管理部、生态环境部和江苏省政府召开专题会议，听取情况报告，研究部署救援处置工作。厅主要负责同志陪同生态环境部翟青副部长，连夜观察事故周边现场，调整优化监测方案，加密监测频次。当日10时，翟青副部长和省生态环境厅主要负责同志带队来到筑坝施工现场，针对发现的问题要求进一步强化拦截封堵措施，确保园区内受污染水体不入灌河，同时要求生态环境部门同志就地留守现场督办。当日上午，江苏省生态环境厅紧急召开全省化工企业环境安全隐患排查整治专项行动部署会，迅速编制下发《关于开展全省化工企业环境安全隐患排查整治专项行动的紧急通知》。

2019年3月25日，生态环境部最新消息发布，响水"3·21"特别重大爆炸事故发生后，由生态环境部派出的工作组继续在当地指导环境应急处置工作。目前各项工作有序推进，污染水体应急处置方案初步确定。

2019年3月22日，国务院决定成立江苏响水天嘉宜公司"3·21"特别重大爆炸事故调查组并已开展调查工作。应急管理部党组书记、副部长黄明同志任组长。

2019年3月23日，据中华人民共和国应急管理部消息，国务院江苏响水天嘉宜公司"3·21"特别重大爆炸事故调查组召开第一次全体会议，应急管理部党组书记、事故调查组组长黄明主持，会议要求要扎实细致做好事故调查工作，尽快查明事故原因、严肃追究责任，只要与事故起因和责任有关就要一查到底。

2019年3月22日，受习近平总书记、李克强总理委派，国务委员王勇代表党中央、国务院，率国务院有关部门负责同志赴江苏响水天嘉宜化工有限公司"3·21"爆炸事故现场，指导事故救援和应急处置工作，看望慰问受伤群众。

江苏省委办公厅、省政府办公厅于3月22日上午印发紧急通知，要求切实做好危化品等重点行业领域安全生产工作。同一天，河北、辽宁、黑龙江、上海、福建、山东、重庆、甘肃、青海等多个省份也紧急部署危险化学品生产安全隐患排查整治工作。江苏省盐城环境监测中心、生态环境部门持续通报环境监测结果。各大相关保险公司迅速启动应急响应，全力做好救援及客户排查理赔工作。涉事企业天嘉宜化工大股东、实控人倪成良被带走调查。

因此在媒体舆情当中，关于事故起因以及对于涉事企业的质疑谴责并不多。媒体主要关注的焦点在于有关部门对此次事故的处理方面和各方对于此次事故的反应上。此外，此次事故的舆情引导有明显的强化，对于一些不实的谣言，权威部门及时发布辟谣公告，因为此次事故并未见到谣言大规模传播的情况。公众整体对于此次事故以"恐惧"为主，对化工事故、化学污染造成的安全健康的担心是此次事故的舆情重点。

2020年11月30日，江苏省盐城市中级人民法院和所辖响水、射阳、滨海等7个基层人民法院对响水"3·21"特大爆炸事故所涉22起刑事案件进行一审公开宣判，对7个被告单位和53名被告人依法判处刑罚，舆情关注点集中在天嘉宜公司违法生产经营，以及当地有关部门公职人员的麻木不仁、失职渎职乃至腐败现象上。随着事故灾难的处理，舆情逐步消散，体现到对政府处理本事件的基本认可上。

9.3 公共卫生类突发事件舆情管理案例

突发公共卫生事件是突发公共事件的典型类型之一，指突然发生，造成或者可能造成公众健康严重损害的重大传染病疫情、群体性不明原因疾病、重大食物和职业中毒以及其他严重影响公众健康的事件，其具有突发性、公共性、紧迫性、严重性等特点，对相关信息传播的及时性、大众性、互动性等也有较高的要求。

【案例9-5】2003年非典型性肺炎事件中的舆情传播

1. 案例简介

2002年底，广东省部分地区先后出现非典型肺炎病例。从2003年1月12日起，个别外地危重病人转头到广州地区大型医院治疗。1月15日，广东河源市疾病防疫控制中心接治了两名患者，经各大医院专家会诊，初步诊断为非典型肺炎。随后，广州、佛山、东莞、中山其他一些地区也陆续发现这种病例。当时，有专家指出，该病有较强的传染性，可通过短距离飞沫、接触呼吸道分泌物或空气等途径传播，需做好防护隔离工作。但是，显然这一重要的、攸关利害的意见并没有得到领导层重视，更没有在媒体上予以正式传播。直到春节前后，广州地区亦开始出现本地病例。截至2003年2月11日，广州市共发现100多例该类病例。在此期间，当地各大媒介新闻仍然毫无表现。2月8日中午起，"广州发生致命流感"的信息开始以手机短信和口耳相授等形式传播。广东移动的短信息流量数据统计显示：2月8日，4000万条；2月9日，4100万条；2月10日，4500万条。与此同时，在数十小时里，一些网站上开始出现可怕的字眼：禽流感、炭疽、霍乱。流言向邻近省区扩展。当有关SARS的流言迅速扩散并越来越耸人听闻，终于演变为一场大规模抢购风潮和社会动荡时，2月10日下午，《南方都市报》冲破宣传压力，用了2个版面的篇幅对事件予以报道，迅速地遏制了流言的泛滥，同时也遏制了市民对板蓝根、白醋、口罩的抢购行为。同样，2月13日，《广州日报》的大篇幅独家报道也遏制了有关米盐市场紧缺的流言、遏制了市民抢购米盐的风潮。4月8日起，舆情烈度持续升温。4月20日，国务院新闻办通报了真实情况，中央免去张文康卫生部党组书记、孟学农北京市委副书记职务，实行"疫情一日一报制"。4月22日，国务院决定在小汤山建设全世界最大的野战传染病医院。5月2日至5月8日，北京非典病例呈大幅下降趋势。5月21日，最后一名非典病例张某从北京地坛医院出院。

从2003年5月1日起至2003年5月25日，由南京大学周晓虹教授主持的对北京、上海、广州、重庆、南京5大城市的2064户居民进行的两次调查显示：中国5大城市的民众中，有超过40%的被调查居民并不是从官方媒体而是通过流言途径最先知道SARS有关信息的，其中，在官方公开疫情前，SARS疫情已蔓延开来的广州，有近60%的被访问者是从非正规传播渠道最先得知有关SARS的流言信息的，几乎是重庆（29.64%）相应比例的2倍。

2. 案例点评

1）流言的产生是传媒放弃信息权力的结果

SARS 事件的最初进程表明，当面临突发性灾难事件时，如果没有权威媒体承担信息传播的责任，那么民间的和地下的传播就会占据主导地位。民众习惯于对强势传媒保持着传统信息路径的依赖，当正常的信息传播权被传媒放弃时，信息生活领域便会出现权力真空，而对以往传媒权力的反抗亦会应运而生。正如陈力丹所言："流言是公众社会生活的一种应激状态，是公众解决疑难问题的不得已形式。"

2）流言的消除依赖于公开、透明的权威信息

社会流言的本质，恰是民众对于信息极度需求的外在表现，当受众渴求某一信息而又未能得到起码的满足时，流言便会产生。流言在传播效用上具有两面性：一方面是民众对消息封锁的冲击和对知晓权的奋争；另一方面是流言向谣言乃至谎言的演变是对社会秩序的破坏，从而对政府公共管理提出了严峻的挑战。

【案例9-6】主流媒体对长生疫苗事件的舆论引导

1. 案例简介

2018年7月11日，吉林长春长生生物科技有限责任公司被内部员工举报疫苗造假。随后，国家药监局会同吉林省局组成调查组进驻企业全面展开调查。7月21日，原南方周末资深记者"兽爷"在其公众号上发表名为《疫苗之王》的文章，揭露了部分药企奸商弄虚作假、逃避监管等问题，虽然这篇文章在短短几天内就被删除，但是它却成为疫苗事件中舆情的爆发点，将疫苗安全的问题推至风口浪尖。7月22日，国家对疫苗问题快速响应，李克强总理就疫苗事件作出批示，主流新闻媒体通过微信、微博的官方平台进行跟进报道，引发自媒体、网民转发评论，舆情量及社会关注度达到顶峰。7月23日，习近平主席对长生疫苗造假一案作出重要指示，再次引发主流媒体与网民的关注。此后，相关舆情数量呈下降趋势，并在7月底平息。

2. 案例点评

根据识微科技统计，微博、手机 APP 和新闻平台是"长生疫苗"事件的舆情传播主阵地，信息流量约占此次事件总信息量的94%。除"丁香医生"等专业垂直自媒体外，微博平台受到广泛关注的信息源主要来自人民日报、新浪财经等主流媒体对事件的跟进报道。根据鹰眼速读网数据显示，主流媒体报道主要聚焦于5大方面：多部门联合调查问题疫苗、国家领导人对疫苗作出指示、回应各地问题疫苗流向、解读问题疫苗带来的影响、呼吁民众以科学态度看待疫苗。这五大报道的取向均与网民话题关注点息息相关，是网民对问题疫苗的担忧、对涉事企业的愤怒两大情绪的回应。

"长生疫苗"事件的舆情从萌芽到平息仅用了不到一个月的时间，主流媒体在这其中所发挥的作用可圈可点：一方面与政府联动发声，态度明确、口径一致；另一方面积极站在民众立场，善于利用互联网平台，找准社会痛点，对网民所提出的诉求做出充分回应。总的来看，主流媒体在本次"长生疫苗"事件中的网络舆情引导表现为以下3个特征。

（1）主流媒体坚守受众主体地位，坚持"喉舌"使命职责。对于政府的回应、问题疫苗的处理都在第一时间形成观点客观、中立的报道，并以自身的权威性有力引导自媒体舆论导向，对改变自媒体虚假报道、泛娱乐化报道、偏激言论等新闻失范现象，在突发事

件发展过程中提升舆论理性,塑造积极、健康的舆论生态起到了积极作用。

(2) 主流媒体深度挖掘新闻价值,切实满足公众期待。事件的舆情处置之所以获得成功,既是因为相关政府部门的及时介入及监管,也是因为主流新闻媒体对政府、造假企业、各地疫苗流动路径等方面的信息进行持续的跟进报道,使受众的社会关切得到了及时响应。媒体报道角度始终围绕网络舆论对于问题疫苗的担忧、对涉事企业的愤怒两大层面,逐一缓解公众的不满情绪,有针对性地回答公众关心的问题,满足公众诉求,促使公众主动传播相关新闻,从而引导舆情向预期的方向发展。

(3) 主流媒体创新融合传播新形式发挥引领作用。以深度的视角、专业的内容和网民喜闻乐见的形式,通过图文、短视频等媒介向公众科普疫苗知识,利用微博、微信等网络平台,与公众互动讨论。爆款内容带动自媒体大V频频转发,提高受众关注度,安定人心和社会,促进舆情健康稳定发展。

9.4 社会安全类突发事件舆情管理案例

社会安全突发事件是指在社会冲突不可调和的情况下,由于暂时的矛盾激化所导致的突然发生的部分社会成员所做出的包含不可预料性因素的,在主观上违背一般社会认同感并且在客观上违背国家安全政策的行为。这种行为包括重大刑事案件、恐怖袭击事件、涉外突发事件、经济安全事件、群体性事件、民族宗教事件以及其他社会影响严重的突发性社会安全事件等。2006年颁布的《国家突发公共事件总体应急预案》中用产生原因的分类法将社会安全事件分为恐怖袭击类事件、涉外类突发事件以及经济方面的突发事件等3种。

社会安全事件舆情具有冲突性、爆炸性、情绪化、原因复杂、易引发次生舆情、易波动反转等一系列特征。这是由于社会安全事件本身就是社会矛盾的直接冲突和突然爆发,从新闻和舆论的本质来看,由社会安全事件导致的舆情信息价值极高、关注度极高、公众表达欲求强烈。"重大社会安全事件由于其自身公共性、危害性、突发性等特点,一经微博曝光,在舆论领袖和众多网民的转发互动下,会在数小时内成为微博热点话题、引爆社会情绪,特别是在非休息时间众多网民在线的情况下,传播速度会更快。"

王国华、陈飞、曾润喜等学者通过对昆明"3·1"暴恐事件的微博传播特征进行研究,认为重大社会安全事件中的网民评论情绪演变可以分为5个阶段,即情绪爆发期、蔓延期、过渡期、恢复期和消退期,且各阶段网民情绪呈现不同特点;网民情绪爆发较快,而衰退相对较慢,非理性情绪逐步减少,理性情绪逐步增多。

鉴于这些特点,新闻媒体和政府机构在进行重大社会安全事件微博舆论引导时,可以在事件各阶段网民情绪一般特征的基础上,结合实际情况进行有针对、有重点的网民情绪疏导、引导。规范舆情应对流程,注意负面社会情绪观测的常态化,提升舆情反应速度和微博发布技巧,掌握信息公开主动权以占领舆论制高点;考虑事件性质和发生时间对该事件进行时段划分,明确事件发展的各个阶段,并结合各阶段网民情绪特征把握舆论引导适时、适度原则,及时调整舆情应对措施。

【案例 9-7】庆安"5·2"枪击事件舆情长尾现象

1. 案例简介

2015 年 5 月 2 日，黑龙江省绥化市庆安县农民徐纯合带着母亲和 3 个未成年的孩子出行，在庆安火车站与警察发生冲突后，将自己 5 岁女儿扔向警察，并抢夺警械枪支，被警察击毙。事发后，事件双方各执一词，随着事件的发酵、查证与信息披露，引起了社会各界广泛关注，并引发关于民警用枪的合理性的争议。

2015 年 5 月 5 日，检察机关介入调查枪击事件。5 月 7 日，徐纯合的家属表态，称已经与政府达成了协议，老人和孩子得到安置，不再继续追究。5 月 9 日，新华社发文，追问该案件"既然事发在众目睽睽之下，现场也有监控录像，不妨公开完整的视频，邀请更权威中立的部门参与调查，以此赢获公信力。"5 月 10 日，哈尔滨铁路公安处处长汪发林回应记者，表示不知情，"仍在等待统一口径"，记者多次致电绥化市委宣传部、庆安县委宣传部，均无人接听。5 月 12 日，公安部工作组和检察机关称，目前已调取了事件现场全部视频资料，走访了数十名旅客和群众，获取了大量证人证言材料。相关调查工作正在加紧进行。从黑龙江省绥化市委纪检委得到证实，经纪检部门调查，庆安县委常委、副县长董国生因户籍年龄、学历造假以及妻子"吃空饷"等问题被停职。庆安检察院警察举报检察长，庆安县民办教师在网上发帖举报，该县大批官员涉嫌买卖教师编制，举报帖还列出了"官员买编卖编名单"。同日，事件调查结果公布。然而，这些由权威渠道发出的信息却没有带来舆情的终结，反而引发了持续性的讨论。庆安枪击案在 5 月 14 日后出现了非常明显的长尾现象，不仅围绕着枪击案本身的讨论依然在持续，多个政府部门也相继卷入舆情风暴。

第一个舆情高峰出现在 2015 年 5 月 14 日。央视公布了现场监控视频与公安部调查结果。视频显示：徐纯合故意封堵火车站通道，阻止乘客进站；民警警告无果，徐辱骂民警，抢夺防暴棍并拳击民警；徐曾将 6 岁女儿举起抛摔；民警取出佩枪对其口头警告，徐继续用防暴棍抢打，民警开枪。迟到的监控视频在发布的第一时间立刻登上了微博的热搜榜，引起了舆情的反转，微博上的讨论迅速上升，每一个细节都被网民反复推敲。5 月 16 日晚，白岩松在《新闻周刊》中说："庆安枪击案不应该就此终结。"随即在 5 月 18 日出现了第二个舆情高峰。第三个舆情峰值出现在 5 月 24 日，主要是针对视频是否"造假"、是否经过"处理"等问题的讨论。最后一个高峰出现在 5 月月末。央视播出了《新闻调查》，专访了开枪民警李乐斌。

2. 案例点评

庆安枪击案自 2015 年 5 月 2 日案发，至 5 月 14 日官方视频和定论公布，发酵近半月，舆情始终高位震荡，次生舆情不断，泛化严重。5 月 14 日后，舆情又出现了不同寻常的长尾现象，持续时间、长尾规模、讨论深度、波及范围都出现了以往舆情事件所未达到的程度，事件本身更是被舆论场赋予了多种象征性意义，此次舆情的大规模长尾，背后也有着非常深刻的社会原因。

1）事件本身性质特殊

徐纯合事件现场是铁路警察和普通公民之间的对峙，无论事件背后的原因如何，警察枪击后导致徐死亡，使人们直观地目睹了国家机器职能中的武力使用，极度刺激了舆论场的情绪。舆论场总是偏向于死者，再加上哈尔滨铁路公安处出示的官方视频与现场群众拍摄的视频角度不一，描述不同，给人留下的印象不同，得出的判断也不同，进一步加深了舆论对警察使用武力是否恰当的质疑。弱势群体相关舆情更易引爆讨论高峰，徐的农民身份引发了舆论场的"共情效应"，网民"推己及人"的不安全感增加了舆论的焦虑，强烈的代入感，不同年龄、阶层、性别的人们走到一起，去表达共同诉求，发泄共同的情感。舆情管理者应及时关注舆情焦点，理性回应，积极引导，防止舆情进一步蔓延。

2）政府回避矛盾，未及时回应，损害了公信力

在舆情发生、发展过程中，庆安当地政府在枪击案曝光后长达两周的时间内保持沉默，此举损害了庆安当地政府的公信力。由于当事现场是在人员频繁流动的车站，监控视频就成为还原事件最直接、最有力的手段和证据。2015 年 5 月 5 日开始，"视频"一词就出现在高频词中，经过几天的舆论发酵，到了 5 月 11 日，"视频"已经成为排在前 3 位的高频词。这进一步将舆论关注的焦点引向视频。

由于背后矛盾关系复杂，政府一直讳莫如深；且在央视公布官方视频之前，舆论场中就流传着现场群众从不同角度拍摄的、与央视版本说法不同的视频。央视以权威媒体身份公布车站监控视频后，网民随即质疑其经过了剪辑。这说明，由于当地政府在事件发生后第一时间缄默不语、回避矛盾，极度损害了庆安当地政府乃至高层调查部门的公信力，导致"塔西佗陷阱"效应的出现，加剧了舆情长尾效应。再加上舆情发展末期"链式举报"中反映的关于庆安县官场的负面事件，再次加剧了"塔西佗效应"和舆情的进一步发酵蔓延。这说明对于一些复杂敏感、涉及群众重要利益的事件，化解舆情的关键在于相关的政策、措施到位，以行动、服务引导舆情。

3）媒体的不当介入提升负面事件关注度，扩大传播范围

在整个事件中，与哈尔滨铁路公安处、庆安县委等保持缄默不语形成鲜明对比的是，新华社、央视等主流媒体的积极介入发声。主流媒体是强大的信息传播者和权威阐释者，在突发事件中的报道角度、报道模式以及话语建构，对于疏导网络舆情来说具有非常重要的作用。然而，在本次事件中，事件性质的矛盾性、敏感性突出，事件背后隐情众多，相关负面事件不断。涉事政府部门并未站在公众立场上及时满足群众对信息、利益、价值的需求，导致主流媒体难以对事件进行恰如其分的分析、判断和舆论引导，最终加剧了负面舆论热度。先是 2015 年 5 月 9 日，新华社要求公布"公开完整的视频，邀请更权威中立的部门参与调查"；后有 5 月 14 日央视在公安部调查组结论基础之上发声，公布了官方版的"完整视频"，视频中描述的事件性质指向"徐纯合有意封堵通道，暴力抗法威胁公共安全被击毙"，引发了强烈的舆论场质疑，白岩松的"4 大疑问"更是获得网民的广泛赞同。其后央视每次推出相关节目，都会进一步扩大该事件的传播范围，引发舆论场的多次反转。可见，对于复杂事件，媒体的舆论引导必须加强与权威部门的充分沟通，在事件调查报告出台之前，不可轻易对事情进行定性或原因分析，以免进一步扩大负面舆论的影响。可以原则性地表示关注，并对事件调查的进展情况进行报道，同时承担媒体的社会责任，加强与高层权威部门的沟通，反映群众利益诉求，推动事态的圆满解决。

【案例 9-8】"雷洋离奇死亡"事件舆情

1. 案例简介

2016 年 5 月 7 日晚，人大 2009 级硕士雷洋的离奇死亡引发了舆论关注，医院知情人士告诉探针，事发当晚雷洋被送医抢救时已昏迷，而且戴着手铐，嘴上有血。昌平警方通报称，警方在查处足疗店过程中，将"涉嫌嫖娼"的雷某控制并带回审查，此间雷某突然身体不适，经抢救无效身亡。

事件发生于 2016 年 5 月 7 日，据中国舆情网监测数据显示，2016 年 5 月 9 日，事件开始被零星曝光，曝光媒介以微信公众号文章为主，在此阶段广大网友反映微博上的相关曝光陆续被删除。微信曝光内容主要为"愿以十万赞，换回一公道""刚为人父的人大硕士，为何一小时内离奇死亡？""何处寻真相？网曝人大硕士离奇死亡"等。5 月 11 日 8 点左右到达每小时曝光量峰值。截至 5 月 11 日下午 4 点，累计监测到互联网新闻、博客、论坛、微信媒介相关舆情曝光 2462 篇次。从舆情曝光的整体走势来看，呈迅速上升趋势。

5 月 10 日，雷洋死因的离奇开始得到网络媒体的大量关注，事件被打上"结婚纪念日""涉嫖""人大硕士""非正常死亡"等标签，在互联网媒介中迅速蔓延。曝光内容主要为"北京：人大硕士'涉嫖'被控制后身亡，检方已介入""雷洋事件接诊医院：气管有血，额头有挫伤""谁来为雷洋的非正常死亡负责""中国网评：'人大硕士死亡'需要逻辑链完整的答案""硕士'涉嫖'被控制后身亡当天是其结婚纪念日"等。

5 月 11 日，截止到统计之时，雷洋是否真正涉嫖经足疗女陈述已经得到证实，但雷洋死亡真相之谜却迟迟无解。媒体曝光内容主要为"人大硕士身亡案足疗女露面受访确认雷某嫖娼""'人大硕士嫖娼'是阴谋论？看警方怎么说""警方通报雷洋案：激烈反抗咬警察将拍摄设备打落""警方通报雷洋案细节北京检方将派法医参与调查""九问雷洋之死：伤从何来？死因究竟是什么？"等。

微信是本次事件的最初爆发媒介，互联网是事件报道的主要媒介。微博媒介并未形成"雷洋""涉嫖"等与本事件直接相关的词汇，但从"硕士"这一词在微博媒介提及度的迅速升高，可见微博网友对本次事件的关注度。公开执法、谁该为非正常死亡负责等官方微博内容引发网友热议。雷洋死亡前 2 小时的情况及现场执法录像是广大网民的兴趣焦点。从事件舆情曝光的高频热词来看，"警方""嫖娼""硕士""人大"等是受众对本次事件讨论的话题热点。首先，执法公开问题作为社会敏感问题，很容易引爆公众情绪，因此警方成为本次事件的高频热词不难理解。其次，角色印象的反差也是本次事件受到关注的重要因素之一。身为人大硕士的高学历人士与涉嫌嫖娼者双角色之间的印象反差，引发媒体与网民关注，形成传播热词。

2. 案例点评

1）雷洋事件的标签式表达极大提升了舆情热度和关注度

标签是人们对社会事物进行分类并赋予意义的过程。它是人们认识事物的一种习惯。网络社会中，人们为了迅速对纷繁复杂的社会事物进行分辨和解读，往往会采取头脑中固有的框架去认识该事物，并将此观点加之于类似的人物和事件上。如"官二代""富二代""煤老板""土豪""人大硕士""炫富女"等标签，其中往往蕴含着人们对事物的固有认识框架。当突发事件爆发时，标签经常和现实社会的矛盾、情绪、立场结合在一起，推高舆情发展。在雷洋事件中，工作多年的雷洋因涉嫌嫖娼与警察发生冲突，本身引起关注不多。被打上"人大硕士"标签后，又与"嫖娼""警察暴力执法"等标签联系在一起，瞬间引发人们关于中产阶级行为规范与维权处境的集体想象，极大提升了舆情热度和关注度。

2）警察威权符号的传播加剧了舆情中的情绪化色彩和恐慌心理

随着市场化转轨和我国政府职能的转变，为满足市场经济环境中社会管理的需要，我国警察职能中的服务性更加突出。但是军队和警察是国家意识形态的专政工具，其威权职能在任何国家都始终突出。在社会安全类突发事件现场，社会环境、人群的非正常变动和相互联系，当事者的非常规性话语、行为，警察武力的非正常调集、集中运动等，都具有极大的新闻价值，容易成为舆论关注的焦点。同时，互联网使社会成员话语权大大提升，这一情况最终导致的是公众愈加鲜明的权利意识、表达欲望和实践导向。在雷洋事件中，警察的威权符号前置，始终是舆论传播中的鲜明符号，与社会对警察的"刻板印象"结合在一起，极大加剧了舆情中的情绪化色彩和恐慌心理。

【本章重点】

1. 本章中的4类突发事件舆情管理案例分析各有特点，需要把握各类事件不同的特点规律来开展突发事件的应急响应与舆情管理。应急管理人员应在抢险救灾、事件处理过程中同时考虑舆情的关切，增强整体的舆情管理素养，落脚于突发事件发生后对事件科学合理的处置响应，并采取措施疏导舆情。

2. 自然灾害类突发事件舆情管理特点：自然灾害的发生具有不可控性，很多灾害类型无法提前准确预警，而网民的情绪可能会累积并转移，因此自然灾害应对部门、处理部门都可能会成为网络舆情的指责对象。

3. 事故灾难类突发事件舆情管理特点：事故灾难类突发事件的发生往往具有损失程度大、影响范围广、责任事故多等特点，使得涉事企业安全的管理水平及基层政府应急处置过程中的行政能力受到质疑和诟病。

4. 公共卫生类突发事件和社会安全类突发事件舆情管理特点：公共卫生类突发事件和社会安全类突发事件具有突发性、公共性、紧迫性、严重性等特点，其舆情管理要紧紧围绕"生命至上、人民至上"理念，解决实际问题方可化解防范风险。

5. 根据典型突发事件的舆情管理案例，要吸取过去的经验教训，把握新时代舆情管理的原则，进一步提高应急管理者的舆情分析研判能力和素养。

【本章习题】

1. 总结北京"7·21"特大自然灾害舆情管理的成功之处及不足之处。
2. 根据2003年SARS事件的舆情传播，阐述如何应对2020年新冠肺炎疫情中"病毒溯源问题"的国内外舆情？
3. 从舆情应对成功经验谈一谈如何做好政府的舆情应急管理？

参考文献

[1] 许鑫，章成志. 互联网舆情分析及应用研究［J］. 情报科学，2008（8）：1194-1200+1204.

[2] Bachner J, Kathy W. Hill. Advances in Public Opinion and Policy Attitudes Research［J］. Policy Studies Journal, 2014, 42：S51-S70.

[3] 刘建. 大数据时代的舆情版图：访武汉大学信息管理学院教授、舆情研究学者沈阳［J］. 人民论坛，2013（15）：22-23.

[4] Ceron A, Curini L, Iacus M Lacus, et al. Every Tweet Counts? How Sentiment Analysis of Social Media Can Improve Our Knowledge of Citizens Political Preference with An Application to Italy and France［J］. New Media & Society, 2014, 16（2）：340-358.

[5] 李素巧. 网络舆情监测、分析及治理策略研究［D］. 郑州：郑州航空工业管理学院，2018.

[6] 刘建明，王泰玄，谷长岭，等. 宣传舆论学大辞典［M］. 北京：经济日报出版社，1993.

[7] 李佳. 我们要用舆情报告做什么：基于我国舆情分析机构的发展现状分析［J］. 新闻研究导刊，2017，8（20）：100-101.

[8] 朱竹青. 社会情绪特征对社会舆论的影响方式和途径：以"新冠"肺炎中的舆论实践为例［J］. 今传媒，2020，28（4）：28-33.

[9] 方付建. 把脉网络舆情：突发事件网络舆情演变研究［M］. 武汉：华中科技大学出版社，2017.

[10] 人民网舆情数据中心. 十天学会写舆情报告［M］. 北京：人民日报出版社，2018.

[11] 胡百精. 危机传播管理［M］. 北京：中国人民大学出版社，2009.

[12] 贾伟民. 舆情分析报告写作的架构与方法［EB/OL］.（2017-10-24）http：//www.cpd.com.cn/n15737398/n26490099/201710/t20171024_ 597590.html.

[13] 李珮，苏婧. 网络环境下突发事件的传播与管理研究［M］. 北京：中国传媒大学出版社，2016.

[14] 秦均华. 我国突发事件网络舆论引导策略浅析［EB/OL］.（2010-07-14）http：//www.chinaelections.org/tegao.asp? NewID=182099.

[15] 何明敏. 新媒体舆论主体的演进轨迹［J］. 重庆社会科学，2016（8）：78-85.

[16] "地摊经济"走红. 金融热点舆情分析报告［EB/OL］.（2020-6-19）https：//www.eefung.com/hot-report/20200619093831.

[17] 刘安琦. 社会热点事件中微博舆情特征分析［J］. 视听，2020（6）：148-149.

[18] 牟冬梅，邵琦，韩楠楠，等. 微博舆情多维度社会属性分析与可视化研究：以某疫苗事件为例［J］. 图书情报工作，2020，64（3）：111-118.

[19] 杜忠锋,郭子钰.微博舆情中情感选择与社会动员方式的内在逻辑:基于"山东于欢案"的个案分析[J].现代传播(中国传媒大学学报),2019,41(8):20-24+29.

[20] 乔田.危机传播视角下事故灾难事件微博舆情引导研究[D].长春:长春工业大学,2019.

[21] 成俊会,张思,吉清凯.基于SNA的社会热点事件微博舆情阶段性传播网络的结构分析——以"于欢案"为例[J].管理评论,2019,31(3):295-304.

[22] 王超,张成良,刘磊,等.天津港"8·12"特大火灾爆炸事故的工程伦理教育缺位探析[J].中国水运(下半月),2018,18(12):26-27.

[23] 张少元.突发事件舆情引导亟待应急管理等专业性话语参与[J].新闻研究导刊,2019,10(20):5-8+47.

[24] 纳西姆·尼古拉斯·塔勒布.反脆弱:从不确定性中获益[M].北京:中信出版社,2014.

[25] 胡百精.危机传播管理[M].北京:中国人民大学出版社,2014.

[26] 居延安.公共关系学[M].3版.上海:复旦大学出版社,2005.

[27] 唐钧.应急管理与危机公关:突发事件处置、媒体舆情应对和信任危机管理[M].北京:中国人民大学出版社,2012.

[28] 周小波,曾霞,芦亚柯.公共关系学[M].北京:北京理工大学出版社,2018.

[29] 国务院新闻办公室新闻局编.新闻发布工作手册[M].北京:五洲传播出版社,2015.

[30] 叶润平,袁金明.新闻发布与舆情应对[M].合肥:合肥工业大学出版社,2016.

[31] 史安斌.全媒体时代的新闻发布和媒体关系管理[M].北京:五洲传播出版社,2014.

[32] 史安斌.危机传播与新闻发布:理论·机制·实务[M].北京:五洲传播出版社,2013.

[33] 吴惠凡.新媒体环境下的政府新闻发布与舆论引导问题、理念与机制[M].北京:中国传媒大学出版社,2018.

[34] 田丽,欧阳妤璐.地方政府新闻发布会的质量评估研究:基于H省新冠肺炎疫情相关新闻发布会的案例分析[J].新闻爱好者,2020(5):8-13.

[35] 丁柏铨.对天津港爆炸事件新闻发布会得失的思考[J].新闻爱好者,2016(1):8-12.

[36] 杨迎春.媒体访谈的引发与应答研究[D].哈尔滨:黑龙江大学,2012.

[37] 赵飞,凌云,王硕功.正确的媒体策略:转危为机的关键:奥美公关中国区总裁柯颖德专访[J].新闻与写作,2007(12):40-41.

[38] 杨静美.公务员媒体应对实务[M].北京:红旗出版社,2014.

[39] 唐弟勇.突发事件报道采访的技巧和注意事项[J].新闻传播,2020,385(16):145-146.

[40] 张建秋.事故灾难类突发事件舆情治理研究[D].兰州:兰州大学,2020.

[41] 陈蕾.从"长生疫苗"事件看主流媒体的网络舆情应对与引导[J].东南传播,2019(9):31-32.

[42] 冯毅.社会安全突发事件概念的界定[J].法制与社会,2010(25):279-280.

[43] 王国华,陈飞,曾润喜,等.重大社会安全事件的微博传播特征研究:以昆明"3·1"暴恐事件中的@人民日报新浪微博为例[J].情报杂志,2014,33(8):139-144.

[44] 首都互联网协会.突发自然灾害事件舆论应对与引导研究[M].北京:人民出版社,2014.

[45] 中华人民共和国国务院.中华人民共和国突发事件应对法[S].北京:中国法制出版社,2007.

[46] 李树刚,成连华,林海飞.安全科学原理[M].西安:西北工业大学出版社,2008.

[47] 中华人民共和国国务院.中华人民共和国传染病防治法 突发公共卫生事件应急条例 国家突发公共卫生事件预案[S].北京:中国法制出版社,2003.

[47] 苗崇刚,黄宏生,谢霄峰,等.美国国家应急反应框架[M].地震出版社,2011.

[48] 中央政府门户网站.国家突发公共事件总体应急预案[EB/OL].(2006.01.08)http://www.gov.cn/zwhd/2006.01/08/content_151018.htm.

［49］Midlarsky M. Book Review：International Crises：Insights from Behavioral Research. Edited by CHARLES F. HERMANN.（New York：The Free Press，1972）［J］. Political Research Quarterly，1973. 26（4）：812-813.

［50］罗伯特·希斯. 危机管理［M］. 北京：中信出版社，2004.

［51］薛澜. 危机管理：转型期中国面临的挑战［M］. 北京：清华大学出版社，2003.

［52］家兴. 北京大学法学百科全书［M］. 北京：北京大学出版社，2001.

［53］吴小君. 舆论应对危机传播［M］. 北京：中国传媒大学出版社，2015.

［54］沙勇忠. 公共危机信息管理［M］. 北京：中国社会科学出版社，2014.

［55］姚广宜. 新媒体环境下突发事件的危机管理与应对［M］. 北京：北京大学版社，2015.

［56］许静. 传播学概论［M］. 北京：北京交通大学出版社，2013.

［57］陈力丹. 舆论学：舆论导向研究［M］. 北京：中国广播电视出版社，1999.

［58］姜胜洪. 网络谣言应对与舆情引导［M］. 北京：社会科学文献出版社，2013.

［59］郭小安. 当代中国网络谣言的社会心理研究［M］. 北京：中国社会科学出版社，2015.

［60］沃尔特·李普曼. 舆论［M］. 常江，肖寒，译. 北京大学出版社，2018.

［61］马克斯韦尔·麦库姆. 议程设置［M］. 郭镇之，译，徐培喜，译. 2版. 北京：北京大学出版社，2018.

［62］保罗·F·拉扎斯菲尔德. 人民的选择［M］. 北京：中国人民大学出版社，2012.

［63］胡百精. 危机传播管理［M］. 北京：中国人民大学出版社，2014.

［64］汤景泰. 危机传播管理［M］. 北京：经济日报出版社，2015.

［65］郭庆光. 传播学教程［M］. 北京：中国人民大学出版社，2011.

［66］人民网舆情监测室. 网络舆情分析教程［M］. 北京：人民日报出版社，2015.

［67］季乃礼. 西方政治心理学史（上下）［M］. 天津：天津人民出版社，2016.

［68］刘洋. 突发事件舆论引导实务［M］. 成都：四川大学出版社，2017.

［69］王卫东. 网络社区［M］. 武汉：武汉大学出版社，2018.

［70］庹继光，但敏，张颖. 突发事件手机舆情的生成与应对［M］. 成都：电子科技大学出版社，2017.

［71］武装. 大数据时代的网络舆情分析［M］. 北京：北京理工大学出版社，2018.

［72］韩海燕，高海波. 拉斯韦尔与议程设置功能理论［J］. 国际新闻界，2015，37（2）：55-64.

［73］吴巧惠，余杨. 论新媒体环境下议程设置理论应用的新变化［J］. 传媒论坛，2020，3（4）：54.

［74］袁潇. 数字时代中议程设置理论的嬗变与革新：专访议程设置奠基人之一唐纳德·肖教授［J］. 国际新闻界，2016，38（4）：67-78.

［75］杨东伶. 新闻媒体如何做好突发事件的舆论引导工作［J］. 新闻传播，2020（3）：95-96.

［76］朱瑞娟. 议程设置理论研究的新方向［J］. 南京邮电大学学报（社会科学版），2015，17（2）：39-45.

［77］谭振华. 新媒体时代突发事件中媒体如何提升舆论引导力［J］. 新媒体研究，2020，6（8）：63-65.

［78］张娜. 新媒体环境下西安城市形象的议程设置研究［J］. 视听，2020（5）：206-207.

［79］王若凡. 新媒体议程设置下网络舆论的引导［J］. 传媒论坛，2020，3（9）：170.

［80］张丹. 浅析议程设置在新媒体环境下的变革［J］. 新闻传播，2018（7）：100-101.

［81］麦克斯韦尔-麦考姆斯，郭镇之，邓理峰. 议程设置理论概览：过去，现在与未来［J］. 新闻大学，2007（3）：55-67.

［82］周欢，包礼祥. 新媒体时代下议程设置的新变化及发展对策［J］. 东南传播，2012（5）：84-85.

[83] 史安斌,王沛楠.议程设置理论与研究50年:溯源·演进·前景[J].新闻与传播研究,2017,24(10):13-28+127.
[84] 翟永威.浅析新媒体视阈下议程设置的新变化[J].新闻研究导刊,2016,7(4):100+200.
[85] 郭慧,雷智博.建立和完善突发事件舆论引导策略新格局[J].行政管理改革,2019(2):70-75.
[86] 谭振华.新媒体时代突发事件中媒体如何提升舆论引导力[J].新媒体研究,2020,6(8):63-65.
[87] 王璐.网络谣言规制研究[D].上海:华东政法大学,2014.
[88] 陈英凤.用"自律"和"法律"破解网络谣言[J].信息化建设,2011(12):35.
[89] 赵鹭,何云峰.谣言与辟谣较量:辟谣的难点分析及破解[J].西南交通大学学报(社会科学版),2019,20(1):90-95.
[90] 李良荣.新闻学概论[M].4版.上海:复旦大学出版社,2012.
[91] 张少元.论新媒体对当前舆论监督格局的影响与变革[J].新闻知识,2010(10)
[92] 刘毅.略论网络舆情的概念、特点、表达与传播[J].理论界,2007(1):11-12.
[93] 凯斯·桑斯坦.网络共和国:网络社会中的民主问题[M].上海:上海出版集团,2003.
[94] 钟克勋,邹万明.从汶川地震看社会化网络媒体舆论监督的力量[J].西南民族大学学报(人文社科版),2008(8):153-158.
[95] 谢海光,陈中润.互联网内容及舆情深度分析模式[J].中国青年政治学院学报,2006(3):95-100.
[96] 李良荣.新闻学概论[M].上海:复旦大学出版社,2009.
[97] 刘建明.舆论学概论[M].北京:中国传媒大学出版社,2009.
[98] 方付建.把握网络舆情:突发事件网络舆情演变研究[D].武汉:华中科技大学,2011.
[99] 陶文昭.互联网群体极化评析[J].思想理论教育,2007(17):9-12+45.
[100] 胡泳.群体极化[J].商务周刊,2008(17):90.
[101] 李良荣.《新闻学概论》笔记和考研真题详解[M].5版.北京:中国石化出版社,2013.
[102] 丁晓蔚,高淑萍.大数据与重大公共危机事件舆情研判:基于对天津港爆炸事件相关舆情信息的分析[J].中国出版,2016(22):26-30.

图书在版编目（CIP）数据

突发事件舆情管理与应对/王莉主编．--北京：应急管理出版社，2021

普通高等学校应急管理系列教材

ISBN 978-7-5020-9156-9

Ⅰ.①突… Ⅱ.①王… Ⅲ.①突发事件—舆论—风险管理—研究—中国—高等学校—教材 Ⅳ.①G219.2

中国版本图书馆 CIP 数据核字（2021）第 241995 号

突发事件舆情管理与应对（普通高等学校应急管理系列教材）

主　　编	王　莉
责任编辑	闫　非　罗秀全
编　　辑	王雪莹
责任校对	邢蕾严
封面设计	罗针盘
出版发行	应急管理出版社（北京市朝阳区芍药居35号　100029）
电　　话	010-84657898（总编室）　010-84657880（读者服务部）
网　　址	www.cciph.com.cn
印　　刷	北京玥实印刷有限公司
经　　销	全国新华书店
开　　本	787mm×1092mm^1/$_{16}$　印张 12^1/$_2$　字数 287 千字
版　　次	2022年2月第1版　2022年2月第1次印刷
社内编号	20211020　　　　定价 48.00 元

版权所有　违者必究

本书如有缺页、倒页、脱页等质量问题，本社负责调换，电话：010-84657880